**체계적
직무분석
방법론**

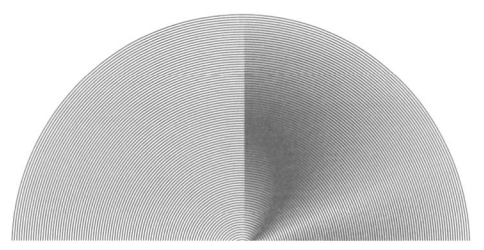

인사·교육담당자가 꼭 알아야 하는

체계적 직무분석 방법론

| 직무분석 스터디 2단계 |

최영훈 지음

들어가는 글

본 책은 직무분석의 다양한 유형 가운데
'성과중심의 직무분석 기법'에 대해
설명하고 있음을 알려드립니다.

이 책을 읽으시는 독자가 회사에서 인사관리(HRM) 또는 교육(HRD)과 관련된 업무를 수행하는 분이시라면, 직무분석이나 직무기술서라는 용어가 매우 익숙하시리라 생각합니다.

비단 인사관리 관련 업무를 수행하지 않더라도 직장에 다니시는 분이시라면 직무분석이나 직무기술서라는 용어는 그리 낯설지 않은 용어임에는 틀림이 없을 것 같습니다.

하지만 그렇게 자주 접하는 용어 치고는 직무분석이 정확히 무엇인지 그리고 어떻게 진행해야 하는 과업인지 잘 알고 있는 인사/교육 담당자는 많지 않은 것이 사실입니다. 과연 직무분석이란 그리고 직무기술서란 무엇이고 이것을 조직을 관리할 때 어떻게 활용해야 하는 것일까요?

결론부터 말씀드리자면 직무분석 그리고 직무분석의 결과물이 기록되는 직무기술서라고 하는 것은 회사에서 일하는 개인 뿐 아니라 개인의 집합체인 조직의 성과를 높일 수 있도록 관리하기 위해 활용되는 '성과관리 Tool' 입니다.

이렇게 말씀드리면 '직무분석이 그리고 직무기술서가 성과관리 Tool이라고?!'라며 깜짝 놀라시는 분들도 분명히 계실 것입니다. 하지만 직무분석 및 직무기술서는 분명히 개인과 조직의 성과를 체계적으로 관리할 수 있도록 도와주는 성과관리 Tool이 확실합니다.

지금은 이 말씀이 정확히 와 닿지 않을 수 있겠지만 이 책의 앞 부분을 조금 읽어가다 보면 머지않은 순간 정확히 이 말에 공감하게 되실 것입니다.

저의 직업은 정확히는 강사가 아니라 컨설턴트입니다. 하지만 직무분석과 성과관리에 관한 주제에 대해서는 강의도 꽤 많이 하고 있는 편인데요… 지금까지 한 1000여개 기업의 인사/교육/성과관리 담당자분들을 대상으로 강의를 진행한 것 같은데, 언제나 수업을 시작하면서 드리는 질문이 있습니다. 첫번째 질문은…

"회사에 직무기술서를 보유하고 있는 분들은 손들어 주세요."

그러면 약 6~70% 정도의 분들이 손을 듭니다. 퀄리티의 수준을 떠나 일단 상당히 많은 회사들이 직무기술서를 보유하고 있다는 것을 알 수 있습니다.

왜 이렇게 많은 회사들이 직무기술서를 만들어서 보유하고 있을까요?

그만큼 조직을 '체계적으로 관리하기 위해' 이 직무기술서란 녀석이 꼭 필요하기 때문에 이렇게 많은 회사들이 직무기술서를 만들어서 보유하고 있는 것이겠지요.

이어서 두번째 질문을 드립니다.

"지금 손드신 분들 중에서 우리 회사의 직무기술서는 잘 활용되고 있다고 생각하시는 분들은 손들어주세요!"

이 질문에 손을 드는 회사는 10%가 채 되지 않습니다. 거의 대부분의 회사가 체계적 조직관리를 위해서 직무기술서를 제작하여 보유하고는 있으나… 활용은 제대로 못하고 있다는 뜻이지요. 그러니까…

대부분의 회사가 체계적으로 조직관리를 하지 못하고 있다고 해석할 수 있습니다.

그렇다면 체계적 조직관리를 위해 꼭 필요하다고 판단해서 만들어 놓은 이 직무기술서가 '왜 이렇게 제대로 활용되지 못하고 있는 것일까?'

여러가지 이유들이 있겠지만…

우선은 올바른 방법으로 직무분석을 실시하지 못하고 어설프게 실시한 직무분석의 결과로 직무기술서를 만들었기 때문에 그 직무기술서가 제대로 활용되지 못하는 것은 어찌 보면 당연한 결과라고 여겨집니다.

많은 회사가 어떤 방식으로 직무분석을 실시하고 직무기술서를 제작하고 있느냐 하면…

직무기술서의 양식을 인터넷에서 다운받은 후 직원들에게 그 양식을 배포하고, 알아서 양식을 채워서 제출하라고 지시하는 방식으로 직무분석을 실시하고 직무기술서를 제작하죠.

직무분석은 생각보다 꽤 복잡하고 어려운 과정입니다. 이렇게 직원들에게 스스로 알아서 각자의 직무를 분석하고 배포한 직무기술서 양식을 채우라고 요구했을 때 제대로 된 직무분석을 실시하고 직무기술서를 작성할 수 있는 사람은 아마 한 명도 없을 것입니다.

양질의 직무분석이 실시되고 직무기술서가 제작되기 위해서는 직원들에게 올바른 방법으로 자신의 직무를 분석할 수 있는 방법을 알려준 후 그 방법에 입각하여 자신의 직무를 분석하게끔 하고, 분석한 결과를 토대로 직무기술서 및 직무명세서를 작성하도록 도움을 주어야 합니다. 이러한 절차를 처음부터 끝까지 인사담당자가 얼마나 치밀하게 기획하고 이끌어 가는가에 따라 직무분석의 성패가 갈릴 수 있습니다.

이 책은 인사/교육담당자들에게 직무분석의 처음부터 끝까지 모든 과정을 올바른 방법으로 이끌어갈 수 있도록 필요한 정보를 알려드리는 역할을 함과 동시에 개별 직무수행자가 자신의 직무와 자신이 창출해야 하는 성과를 분석하는 방법을 알려줌으로써 더 체계적으로 성과를 만들어낼 수 있도록 도와드리는 역할을 할 것입니다.

그리고 현재의 직무기술서가 잘 활용되지 못하는 두번째 이유는,

이 직무기술서를 활용해서 체계적으로 조직을 관리하여야 하는 관리자 분들께서(팀관리자, 인사관리자 등) 직무기술서를 '어떻게 활용해야 하는 지'를 잘 모르기 때문입니다. 아무리 완성도가 높은 직무기술서가 제작되었다고 하더라도 그 직무기술서를 활용해야 하는 사람들이 어떻게 활용 해야하는 지를 잘 모른다면 당연히 활용될 수가 없겠죠.

체계적인 조직관리를 위해서 직무분석을 실시하고 이를 직무기술서라는 형태로 정리해 놓아야 한다는 것은 익히 들어서 알고 있지만 이를 각종 인사관리, 성과관리, 조직관리 및 부하직원 관리에 어떻게 활용해야 하는 지 잘 모르기 때문에 제작한 직무기술서가 제대로 활용이 되지 않는 것입니다.

직무기술서는 인사관리 담당자가 인사관리 제도를 설계하고 운영할 때도 유용하게 활용되지만 팀 관리자가 팀 성과를 높이기 위해(성과목표를 달성하기

위해) 조직과 팀원을 체계적으로 관리함에 있어서도 매우 유용하게 활용됨을 기억하시기 바랍니다.

　이처럼 체계적인 조직관리를 위해서는 올바른 방법으로 직무분석을 실시하고, 그 결과로 만들어진 직무기술서 및 직무명세서를 효과적으로 활용할 수 있어야 하기 때문에 본 책에서는 올바른 방법으로 직무분석을 진행하는 방법과 그 직무분석의 결과로 만들어진 직무기술서를 체계적으로 조직관리에 활용하는 방법을 안내해드리도록 하겠습니다.

　지금부터 이 책을 통해 천천히 하나하나 직무분석에 대해 학습을 진행하신다면, 분명히 여러분들께서는 직무분석을 '조직과 개인의 성과창출의 Tool'로써 효과적으로 활용하여 여러분들과 여러분들께서 몸담고 있는 회사의 성과를 높이는데 중요한 기여를 할 수 있게 될 것입니다.

　다만 이 글이 만화책처럼 대충대충 눈으로 훑어서 읽을 수 있는 재미있는 글은 아닐 수 있기에 마치 공부를 하듯 천천히 그리고 집중해서 읽어 주시기를 바랍니다.

　아무쪼록 이 책이 우리 개별 직무수행자 분들께는 자신의 업무 성과를 향상시키기 위해 무엇을 어떻게 관리해야 하는 지를 깨닫게 하는 좋은 재료가 되기를 바라고, 인사/교육담당자분들께는 조직의 인사관리 및 성과관리 시스템을 무엇을 중심으로 어떤 방법으로 설계해야 하는지 방향을 잡을 수 있는 좋은 기회가 되기를 간절히 소망합니다.

들어가는 글 004

I 직무분석의 개념 이해

1 직무분석이란 무엇인가 017
  (1) 직무분석의 개념 및 체계적 조직 성과관리에의 필요성 017
  (2) 직무분석을 통해 도출해야 하는 결과물,
     성과영향요소의 개념 (개요) 026

2 직무분석을 통해 제작되는 직무기술서 (직무명세서) 055
  (1) 직무분석 결과에 대한 개인차원 / 조직차원의 관리 055
  (2) 직무기술서를 활용한 조직의 체계적 성과관리 058

3 직무분석의 대략적 추진 프로세스 066
  (1) 직무분석 수행 주체 066
  (2) 직무분석의 추진 절차 071

II 직무분석 사전준비단계

1 직무분류 079
  (1) 직무분류의 중요성 079
  (2) 직무분류 프로세스 174

2 직무별 SME 선정 101
  (1) SME의 자격요건 및 선발방법 101
  (2) SME와의 협조체계 구축 106

III 직무분석 실시 본단계
(직무별 성과영향요소 도출단계)

0 직무를 분석하는 방법
(설문법, 인터뷰법, 워크샵법, 혼합법 등) 109
   (1) **설문법** 111
   (2) **인터뷰법** 115
   (3) **워크샵법** 120
   (4) **혼합법(워크샵+인터뷰)** 130

1 직무역할(Mission) 설정하기 135
   (1) **직무역할(미션)의 정확한 개념 이해** 135
   (2) **직무역할(Mission)의 기능 및 조직관리에의 필요성** 148
   (3) **직무역할(미션)의 설정 방법** 155

2 성과목표 설정하기 166
   (1) **성과에 대한 정확한 개념** 166
   (2) **핵심성과목표 설정 방법** 174

3 성과창출을 위한 결정적 성공요인, CSF 도출하기 181
   (1) **CSF에 대한 구체적 개념 정립** 181
   (2) **CSF 도출 방법** 190

4 핵심성공요인(CSF) 확보를 가능케하는
성과행동 도출하기 196
  (1) **성과행동에 대한 구체적 개념 정립** 196
  (2) **성과행동 도출 방법** 205

5 성과행동 상의 행동을 촉진하는
지식, 기술, 태도(직무역량) 도출하기 216
  (1) **직무역량에 대한 구체적 개념 정립** 216
  (2) **직무역량 도출 방법** 226

6 직무역량을 보유하고 있을 가능성이 높은 사람들의 특성,
직무자격 설정하기 233

7 성과영향요소들의 수준을 객관적으로 알려주는
수치적 지표, KPI 도출하기 240

8 직무분석 본단계에 대한 설명을 마치며… 250

IV
직무기술서
작성 및 사후관리
	1 직무기술서의 작성 및 검토 257
	  (1) **바람직한 직무기술서 포멧의 구성** 257
	  (2) **직무기술서 작성, 검토 및 피드백 실시** 262
	
	2 직무기술서의 업그레이드 & 업데이트 267

V 체계적 조직 성과관리를 위한 직무기술서의 활용방안

1 MBO 운영 및 직원 평가 기준으로의 활용 275
 (1) 업적평가 기준 275
 (2) 역량평가 기준 282

2 직원 채용, 배치 및 승진 기준으로의 활용 293
 (1) 채용공고문 작성에 활용 296
 (2) 서류 및 면접전형 기준으로의 활용 299

3 직원 교육운영 관리에의 활용 307
 (1) 교육담당자가 직무에 적합한 교육의 내용과 방법을 찾을 시 활용 307
 (2) 학습목표 설정 및 교육평가 기준으로의 활용 307
 (3) 현업 부서에서의 교육 요청에 대한 필터링 319
 (4) 효과적 교육방법, 플립러닝 설계 및 기획 321

4 관리자의 구체적 리더십 도구로의 활용 331

5 직무분석 결과(직무기술서)의 기타 활용방법 340
 (1) 조직 성과향상을 위한 TF 구성 시 적합인원 선정에의 활용 340
 (2) 직무적합성 평가의 기준으로 활용 343
 (3) 사업계획 수립의 Frame으로 활용 347
 (4) 조직의 업무 구조조정에의 활용 352

마치며. 직무분석 시 유의사항 및 학습성찰노트 작성 358

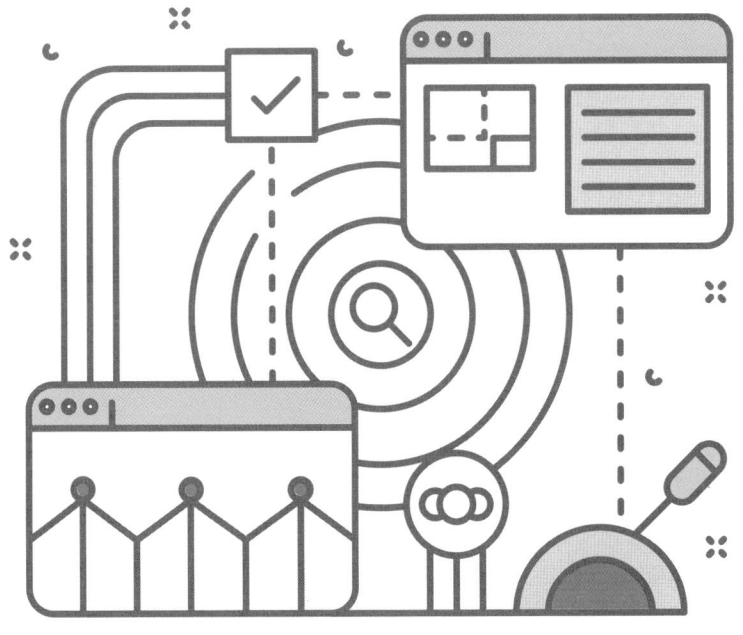

I

직무분석의
개념 이해

1 직무분석이란 무엇인가
    (1) 직무분석의 개념 및 체계적 조직 성과관리에의 필요성
    (2) 직무분석을 통해 도출해야 하는 결과물, 성과영향요소의 개념 (개요)

2 직무분석을 통해 제작되는 직무기술서 (직무명세서)
    (1) 직무분석 결과에 대한 개인차원 / 조직차원의 관리
    (2) 직무기술서를 활용한 조직의 체계적 성과관리

3 직무분석의 대략적 추진 프로세스
    (1) 직무분석 수행 주체
    (2) 직무분석의 추진 절차

1
직무분석이란 무엇인가?

(1) 직무분석의 개념 및 체계적 조직 성과관리에의 필요성

체계적 인사관리를 위해서는 '직무분석'이 선행되어야 한다는 것은 많은 인사관리 서적 또는 각종 기사 및 인사관리 전문가들을 통해 거의 모든 인사담당자들이 인지하고 있는 바입니다.

하지만 이 직무분석이 어떤 개념이고 이를 어떻게 추진해야 하는지가 모호하고 난이도가 높다고 인식되어 대부분의 인사/교육담당자들이 선뜻 추진하기 어려워하는 것이 사실이죠.

하지만 잘 살펴보면 이 직무분석이라는 개념을 이해하는 것이 반드시 어렵지만은 않습니다. 하여 지금부터 지극히 '상식적인 관점'에서 이 직무분석이란 것이 과연 무엇이고 어떤 개념인지 설명 드리도록 하겠으니 두려워 마시고 읽어 보시면서 직무분석을 정복하는 일에 도전 해보시기 바랍니다.

일본 프로야구선수 중 오타니 쇼헤이라는 투수가 있습니다.

'커쇼급 몸값' 메이저리그 강타한 오타니 열풍

그야말로 '오타니 쇼헤이 신드롬'이라 해도 과언이 아니다. 세계 최고의 선수들이 모인다는 메이저리그에 일본인 투수 오타니 쇼헤이의 열풍이 불어 닥치고 있다.

현재 오타니의 소속팀 니혼햄 파이터스는 미국 애리조나에 스프링캠프를 차리고 2016시즌을 준비하고 있다. 눈에 띄는 사항은 일본 프로야구 구단에 메이저리그의 시선이 모아지고 있다는 점이다. 이유는 단 하나. 오타니 쇼헤이를 보기 위해서다.

오타니는 지난 11일(한국 시간) 애리조나 피오리아 스포츠 컴플렉스에서 열린 롯데 자이언츠와의 연습경기에 등판했다. 스프링캠프 들어 첫 실전이다. 2이닝을 던졌고, 1피안타 4탈삼진 무실점의 완벽한 피칭을 선보였다. 직구 최고 시속은 158km까지 나와 혀를 내두르게 했다.

이날 오타니의 등판을 메이저리그 27개 구단, 100여명의 관계자들이 참석해 지켜봤다. 과거 주목 받았던 일본 또는 중남미 출신 선수들이 스카우트들의 높은 관심을 받은 사례는 종종 있어왔지만, 이번처럼 대규모 파견은 사상 처음이라 해도 과언이 아니다. 그만큼 오타니가 갖고 있는 능력과 잠재력을 메이저리그에서도 높이 평가한다는 뜻이다.

지난 2013년 니혼햄으로부터 1차 지명을 받고 프로에 입단한 오타니는 일본에서도 애지중지 다루는 특급 투수다. 이미 고교 시절 150km 후반대의 공으로 '전국구 스타'가 되었으며 프로 입단 당시 메이저리그와 일본 구단 입단을 저울질할 정도로 큰 기대를 모았다.

당초 오타니는 일본프로야구가 아닌 메이저리그 진출을 희망하고 있었다. 하지만 니혼햄은 끈질긴 구애작전에 펼쳤고, 결국 마음을 돌리는데 성공했다.

그리고 일본 프로야구는 풀타임 7년차를 채워야 포스팅이 가능한 한국과 달리 계약 조건에 따라 당장이라도 미국 진출을 타진할 수 있다. 오타니 역시 입단 당시 포스팅 여부에 대해 유리한 조건을 얻어낸 것으로 알려져 있다.
이미 미국 현지에서는 오타니가 메이저리그 진출을 선언하게 되면 충분히 2억 달러 이상 이끌어낼 수 있다고 보고 있다.

이는 앞서 진출한 마쓰자카 다이스케, 다르빗슈 유, 다나카 마사히로 등 일본을 대표하는 투수들의 몸값을 훌쩍 뛰어넘는 금액이다. 다르빗슈는 포스팅 비용 및 계약 총액 1억 1170만 달러를 기록했고, 2014년 뉴욕 양키스에 입단한 다나카 마사히로는 2000만 달러의 포스팅 금액에 7년간 1억 5500만 달러의 잭팟을 터뜨렸다.

2억 달러는 메이저리그 투수들에게서도 흔히 볼 수 있는 액수가 아니다. 역대 2억 달러 몸값을 기록한 투수는 데이비드 프라이스와 클레이튼 커쇼, 맥스 슈어저, 잭 그레인키 등 사이영상을 수상한 특급 투수 4명뿐이다.

메이저리그가 오타니를 높게 평가하는 이유는 간단하다. 150km대 후반에 이르는 빠른 직구는 빅리그에서도 흔치 않은 능력치이며, 193cm에 달하는 큰 신장도 피지컬을 중시하는 미국 야구에 매력적으로 다가오고 있다. 여기에 완벽한 자기 관리와 겸손한 인성 등은 가산점을 주기 충분한 요소다.

오타니의 소속팀 니혼햄은 올 시즌 후 포스팅 진행이 가능하다는 뜻을 내비치고 있다. 만약 성사가 된다면 일본프로야구를 고작 4년 만에 졸업하는 셈이 된다. 이는 마쓰자카(8년), 다르빗슈, 다나카(이상 7년)보다 훨씬 빠른 페이스다.

일본프로야구의 포스팅 시스템은 미일야구협정에 의해 최고액 입찰이 아닌 최대 2000만 달러를 상한선으로 정하고 있다. 여기에 입찰 최고액인 2000만 달러를 써내면 단독이 아닌 복수 협상이 가능하다. 이는 오타니와 같은 특급 선수가 매물로 나온다면 몸값은 여러 구단의 경쟁에 의해 천정부지로 치솟는다는 뜻이기도 하다.

벌써부터 큰 주목을 받고 있는 오타니의 행선지는 과연 어디일까.

김민준 기자　　　　　　　　　　*출처 브릿지 경제 2016-02-13 12:10

20대 초반의 어린 투수인데 우리나라에는 2015년도 프리미어 12라는 세계 프로야구 선수권대회로 잘 알려진 투수입니다. 당시 준결승전에서 한국과 일본이 만났었는데 한국팀이 7회까지 0:3으로 패색이 짙었으나, 다 이긴 게임이라고 판단한 일본 감독이 선발투수를 내려 보내고 구원투수를 등판

시켰죠. 그런데 한국 선수들은 이 구원투수를 성공적으로 공략, 연이어 안타 행진을 벌인 끝에 결국 한국은 일본의 투수교체 덕에 일본에게 4:3으로 역전승을 거두어 결승에 진출하고 최종적으로 우승을 거머쥐게 됩니다.

이 경기에서 7회까지 한국타자들을 꼼짝 못하게 만들었던 일본의 선발투수가 바로 오타니 쇼헤이인데요, 더욱 놀라운 것은… 그 당시 오타니 쇼헤이는 나이 스무 살을 갓 넘긴 어린 투수였다는 것이죠.

현재(2017년 현재 23세)는 메이저리그로 이적을 준비 중인데 세계적 프로야구 스타 커쇼와 비슷한 몸값을 받을 가능성이 높다는 소식이 들려옵니다.

이 오타니 쇼헤이는 뛰어난 야구실력으로도 잘 알려져 있지만 그가 고등학교에 입학한 다음 자신의 목표를 관리하기 위해 사용한 목표관리표 때문에도 굉장히 유명해졌는데 이를 한 번 살펴보겠습니다.

(옆의 그림을 보시면서 아래의 글을 같이 읽어주세요) 오타니 쇼헤이의 고등학교 당시 목표는 8개구단 드래프트 1순위를 하는 것이었습니다.

그러니까 고등학교를 졸업할 즈음 되면 프로야구 8개 구단이 자신을 영입 대상으로 지명하는 것을 목표로 삼았던 것이죠. 고등학생이 그런 요청을 받을 정도로 뛰어난 투수가 되겠다는 목표를 삼은 것입니다. 목표를 설정하면 그 목표를 위의 그림처럼 Matrix의 중심에 기록합니다. (8구단 드래프트 1순위)

그리고 오타니는 그러한 뛰어난 투수가 되기 위해서는 무엇을 우선적으로 갖추어 한다고 판단 했냐 하면, 일단 투수로서 적합한 몸을 갖춰야 한다고 생각했습니다. 투수는 강한 어깨와 탄탄한 하체 그리고 유연한 근육을 갖춰야만 좋은 성적을 낼 수 있으니, 이러한 신체조건이 자신의 목표인 8구

몸관리	영양제 먹기	FSQ 90kg	인스텝 개선	몸통강화	축을 흔들리지 않기	각도를 만든다	공을 위에서 던진다	손목강화
유연성	**몸 만들기**	RSQ 130kg	릴리즈 포인트 안정	**제구**	불안정함을 없애기	힘 모으기	**구위**	하반신 주도
스태미너	가동역	식사 저녁 7숟갈 아침 3숟갈	하체강화	몸을 열지않기	멘탈 컨트롤하기	볼을 앞에서 릴리즈	회전수 증가	가동력
뚜렷한 목표, 목적	일희일비 하지 않기	머리는 차갑게 심장은 뜨겁게	몸만들기	제구	구위	축을 돌리기	하체강화	체중증가
펀치에 강하게	**멘탈**	분위기에 쉽쓸리지 않기	멘탈	8구단 드래프트 1순위	스피드 160km/h	운동강화	**스피드 160km/h**	어깨주위 강화
마음의 파도를 안만들기	승리에 대한 집념	동료를 배려하는 마음	인간성	운	변화구	가동력	라이너 캐치볼	피칭을 늘리기
감성	사랑받는 사람	계획성	인사하기	쓰레기줍기	부실청소	카운트볼 늘리기	포크볼 완성	슬라이더의 구위
배려	**인간성**	감사	물건을 소중히 쓰자	**운**	심판분을 대하는 태도	늦게 낙차 있는 커브	**변화구**	좌타자 결정구
예의	신뢰받는 사람	지속력	긍정적 사고	응원 받는 사람이 되자	책읽기	직구와 같은 품으로 던지기	스트라이크 에서 볼을 던지는 제구	거리를 상상하기

[그림1] 오타니 쇼헤이의 목표관리표 (만다라트)
* 출처 새해 계획은 괴물 투수 오타니의 '만다라트' 따라잡기로 (중앙일보, 2016.2.3 박정경기자)

단 드래프트 1순이라는 목표를 달성하는데 필수적인 요건이라고 생각했던 것이죠.

또한 투수이기 때문에 자신이 원하는 대로 공을 던질 수 있는 제구력을 갖춰야 하고 좋은 변화구 빠른 볼 등이 있어야만 설정한 목표를 달성할 수 있으리라 판단했습니다.

하지만 아무리 운동을 잘한다고 하더라도 '오타니는 인간성이 나쁘다'라는 소문이 나면 구단들이 팀워크를 저해할 우려 때문에 자신을 기피할 수도 있다고 판단하여 '좋은 인간성'도 8개구단 드래프트 1순위라는 목표달성에 큰 영향을 미친다고 생각했습니다.

이 외에 투수가 마운드에서 포볼이나 데드볼을 남발하지 않으려면 어떤 상황에서도 흔들리지 않는 강한 멘탈을 보유해야 한다고 생각했죠.

목표를 달성하기 위해 필수적으로 갖춰야 한다고 생각하는 이것들을 조금 전에 Matrix의 중심에 기록했던 자신의 목표를 에워싸도록 그림처럼 기록하고, 그것들을 화살표 방향으로 보내어 또 기록합니다.

그리고나서 목표를 달성하기 위해 필수적으로 갖춰야 한다고 생각하는 이것들(몸 만들기, 제구, 구위, 인간성 등)을 확보하기 위한 '실천방안'들을 그것들을 둘러싸고 있는 주위의 칸에 기록합니다. 예를 들어 투수에게 적합한 '몸을 만들기' 위해서는 평상시 꾸준히 '몸관리'를 하고, '유연성'을 키우기 위한 운동을 실시하며 몸에 좋은 '영양제' 꾸준히 챙겨 먹는 등의 활동을 게을리 하면 안되겠죠. 그런 활동들을 통해 투수에게 적합한 몸이라는 것을 확보할 수 있게 됩니다.

또 '인간성'이라는 요인을 확보하기 위해서는 늘 주변 사람들을 배려하는 마음으로 생활하고 사람들에게 예의 바르게 대하며 이를 일시적으로 몇 번만 하는 것이 아니라 지속적으로 실행함으로써 이 '인간성'이란 요인을 확보할 수 있게 되는 것이죠.('오타니는 인간성이 좋다'는 주위의 평가를 확보할 수가 있는 것이죠.)

이와 같이 '1. 성과목표(8개 구단 드래프트 1순위)-2. 성과목표 달성을 위해 우선적으로 갖춰야 하는 요인(몸만들기, 멘탈, 인간성, 운, 변화구 등)-3. 그 요인을 확보하기 위한 실천방안의 흐름'을 도출 한 후 평상 시 '실천방안'의 활동들을 꾸준히 실행하고 관리하게 되면 2. 성과목표 달성을 위해 우선적으로 갖춰야 하는 요인을 확보할 가능성이 높아지겠죠. 그리고 그러한 요인들을 확보할 가능성이 높아지면 결국 '성과목표' 달성의 가능성도 높아집니다.

그러니까 '투수 직무'로서 가장 뛰어난 성과를 내고 있는 직무전문가(오타니 쇼헤이)가 자신이 담당하고 있는 투수라는 직무에서 바람직한 성과목표(8개 구단 드래프트 1순위)를 설정하고 그 성과목표를 달성하기 위해 우선적으로 갖춰야 하는 요인들(몸만들기, 멘탈, 인간성, 운, 제구 등)이 무엇인지를 찾아낸 후 그 요인들을 확보하기 위한 실천방안들을 도출한 것이라고 말할 수 있습니다.

그리고 그 내용을 구단 내의 같은 직무(투수)를 수행하는 사람들과 공유하여 다른 투수들도 평상 시 그 실천방안들을 꾸준히 실행하고 관리하게 되면… 그들도 투수에게 적합한 몸, 제구, 강한 멘탈 등을 확보할 가능성이 그 전보다 더 높아지고 결국 8개구단 드래프트 1순위를 할 정도의 좋은 투수가 될 가능성이 높아지도록 도움을 줄 수 있겠지요.

이것이 바로 직무분석의 기본적인 흐름입니다.

회사 내의 각 직무에서 우수한 성과를 내는 사람들을 분석하여 그들이 수행하는 직무 상에서 가장 중요한 1. 성과목표를 도출하고 2. 그 성과목표를 달성하는데 도움이 되는 요인들을 도출한 후 3. 그 요인들을 확보하기 위한 실천방안을 설정하여 동일 직무수행자들과 공유함으로써 동일한 직무를 수행하는 다른 사람들의 성과를 높일 수 있도록 도움을 주는 것이 바로 직무분석이라는 뜻입니다. (물론 인사관리에서의 직무분석은 오타니 쇼헤이가 투수라는 직무를 분석한 것 보다는 조금 더 복잡한 분석을 필요로 합니다. 뒷부분에서 더 구체적으로 다루겠지만 오타니는 실천방안까지 도출했지만 우리가 하려고 하는 직무분석은 이 실천방안을 도출한 이후 추가적인 성과영향요소들을 더 도출해야 합니다. 지금은 서두에서 너무 복잡한 이야기를 하게 됨으로써 혼란을 주는 것을 피하게 위해 실천방안까지만 소개하도록 하겠습니다.)

이 직무분석의 결과는 각 직무수행자들이 성과를 높이기 위해 스스로를 관리하는데도 도움을 주겠지만 이들을 관리하는 관리자가 이 직무를 수행하는 사람들의 '무엇'을 관리해야 성과를 높여줄 수 있는지도 알게끔 도와줍니다. (ex. 관리자인 야구감독이 투수직무를 수행하는 사람들이 평상시에 유연성을 높이기 위한 노력들을 하는지 안하는지 관리하고, 이 노력들을 잘 할 수 있도록 도움을 준다면 이 구단의 투수들이 투수에게 적합한 몸을 갖추게 될 가능성이 높아지겠지요)

그래서 직무분석은 조직원들의 성과를 체계적으로 관리하여 더 높은 성과목표를 달성할 수 있도록 도와주는 '성과관리 Tool'이라는 것입니다.

이 직무분석을 통해 도출된 요소들을 잘 관리함으로써 개별 직무수행자들의 성과가 높아지면 팀의 성과가 높아지고, 각 팀들의 성과가 높아지면 곧

[그림2] 개별 직무수행자-팀 성과-회사성과의 연결

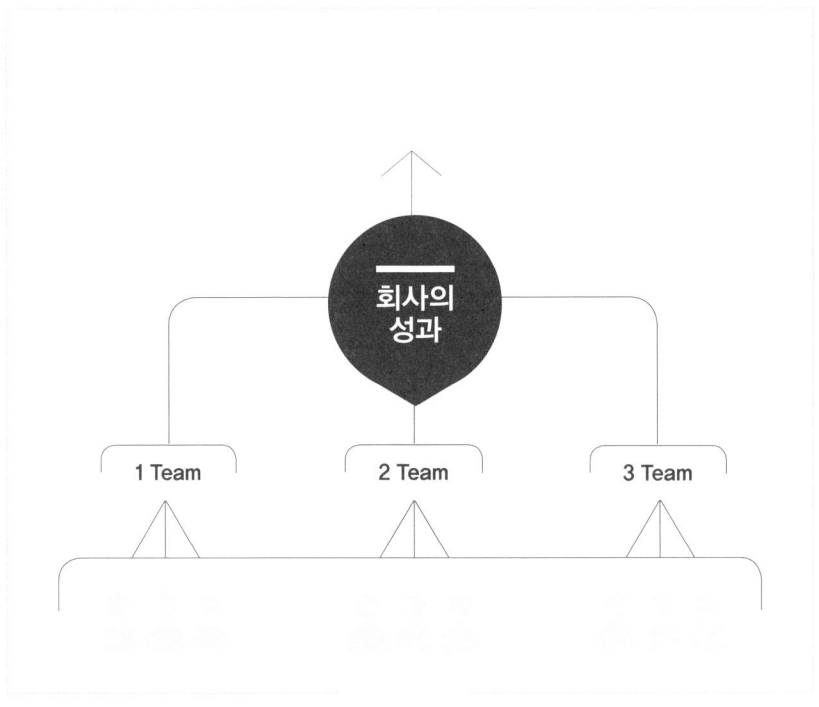

회사의 성과가 높아질 수 있습니다. (그림 2 참고)

그렇기 때문에 기업의 인사담당자들은 체계적인 직무분석을 통해 조직 내 각 직무수행자들의 성과에 영향을 미치는 각종 요소들을 도출하여 다양한 인사관리 활동들을 통해 이 요소들을 잘 관리함으로써 각 직무수행자들의 성과를 높여주고 나아가서 회사의 성과를 높여줄 수 있게 됩니다. 이는 곧 인사담당자가 '조직의 성과관리자'로 그 위상을 높일 수 있게 됨을 의미하죠.

정리하자면, 직무분석이란 조직을 구성하고 있는 각 직무수행자들이 1.

어떤 성과들을 창출해야 하며, 2. 그 성과에 영향을 미치는 요소들을 도출하는 과업을 말합니다.

따라서 직무분석을 이해함에 있어 가장 중요한 개념은 바로 '성과에 영향을 미치는 요소'라는 개념입니다. (이하 '성과영향요소')

지금부터 이 성과에 영향을 미치는 요소들에는 어떤 것들이 있고 이들은 어떤 개념인지를 대략적으로 설명드리고 각각에 대한 세부적인 설명은 뒤의 별도 챕터에서 조금 더 구체적으로 다루도록 하겠습니다.

(2) 직무분석을 통해 도출해야 하는 결과물, 성과영향요소의 개념 (개요)

성과영향요소 각각에 대한 설명에 앞서 이 성과영향요소들의 전체적 그리고 구조적 특성에 대해 먼저 말씀드리도록 하겠습니다.

일반적으로 직무분석을 통해 도출해야 하는 성과영향요소들은 '성과목표, CSF, 성과행동, 직무역량, 직무자격 및 KPI등이 있습니다.(그림3) (참고: '성과행동'은 2020년 이전 인쇄본에는 '행동지표'라는 용어로 쓰여졌으나 학습자분들의 이해를 돕기 위해 2020년 이후 인쇄본부터는 '성과행동'으로 용어를 변경하였음을 알려드립니다.)

이 성과영향요소들은 각각 독립적인 개념이 아닌, 서로 연결되어 있는 개념인데요 그냥 연결되어 있는 것이 아니라 '순차적'으로 연결이 되어 있습니다.

그러니까 순차적으로 서로 연결이 되어 있다는 것은 아래와 같은 의미를 말합니다. (그림 4를 보면서 읽어주세요.)

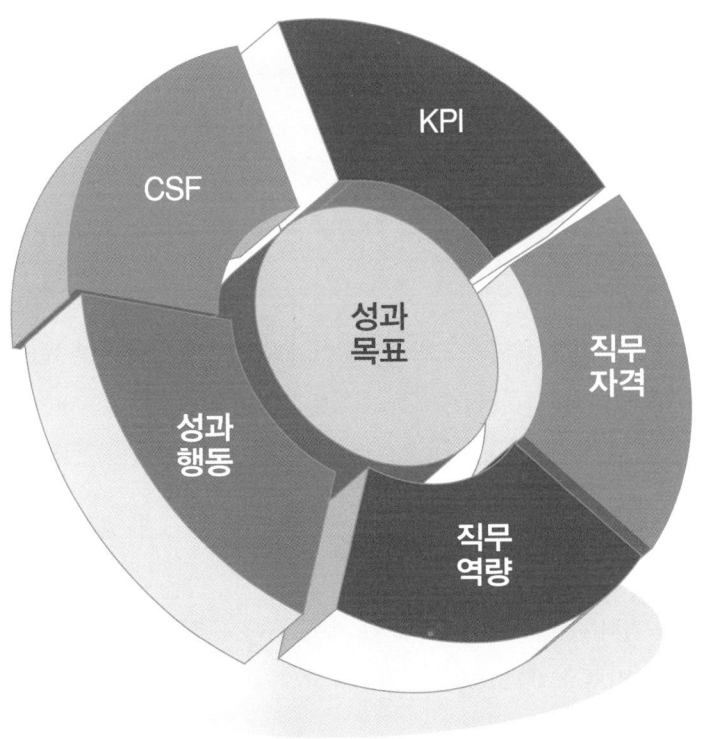

[그림 3] 성과에 영향을 미치는 대표적 요소들

모든 직무수행자들은 자신이 달성해야 하는 '성과목표'를 달성하기 위해 반드시 'CSF'를 확보해야 합니다. CSF를 확보하지 못하면 절대 성과목표를 달성할 수가 없는 것이죠.

그런데 이 CSF라는 것은 저절로 확보되는 것이 아니라 '성과행동' 상의 행동을 잘 할 때에만 CSF가 확보되어 지는 것 입니다.

그렇다면 성과행동 상의 행동들은 아무나 다 잘할 수 있느냐, 그렇지 않고 그 성과행동 상의 행동을 잘 할 수 있도록 만들어주는 '직무역량'을 보유했을 때에만 그 행동을 잘 할 수 있는 것이지요.

이처럼 성과영향요소라는 개념들은 마치 도미노처럼 서로 순차적으로 연결이 되는 개념입니다.

그러니까 직무역량이라는 도미노가 넘어가지 않으면 절대 성과목표라는 도미노는 넘어가지 않습니다.

왜냐하면 직무역량 도미노가 넘어가지 않으면 성과행동 이라는 도미노가 넘어가지 않고 이어서 CSF라는 도미노가 넘어가지 않기 때문에 성과목표 도미노를 절대 넘길 수가 없죠.(성과목표를 달성할 수가 없죠) 이것들은 서로 순차적으로 연결되어 있기 때문에 중간에 뭐든 하나 갖추지 못하면(도미노가 넘어가지 못하면) 정상적이고 일반적인 방법으로 성과목표를 달성하는 것은 거의 불가능해집니다.

성과영향요소들은 이처럼 서로 순차적으로 연결되어 있는데 우리가 직무분석을 실시하면 각 직무의 이러한 성과영향요소들을 도출해야 합니다. 그리고 도출하는 순서도 성과영향요소들의 나열 순서와 동일함을 기억하시기 바랍니다. (먼저 직무의 핵심성과를 도출하고 이어서 그 핵심성과목표를 달성하는

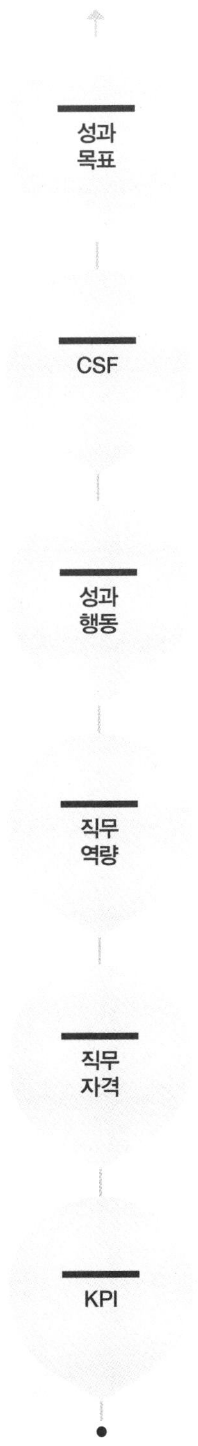

성과
목표

CSF

성과
행동

직무
역량

직무
자격

KPI

[그림 4]
성과영향요소 간의 연결고리

데 결정적 영향을 미치는 CSF를 이어서, CSF 확보를 위한 성과행동을 도출… 한다는 말씀입니다)

 그럼 지금부터 이 각각의 성과영향요소들이 무엇을 의미하는지 설명을 드리도록 하겠습니다.

가. 직무분석을 통해 도출해야 하는 첫번째 결과물, '성과목표'의 개념 정확히 이해하기

우리가 직무분석을 실시하면서 도출해야 하는 첫번째 결과물은 그 직무가 달성해야 하는 가장 핵심이 되는 성과목표를 설정하는 것입니다.

 성과라는 용어는 회사에서 일을 하는 우리에게는 너무나도 익숙한 용어지요. 하지만 너무나도 익숙하기에, 너무나도 잘못된 개념이 심어진 경우를 많이 보게 됩니다. 성과에 대한 올바른 개념을 정립하지 못한 상태에서 성과목표 달성계획을 수립하고 성과를 관리하게 되면 효과가 거의 없거나 오히려 역효과가 날 수 있습니다.

 지금부터 성과란 무엇인지 그 올바른 개념을 말씀드리도록 하겠습니다.

 여러분들도 잘 읽어 보시면서 성과에 대해서 잘못된 개념을 가지고 있었는지 한 번 생각해 보시기 바랍니다.

 직무분석에 있어서의 성과란 특정 직무를 수행하는 사람들이 자신에게 주어진 일들을 수행하면서 조직에 기여해야 하는 '결과적 효익'이라고 할 수 있습니다. 여기서 가장 중요한 Key Word는 '결과' 그리고 '효익'이지요.

 그러니까 '결과'가 아니면 '성과'가 아니며 또한 효익(좋은 것)이 아니면 '성과'가 아니라는 뜻입니다. 반드시 '결과적', '효익'이어야 합니다.

어떤 학교의 선생님께서 학생을 불러서 이렇게 질문을 했다고 가정합시다.

"너… 올해 한해 어떤 성과를 좀 만들어 볼래?"

이런 질문을 받고, 학생이…

"저는 올해 한 해 공부를 아주 열심히 할 거에요." 라고 답했다면, 성과를 묻는 질문에 대한 올바른 대답이라 할 수 있을까요? (공부를 열심히 하겠다는 것은 과연 성과일까요?)

이것은 성과가 아닙니다. 왜 아닐까요? (한 번 이유를 생각해보세요)

공부를 열심히 한다는 것은 '결과'가 아니죠. 조금 전 위에서 성과라고 하는 것은 '결과적 효익'이어야 한다고 말씀드렸고, 공부를 열심히 한다는 것은 결과가 아니기 때문에 성과라고 할 수 없습니다.

"저는 올 한 해 성적을 좀 올려보겠습니다."

라고 답변하면… 그것은 성과라 할 수 있겠지요.

공부를 열심히 해서 성적이 올라가던, 효과적으로 해서 성적이 올라가던… 성적이 올라간다는 것은 부인할 수 없는 결과이고 또한 분명히 '효익(좋은 것)'이기 때문입니다.

하나만 더 예를 들어보도록 하겠습니다.

회사의 영업팀장님이 영업사원을 불러서 질문합니다.

"김대리, 올해 어떤 성과를 한 번 만들어볼 계획이야?"

김대리가 대답합니다.

"네 팀장님, 저는 올 한해… 지난해보다 고객을 더 자주 방문하겠다는 성과목표를 설정했습니다."

이것은 성과를 묻는 질문에 대한 올바른 답일까요? 그러니까 고객을 더

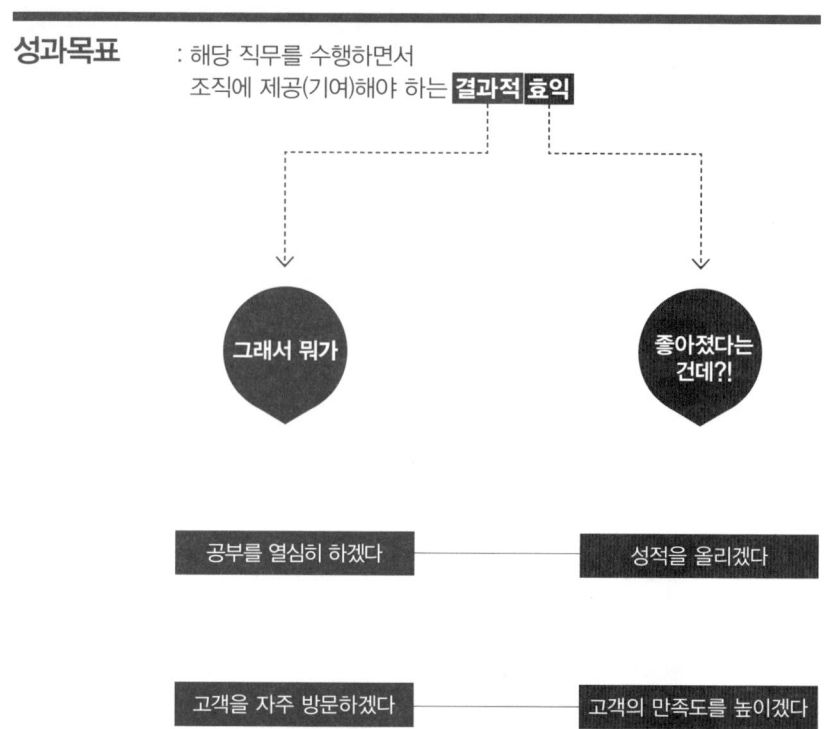

[그림 5] 성과의 올바른 개념

자주 방문한다는 것은 성과라고 볼 수 있을까요?

이것은 성과가 아닙니다. 왜냐면 아까 학생의 경우와 마찬가지로 고객을 자주 방문한다는 것 자체는 '결과'가 아니기 때문입니다. 그리고 고객을 자주 방문한다는 것은 가치 중립적이죠. 그러니까 반드시 '효익(좋은 것)'이라고 볼 수가 없는 것이죠. 만약 우리 회사의 상품을 구입한 고객이 상품이 자꾸 고장나서 그것때문에 영업 사원이 고객을 자주 방문하게 되는 것이라면 '좋은 것'이라고 할 수가 없겠지요. 따라서 고객을 자주 방문한다는 것 자체만으로는 좋은 것인지 나쁜 것인지 판단할 수가 없으므로… 이것은 성과라 할 수 없습니다. (일단 확연히 '결과'가 아니기 때문에 여기까지 생각치 않아도 되겠습니다.)

"저는 올해 고객의 만족도를 좀 높여보겠습니다"

이렇게 답변했다면, 이것은 성과가 맞지요.

고객을 자주 방문해서 만족도가 올라가건, 아니면 고객의 니즈를 잘 충족시켜주어서 만족도가 올라가건 고객의 만족도가 올라간다는 것은 분명히 '결과'이고 '효익(좋은 것)'이 맞으니까요.

그러니까 옆의 그림 5에서… 좌측의 사항(공부를 열심히 하겠다, 고객을 자주 방문하겠다)들은 '성과'라고 보기 힘들구요, 우측의 사항들(성적을 올리겠다, 고객의 만족도를 높이겠다)이 바로 '성과'라고 할 수 있는 것들이죠.

그런데… 정말 많은 회사들이 직원들의 성과를 평가하는 성과평가를 할 때 성과가 아닌 좌측의 유형들을 가지고 성과평가를 하는 상황들을 자주 목격하게 됩니다.

예를 들어 어떤 회사가 '고객을 자주 방문하겠다'는 그림 5에서의 좌측 유형을 영업사원의 성과로 인정하였습니다. 그리고 얼마나 고객을 자주 방문했는지를 가지고 영업사원의 성과를 평가한다고 가정해봅시다. (그러니까 성과가 아닌 것을 가지고 성과를 평가하는 것이지요.)

그렇게 된다면 이 회사의 영업사원들은 고객을 더 자주 방문할 수록 좋은 평가를 받게 되겠죠? 그래서 영업사원들이 자신의 좋은 평가를 위해 고객을 더 자주 방문하려고 노력할 것입니다. 지난해에 고객을 1주일에 2번 방문했다면 올해는 이것이 자신을 평가하는 성과평가지표가 되기 때문에 더 좋은 평가를 받기 위해서는 1주일에 10번을, 아니 그 이상을 방문하려고 노력하겠지요. 그래서 영업사원인 김대리는 더 많은 고객을 방문하기는 하는데 김대리의 영혼은 회사에 남겨둔 채 아무 생각없이 고객을 1주일에 10번 방문했다고 칩시다. 그랬더니 회사는 그 결과를 보고…

"야~김대리, 지난해에는 1주일에 2번 방문했는데 올해는 1주일에 10번 방문했네?! 성과가 아주 좋아. S등급!!" 좋은 평가를 주겠지요.

김대리는 좋은 평가를 받고 연봉도 많이 올랐습니다.

그런데 이렇게 영혼을 회사에 두고 1주일에 10번 고객을 방문하는 것이 회사에 도움이 될까요?

그렇지 않겠죠? 단 한 번을 방문하더라도

"아… 내가 이번주 금요일날 고객과 미팅이 잡혔는데, 무슨 자료를 어떻게 준비를 해야 효과적으로 어필할 수 있을까?" 고민하며 열심히 설명자료를 제작하고,

고객을 단 한 번 방문하더라도 그 준비한 자료를 가지고 열과 성을 다해서 설명하여 고객의 마음을 빼앗아 오는 것이 중요한 것이지, 아무 생각없이

많이 방문했다고 회사에 좋은 것은 하나도 없죠. (심지어 고객의 컴플레인 때문에 고객을 여러 차례 방문해도 좋은 평가…)

그런데 이렇게 '성과'가 아닌 것을 가지고 직원들의 성과평가를 실시하게 되면, 직원들은 성과를 냈다고 평가받아서 연봉도 올라가는데 정작 회사는 별로 좋아지는 것도 없는… 이상한 상황이 연출될 수 있습니다.

성과평가를 실시하는 궁극적인 목적은 무엇입니까?

직원들의 성과 창출 욕구를 북돋음으로써 '직원들 개인의 성과가 곧 회사의 성과로 이어지도록', 그러니까 궁극적으로 '회사의 성과'를 높이기 위해서 직원들의 성과평가를 실시하는 것이지 않습니까? 그런데 직원들이 성과를 냈다고 결과가 나와도 그것이 회사의 성과를 만들어내는데 연결되지 않는다면 성과평가를 실시하는 의미가 하나도 없는 것이죠.

그런데 위의 경우 직원들은 좋은 성과를 만들어냈다고 회사로부터 인정받았어도 회사의 성과를 높이는데 연결되지는 않았습니다. 왜 그런 문제가 발생되었느냐?!

'성과'가 아닌 것을 가지고 직원들의 '성과'를 평가했기 때문입니다.

그래서 회사에서 실시하는 성과평가가 회사의 성과와 연결되는, 의미있는 성과평가가 되기 위해서는 반드시 직원들의 '성과'를 가지고 성과평가를 실시해야 하는 것입니다.

여러분들의 회사에는 이렇게 '성과가 아닌 것'으로 직원들과 조직의 성과평가를 실시하는 경우가 없습니까?

대표적으로 '월간 ○○보고서 ○회 작성' 이런 유형이 있겠죠. 또 '○○지점 ○회 방문', '분기별 ○○○간담회 ○회 실시' 등의 유형들이 바로 그림의 좌측 유형과 같이 성과가 아닌 것으로 성과지표를 삼은 것들이죠. 대체로 그러한 유형들의 성과지표는, '그냥 하면 성과목표가 달성 됩니다.' 어지간하면 다 목표달성 할 수 있는 것들이라는 것이지요.

그래서 부서별로 또는 개인별로 KPI 취합하고 나서 살펴보면, 어떤 것들은 무조건 목표달성 할 수 밖에 없는 그런 KPI들이 있죠? 그게 대부분 다 좌측 유형, 그러니까 성과가 아닌 것으로 성과지표를 설정한 것들입니다.

이제 여러분들은 '성과'가 무엇인지 정확히 알게 되었으니, 앞으로 성과목표를 설정할 때는 반드시 그림 5에서 우측유형인 '성과'를 바탕으로 설정하시기 바랍니다.

나. 직무분석을 통해 도출해야 하는 두번째 결과물, CSF의 개념 이해하기

이전 챕터에서 직무분석을 통해 가장 먼저 도출해야 하는 결과물인 '성과목표'에 대해서 학습하였습니다. 핵심성과목표는 보통 한 직무에 3~5개 정도 설정하는 것이 일반적이죠. 예를 들어 인사직무의 경우에는 '우수인재 확보', '우수인재 육성', '목표하는 조직문화 형성' 등이 있을 수 있습니다. (그리고 측정하기 용이하다는 이유만으로 '이직율'을 낮추는 것이 인사부서 또는 인사관리 직무의 핵심성과목표가 되는 경우가 있는데 전사적 성과를 만들어내는데 이직율이 그렇게 민감한 회사가 얼마나 될까 싶은 생각도 조금 있습니다.)

이렇게 직무분석을 통해 각 직무의 성과목표를 설정하였다면 그 다음 단계는 그러한 성과목표를 달성하는데 결정적인 영향을 미치는 CSF를 도출하는 단계를 진행합니다.

CSF란 무엇일까요?

CSF란 Critical Success Factor의 앞 글자를 따서 만든 용어입니다. 그러니까 어떤 일에서 성과목표를 성공적으로 달성 시키는데 영향을 미치는 다양한 성공요인(Success Factor)들 가운데 '결정적인(Critical)' 영향을 미치는 Success Factor를 바로 CSF라 일컫는 것이지요.

그림 6의 그림을 보시면서 글을 읽어 주시기 바랍니다. 예를 들어 제 삶의 성과목표가 '행복'이라고 한다면, 이 '행복'이라는 목표를 달성하는데 영향을 미치는 Success factor에는 어떤 것들이 있을까요?

그림에서 보시다시피… '돈'이 어느정도는 있어야 행복해질 수 있고, 또 '건강'이 없다면 행복할 수 없고 그리고 우리 가족이나 친구들 같은 좋은 '사람'들이 있을 때 행복해질 수 있겠죠? 또 어떤 분들은 맛있는 요리를 먹을 때 너무 행복하다, 또 다른 분들은 재미있는 영화를 볼 때 행복하다… 이렇게 생각하실 수 있을 것입니다. 이런 것들이 바로 행복이라는 목표 달성을 성공하게 해주는 성공요인(success factor)들이 될 수 있지요.

이 성공요인들을 보면, 어떤 성공요인은 있으면 목표달성에 도움이 되긴 되는데 없다고 해서 절대 목표를 달성하지 못하는 것은 아닌 그런 성공요인이 있습니다. 저 위에서는 어떤 것들이 그러한 요인일까요? 사람마다 판단이 조금 다를 수는 있겠지만, 대체적으로 '요리'나 '영화'같은 성공요인의 경우에는 있으면 행복해지는데 도움이 되긴 되지만 없다고 해서 절대 행복해질 수 없는 것은 아닌, 그런 요인일 것입니다. 이런 것들은 그냥 '성공요인'에 그치는 것이지요. 그런데 어떤 성공요인의 경우에는 이것이 없을 때는 '절대' 목표를 달성할 수 없는 그런 요인들이 있습니다. 다음의 그림 6에서 돈, 건강 그리고 사람의 경우에는 이 중 무엇 하나라도 없다면 절대 행복해질 수 없겠죠? 그

CSF

Critical Success Factor :
성과목표를 달성하는데 결정적인 영향을 미치는 요인

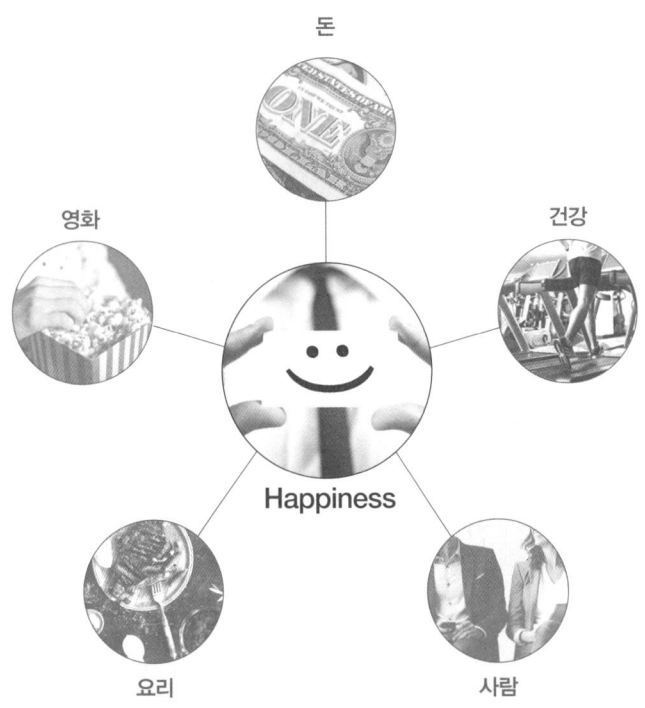

[그림6] CSF의 개념

럼 이 때 돈, 건강, 사람이 바로 행복이란 목표를 달성하기 위한 CSF가 되는 것입니다. 이러한 CSF는 행복이라는 목표를 달성하는 데에만 존재하는 개념이 아닙니다. 여러분들의 회사에 있는 모든 직무마다 다 CSF가 존재합니다. 예를 들어 인사직무의 핵심성과목표 중 하나는 '우수인재 확보(채용)'인데요, 이 우수인재 확보에 결정적 영향을 미치는 요인에는 어떤 것들이 있을까요? 일반적으로는 '급여'가 높을 수록 우수인재를 확보할 가능성이 높겠죠? 그런데 급여만 많다고 우수인재들이 우리 회사에 입사를 할까요? 급여는 높은데 근무환경이 매우 나쁘다고 하면 우리 회사로 입사하지 않거나 입사하더라도 금방 이탈할 가능성이 높습니다. 따라서 '근무환경'이나 복리후생 같은 '근무조건' 등의 요인도 큰 영향을 미치겠지요.

이러한 것들이 바로 인사담당 직무의 우수인재 확보라는 성과목표에 대한 CSF가 될 수 있는 것입니다. 그렇다면, 인사직무 담당자는 성과목표 달성 또는 극대화를 위해 더 좋은 근무환경을 구축하기 위한 노력을 해야할 것이며 경쟁력 있는 근무조건 또는 급여체계를 갖추기 위한 노력에 집중해야 할 것입니다.

이처럼 회사에 있는 모든 직무들은 자신의 성과목표를 달성하는데 결정적 영향을 미치는 CSF들이 있습니다. 우리 인사담당자는 직무분석을 통하여 각 직무수행자들이 자신에게 주어진 '성과'를 만들어내는데 결정적 영향을 미치는 CSF를 도출하여 이를 직무기술서에 기록, 공유하고 그 직무수행자들이 해당 CSF를 더 많이 확보할 수 있도록 체계적으로 관리해주어야 할 것입니다. 그러한 체계적 관리를 통해서 회사의 각 직무수행자들이 이전보다 더 많은 CSF를 확보하게 되면 더 많은 성과를 만들어내고 결국 회사의 성과가 향상될 가능성이 높아지겠죠.

다. 직무분석을 통해 도출해야 하는 세번째 결과물, 성과행동의 개념 이해하기

직무분석을 통해 각 직무가 만들어내야 하는 '성과에 영향을 미치는 요소'들을 도출한다고 말씀드렸습니다. 이번 챕터에서는 그 성과영향요인들 가운데 '성과행동'의 개념에 대해 알아보겠습니다. (참고: '성과행동'은 2020년 이전 인쇄본에는 '행동지표'라는 용어로 쓰여졌으나 학습자분들의 이해를 돕기 위해 2020년 이후 인쇄본부터는 '성과행동'으로 용어를 변경하였음을 알려드립니다.)

성과행동 이라고 하는 것은 CSF를 확보하는데 도움이 되는 '행동상의 특성'을 말합니다.

그러니까 그림 7에서…

행복한 삶이라는 목표를 달성하기 위해서는 건강과 사람과 같은 CSF를 반드시 확보해야 합니다. 건강하지 못하거나 주위에 좋은 사람들 한 명 없이 외로울 때는 행복함을 느끼기 쉽지 않지요. 그런데 이 '건강'이나 좋은 '사람'이라는 CSF는 절대 그냥 확보되지 않습니다. 반드시 이를 확보하기 위해 적절한 '행동'을 했을 때 확보될 수 있는 것이지요.

예를 들어 건강이라는 CSF를 확보하기 위해서는 '정기적으로 운동을 꾸준하게 실시한다'는 '행동'을 잘 하거나, '건강에 나쁜 음식들을 피하고 건강에 좋은 음식들을 잘 만들어 먹거나… '하는 '행동'을 잘 해야만 건강이라는 CSF를 확보할 수 있습니다.

그리고 좋은 사람들이 늘 주변에 함께 할 수 있도록 하기 위해서는 아무리 바빠도 가족들(친척들)과 정기적으로 시간을 보내고, 사람들과 어울릴 수

성과행동 성과에 결정적 영향을 미치는 CSF를 확보할 수 있도록 만들어주는 행동상의 특성

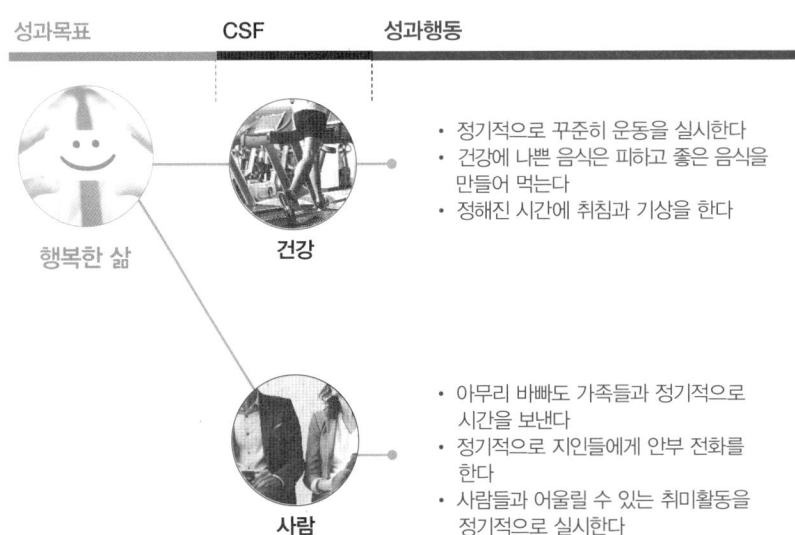

[그림7] 성과행동의 개념

있는 취미활동을 정기적으로 실시하는 등의 '행동'들을 잘 해야 합니다.

이렇게 더 많은 CSF를 확보함으로써 성과를 창출할 수 있도록 도와주는 행동 상의 특성들이 바로 '성과행동'인 것이지요.

이 성과행동을 도출하는 방법과 이 성과행동이 인사관리의 어떤 부분에 어떻게 활용되는 지는 추후에 더 구체적으로 설명을 드리겠습니다만, 이 성과행동은 성과관리 및 관리자의 부하직원 관리에 매우 중요한 팁을 제공한다는 점은 우선 강조하고 싶네요.

먼저 성과행동은 각 직무수행자들이 아침에 출근하면 퇴근하기 전까지 어떤 일들을 어떻게 수행해야 더 많은 성과를 만들어 낼 수 있는지에 대한 대략적인 행동지침으로서의 기능을 합니다.

그러니까 앞 페이지의 그림 7로 예를 들자면, 행복이라는 성과목표를 달성해야 하는 사람은 하루하루 순간순간 정기적으로 꾸준히 운동도 실시해야 하고, 몸에 나쁜 음식은 가급적 피하고 좋은 음식들만 찾아 먹고, 또 일주일에 한 번 정도는 꼭 가족들하고 시간을 보내고, 사람들과 어울릴 수 있는 취미를 찾아 실시를 해야 내가 성과를 더 잘 낼 수 있겠구나(내가 더 행복해질 수 있겠구나)를 알 수 있게 해주는 것이죠.

그리고 이 성과행동은 관리자들이 부하직원의 '어떠한 행동'을 중점적으로 관리해주어야 하는 지를 안내해줍니다.

위의 그림에서 행복한 삶이라는 목표를 달성해야 하는 '자식'을 관리하는 관리자(부모님)는 자식들이 운동을 꾸준히 하는지 안하는지 평상시에 수시로 모니터링해서 꾸준히 운동을 할 수 있도록 관리해주고, 자식이 집에서 인터넷만 볼 경우에는 나가서 사람들과 함께 할 수 있는 취미활동을 할 수 있도록 권해줌으로써 자식이 행복한 삶이라고 하는 목표를 더 잘 달성할 수 있도록 관리할 수 있는 것이지요.

이 성과행동은 직무분석의 모든 과정 가운데에서 가장 난이도가 높고 인사관리에 가장 적극적으로 활용되는 결과물인 만큼 이를 도출하기 위한 많은 연습이 필요합니다. 지금은 개념만 이해하고 자세한 사항은 뒷부분에서 좀 더 구체적으로 다뤄보도록 하겠습니다.

라. 직무분석을 통해 도출해야 하는 네번째 결과물, 직무역량 이해하기
"이번에 옆부서에 아주 역량이 뛰어난 신입사원이 들어왔다면서?"

보통 흔히 말하는 좋은 학교를 졸업했다거나 머리가 좋은 사람을 '역량이 뛰어나다'고 표현하는 경우들이 있죠. 물론 보통 사람들은 이렇게 이야기할 수 있겠습니다만, 앞으로 인사/교육담당자분들은 단지 '똑똑하다'는 것을 '역량이 뛰어나다'라고 말하시면 안됩니다.

역량이라는 것에는 더욱 구체적인 정의가 있기 때문입니다.

이 앞에서 우리는 각 직무의 성과목표를 달성하기 위해서는 반드시 CSF를 확보해야 하며 그 CSF를 확보하기 위해서는 반드시 성과행동 상의 행동을 잘 해야 함을 배웠습니다.

그런데 내가 성과를 만들어 내기 위해서 그 성과행동 상의 행동을 잘 해야 한다는 것을 알고 있는 것과 실제로 그 행동을 잘 하는 것은 다릅니다.

다음의 그림 8을 보시면,

행복한 삶이라는 목표를 달성하기 위해 반드시 건강이라는 CSF를 확보해야 하고, '건강'이라는 CSF를 확보하기 위해서는 '건강에 나쁜 음식은 피하고 좋은 음식을 만들어 먹는다'와 같은 행동을 잘 해야 건강해 질 수 있다는 것은 알고 있습니다. 하지만 이런 행동을 잘 해야 건강해질 수 있다는 것은 알지만 실제 이 행동을 못할 수도 있죠.

건강에 나쁜 음식을 피하려면, 건강에 나쁜 음식에는 어떤 종류들이 있는지에 대한 지식이 있어야 이를 피할 수가 있겠죠. 라면이나 햄버거가 건강에 나쁘다는 사실을 알고 있어야만 직장 동료가 점심 때 라면을 먹으러 간다고 하면 '나는 다른 것 먹을게'하며 라면을 피할 수가 있지요. 만약 라면이 몸에 나쁘다는 사실을 모른다면 건강에 나쁜 음식을 피하려고 해도 그 행동을 할 수가 없습니다.

'건강에 좋은 음식을 만들어 먹는다.'는 행동도 마찬가지 입니다. 어떤 음식이 몸에 좋은 지를 알아야… 그 음식을 만들어 먹을 수 있겠죠? 또한 건강에 좋은 음식을 만드는 요리 레시피도 알아야 하며 '만들어 먹기' 위해서는 재료를 다듬는 기술이라던가 하는 '스킬'도 갖추고 있어야 몸에 좋은 음식을 만들어 먹는 행동을 더 잘 할 수 있겠지요.

이때 '건강에 나쁜 음식은 피하고 좋은 음식을 만들어 먹는다'는 행동을 잘 할 수 있도록 만들어주는 '건강에 나쁜 음식의 종류, 건강에 좋은 음식의 종류, 요리 레시피'에 대한 지식과 '재료를 다듬는 스킬' 등을 바로 건강을 위한 '음식관리 역량'이라고 하는 것이지요.

정리해서 말씀드리면, 직무역량이라고 하는 것은 '성과행동'상의 행동을 잘 할 수 있도록 만들어주는 지식과 기술 그리고 태도의 조합입니다. (태도는 뒤에서 설명 드리도록 하겠습니다)

아무리 똑똑하더라도 그 친구가 자신이 맡은 직무를 수행함에 있어서 잘

직무역량 직무 수행자가 본인에게 부여된 성과행동의 행동을 잘하기 위해 갖춰야 하는 지식과 기술 및 성격특성

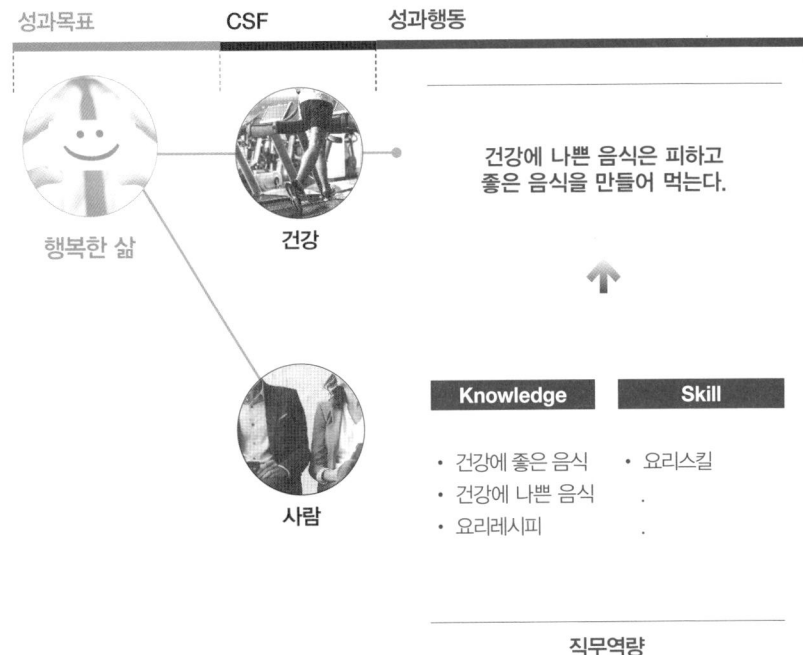

[그림8] 직무역량의 개념

알아야 하는 지식과 기술을 갖추지 못했다면 그 친구는 '역량이 있다'라고 표현하면 안되는 거죠. 반대로 아무리 스펙이 초라해도 그 친구가 수행해야 하는 업무에서의 '성과행동' 상의 행동을 잘 할 수 있도록 도와주는 지식과 기술을 풍부하게 갖추었다면, 그 친구는 '역량이 있다'고 말 할 수 있는 것입니다.

자세한 내용은 책의 중후반부에 말씀을 드리겠지만 이 역량이라고 하는 것에 가장 관심이 많아야 하는 사람은 회사에서 어떤 일을 담당하는 사람일까요?

그렇습니다. 바로 '교육' 담당자죠.

교육담당자가 각 직무담당자들이 더 많은 성과를 낼 수 있도록 도와주는 교육을 제공하기 위해서는 체계적 직무분석을 통해서 각 직무의 '성과행동'을 도출하고, 이 성과행동을 '학습목표'로 삼아 성과행동 상의 행동을 잘 할 수 있도록 도와주는 직무역량(지식, 기술)을 도출한 후 이 역량과 관련된 교육을 제공해야 합니다.

그러면 학습자들은 이러한 교육훈련을 통해 이전보다 많은 직무역량을 습득함으로써 성과행동 상의 행동을 더욱 잘 할 수 있게 되고, 행동을 더 잘하게 되면 더 많은 CSF를 확보할 수 있게 됨으로써 성과를 낼 가능성이 높아지게 되는 것이지요.(그림 9의 흐름과 같이)

[그림9] 성과영향요소의 흐름

따라서 직무역량이라고 하는 것은 성과의 거의 최전방 영역에 있는, 성과관리에 있어 매우 중요한 개념이라고 할 수 있는 것입니다.

마. 직무분석을 통해 도출해야 하는 다섯번째 결과물, 직무자격 이해하기

이전 챕터에서 각 직무수행자들이 성과목표를 달성하기 위해서는 반드시 자신의 직무에 해당하는 '직무역량'을 보유해야 함을 공부하였습니다. 그러니까 특정 직무를 수행할 사람들을 선발/배치할 때 해당 역량을 보유한 사람을 선발하고 배치하게 되면 그 직무의 성과목표를 달성할 가능성이 더 높아지겠지요. 그래서 가급적 그 직무를 수행할 사람들을 선발/배치할 때는 해당 역량을 보유할 가능성이 높은 사람들이 그 직무를 수행할 수 있도록 관리할 필요가 있는 것입니다.

이때 그러한 역량을 보유할 가능성이 높은 사람들의 특성을 우리는 '직무자격'이라 부릅니다.

예를 들어 어떤 직무에 필요한 직무역량을 도출하였더니 재무제표 작성방법, 회계결산방법 그리고 부가가치세 신고 및 환급방법에 대한 지식이 필요하다고 나타났다고 가정합시다.

대학교에서 어떤 전공을 했던 사람들이 이러한 지식을 갖출 가능성이 높을까요? 저처럼 심리학을 전공했던 사람들보다는 경영학이나 회계학 또는 세무 등을 전공했던 사람들이 이러한 종류의 지식(직무역량)을 갖출 가능성이 더 높겠지요.

그리고 재경관리사나 공인회계사, FRM 등의 자격증을 보유한 사람들이 이러한 지식을 갖출 가능성이 높을 것이고, 과거 직장에서 부가세 신고, 재무제표 작성 및 경영공시 등의 업무를 해본 사람이 이 지식을 보유할 가능성이 높을 것 입니다.

이 때 전공, 자격증 및 업무수행 경험 등 이러한 역량을 보유할 가능성이 높은 사람들의 특성을 우리는 '직무자격'이라고 부릅니다.

이러한 직무자격을 설정했다면 이 직무자격은 인사관리의 어느 영역에서 가장 유용하게 활용이 되겠습니까? 그렇죠. 채용 부분에서 가장 활발하게 사용될 것입니다. 인원을 채용할 때 기왕이면 해당 직무자격을 갖춘 사람들을 그 직무에 채용하게 되면,

[그림9] 성과영향요소의 흐름

(그림9의 흐름을 보면서 이해해주세요.)

그 사람은 그 자격요건을 갖추지 못한 사람보다 직무역량을 보유할 가능성이 높고, 따라서 성과행동 상의 행동을 더 잘 할 수 있으며 더 많은 CSF를 확보함으로써 성과목표를 달성할 가능성이 높아지게 되겠죠. 사람을 처음 채용할 때부터 해당 성과목표를 달성할 가능성이 조금이라도 더 높은 사람을 채용하자는 차원에서 이 직무자격은 유용하게 사용될 수 있습니다.

채용전형은 크게 서류전형과 면접전형이 있는데 이 직무자격은 서류전형

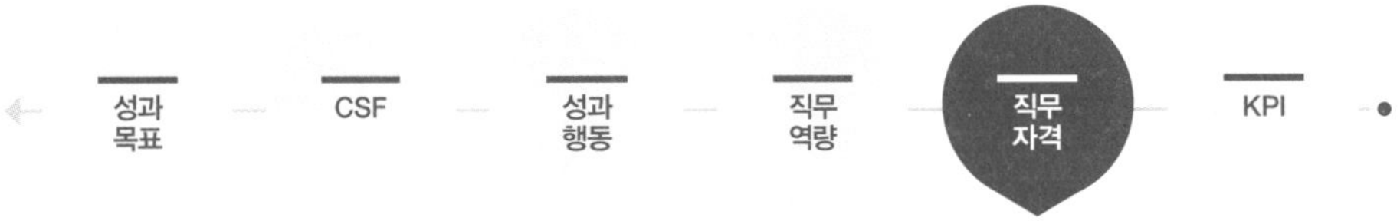

성과목표 — CSF — 성과행동 — 직무역량 — **직무자격** — KPI

직무자격   해당 직무역량을 보유할 가능성이 높은 사람들의 특성

직무자격요건
(Job Requirement)

필요지식	재무제표 작성방법 / 결산방법 / 부가가치세 신고 및 환급방법
요구 학력	☐ 고졸 ☐ 전문대졸 ☐ 대졸 ■ 대학원졸이상
선호전공	회계/경영
요구 경력	☐ 무 ☐ 1년이상 ☐ 3년이상 ■ 5년이상 ☐ 10년이상
업무수행 경험	부가세 신고 재무제표작성 경영공시
유사직무	자금
추천 교육과정	IFRS 중급회계 법인세 조정과 신고실무 부가가치세 교육
권장 자격증	재경관리사 공인회계사 FRM

[그림10] 직무자격의 개념

과 면접전형 중 특히 어떤 전형에 주로 사용이 될까요?

그렇습니다. 이 내용들은 거의 서류전형으로 검증이 가능하기 때문에 서류전형의 기준으로 사용이 됩니다.

직무역량을 어느정도 갖추고 있는지는 서류로 파악하기 어렵기 때문에 '면접전형'에서 주로 검증을 해야 하는 사항이 되겠습니다. 각종 필기시험 및 실기시험 등의 방법을 통해 실제 그 역량을 어느정도 보유하고 있는지를 면접 전형 시에 집중적으로 검증하여 해당 역량을 '실제' 보유한 사람을 걸러내어 그 직무에 채용을 해야만 성과를 낼 가능성이 높아지기 때문입니다.

예를 들어서 영어 커뮤니케이션 스킬을 어느정도 수준으로 보유하고 있는지는 이력서에 나와있는 토익 점수로는 판단하기 힘듭니다. 토익은 높은데 영어 커뮤니케이션은 못하는 사람이 많기 때문이죠. 그래서 지원자가 실제 영어 커뮤니케이션 스킬 보유 수준이 어느정도 되는지를 파악하려면 면접전형에서 영어 말하기 실기 테스트 등의 방법으로 검증을 해야한다는 말입니다.

바. 직무분석을 통해 도출해야 하는 여섯번째 결과물, KPI 이해하기

KPI는 우리에게 매우 익숙한 용어입니다. 최근에는 이 KPI를 가지고 성과를 측정하고 평가하는 것이 대세이기 때문에 거의 대부분의 회사가 이 KPI를 활용하여 직원들의 성과를 평가하고 있을 것입니다.

하지만 이 KPI의 외형적 특성(측정이 가능해야 함)에 매몰되어 잘못된 KPI를 통해 성과를 측정하는 경우가 많아 각별히 조심해야 합니다.

지금까지 설명 드린 프로세스(성과목표-CSF-성과행동-직무역량-직무자격)를 통

해 각 직무수행자가 더 많은 성과를 내기 위해서는,

　더 많은 CSF를 확보해야 하며 / 성과행동 상의 행동을 더 잘해야 하고 / 더 많은 직무역량을 보유하기 위해 노력해야 함을 배웠습니다.

　KPI라 함은 특정 직무 수행자가 얼마나 많은 성과를 내었는지, 얼마나 많은 CSF를 확보했는지, 성과행동 상의 행동을 얼마나 잘 수행하고 있는지, 해당 직무역량을 어느정도 보유했는지를 '객관적인 수치로 나타낼 수 있는 지표'를 말합니다.

　그러니까 다음 그림으로 예를 들자면(그림12), 우리가 행복한 삶이라는 성과목표를 달성하기 위해서는 건강이나 사람과 같은 CSF를 반드시 확보해야 하고, 건강이라는 CSF를 확보하기 위해서는 그림과 같이 가. 정기적으로 꾸준히 운동을 실시하거나, 나. 건강에 나쁜 음식은 피하고 좋은 음식을 만들어 먹거나, 다. 정해진 시간에 취침과 기상을 하는 등의 성과행동 상의 행동을 잘 해야만 합니다.

　먼저, '가. 정기적으로 꾸준히 운동을 실시한다'는 행동을 충실히 이행하게 되면 a) 주간 또는 월간 운동횟수는 늘어날 것이고, b) 체중 또한 줄어들 것이며 c) 근육량은 이전보다 더 많아질 것입니다.

　그리고 '나. 건강에 나쁜 음식은 피하고 좋은 음식을 만들어 먹는다'는 행동을 열심히 실행하다 보면 d) 체지방 비율은 떨어지게 될 것이고, e) 혈중 콜레스테롤 수치도 떨어질 가능성이 높을 것입니다.

　이러한 수치들을 꾸준히 관리함으로써 우리가 달성하고자 하는 성과목표를 잘 달성할 수 있을 지 없을 지(혹은 CSF를 확보할 수 있을 지 없을 지)를 대략적으로 파악할 수 있습니다. 또한 더 좋은 성과를 내기 위한 대책을 수립할

[그림12] KPI 사례

수 있도록 안내해주기도 합니다.

예를 들어 위의 a)~e)까지의 모든 수치가 양호하게 나오면 내 건강에는 특별히 문제가 없겠구나… 유추할 수 있지만,

e) 혈중 콜레스테롤 수치가 급격하게 상승했다면 "아… 지금 내 건강에 이상이 생겼구나' 그렇다면 이전보다 '건강에 나쁜 음식은 피하고 좋은 음식을 만들어 먹는다' 는 행동을 더 신경써서 잘 실행해야겠다."라고 생각하면서 체계적으로 건강을 관리할 수 있게 될 것입니다.

KPI는 이처럼 비행기의 계기판과 같은 역할을 함으로써 내가 지금 성과 목표 달성을 위해서 해야할 일들을 잘 하고 있는지 못하고 있는지를 구체적인 수치로 판단할 수 있도록 도와줌으로써 방심하여 놓치고 넘어가거나 자만하는 것을 예방해줍니다.

그러니까 이 KPI라고 하는 것은 성과로 가기 위한 과정이 양호한지 취약한지, 만약 취약하다면 어떤 부분에서 취약한지를 유추할 수 있도록 해주는 관리 도구라고 할 수 있지요.

우리가 건강이라는 목표를 어느정도 달성하고 있는지를 모니터링하기 위해 '건강검진'을 실시하면 그 결과가 수많은 수치(KPI)들로 표현이 되어 있지요. 왜 수치화되어 표현이 되어 있을까요?

수치로 관리하게 되면 관리가 용이하기 때문입니다. 그 수치들을 보면서 내 건강상태가 어떠한지, 문제가 있다면 어느 부분에 문제가 있는지, 전년(월)과 대비해서 어떤 차이가 발생되었는지를 손쉽게 관리할 수 있습니다.

하지만 어느 시점에선가… KPI자체가 목적이 되어버렸지요. KPI는 현 수준을 파악할 수 있도록 참고하는 '도구'인 것인데… 어느 순간부터 참고

용 도구가 '목적' 그 자체가 되어버렸다는 뜻입니다. 그렇게 되면 큰 문제가 발생될 수 있습니다. 어떤 문제가 발생되느냐…

예를 들어 영어를 잘하게 되면 토익, 토플점수가 올라갑니다.

토익, 토플 시험을 보고 점수가 높아졌으면 내가 지난번보다 영어 실력이 늘었구나, 시험 점수가 낮아졌으면 내가 지난번보다 영어 실력이 줄었구나 판단을 할 수 있습니다. 중요한 것은 영어를 잘하게 되는 것이고 토익, 토플 점수를 가지고 그 영어실력을 대략 판단할 수 있는 것이지요.

그런데 어느 순간 영어를 잘하는 것은 뒤로 하고 토익 점수(KPI)를 높이는 것이 목적 그 자체가 되었습니다. 문제는 토익 점수를 높이기 위한 노력과 영어를 잘하기 위한 노력이 꼭 같지는 않다는 것이죠. 그러다 보니 토익 점수는 높은데 영어는 잘 못하는 경우가 발생됩니다. 본말이 전도된 것이죠.

최근 대한민국의 평가 시스템도 비슷합니다. 중요한 것은 영어를 잘하는 것인데 토익 점수를 높이는데 매몰이 되는 것과 유사한 상황들이 발생되고 있는 것이죠.

이 KPI를 적절한 방식으로 도출하고 도출한 KPI를 합리적인 방법으로 관리하는 것, 성과관리의 매우 중요한 이슈입니다.

이렇게 직무분석을 통해 각 직무의 성과목표, CSF, 성과행동, 직무역량, 직무자격 그리고 KPI 등을 도출하게 되면 이를 직무기술서 및 직무명세서에 기록하여 이를 인사관리에 활용하게 됩니다. 지금부터는 이것들이 조직의 성과관리 및 인사관리에 어떻게 활용되는지 대략적으로 살펴보도록 하겠습니다. (구체적 활용방법은 챕터 V에서 다루도록 하겠습니다.)

2

직무분석을 통해 제작되는 직무기술서(직무명세서)

(1) 직무분석 결과에 대한 개인차원/조직차원의 관리

지금까지 직무분석을 통해 도출하는 대표적인 결과물들에 대해 대략적인 개념들을 학습하였습니다. 물론 더 다양한 결과물들을 도출할 수도 있지만 성과목표, CSF, 성과행동, 직무역량, 직무자격 및 KPI가 인사관리에 활용되는 가장 대표적인 직무분석의 관리 요소들이기 때문에 이정도만 도출해도 충분히 효과적인 성과관리를 할 수 있습니다.

[그림9] 성과영향요소의 흐름

이 결과물들이 도출되면 먼저 각 직무를 수행하고 있는 직무수행자들은 '개인적인 차원'에서 이러한 결과물들을 확보하고 이것들을 충족시키기 위해 노력해야 합니다. 개인적인 차원에서 노력해야 한다는 것은, 각 직무 수행자들이 주어진 업무를 수행하면서 스스로 성과목표를 달성하기 위해 노력하고, 더 많은 CSF를 확보하기 위해 노력해야 하며 평상 시 성과행동 상의 행동을 잘 하기 위해 노력해야 한다는 것을 의미합니다. 물론 그 이후에 나오는 직무역량을 보유하고 직무자격을 갖추며 KPI를 스스로 관리하여 목표 수준을 맞추기 위해 노력해야 함은 말할 것도 없는 것 이구요.

[그림13] 개인적, 조직적 차원의 성과영향요소 관리

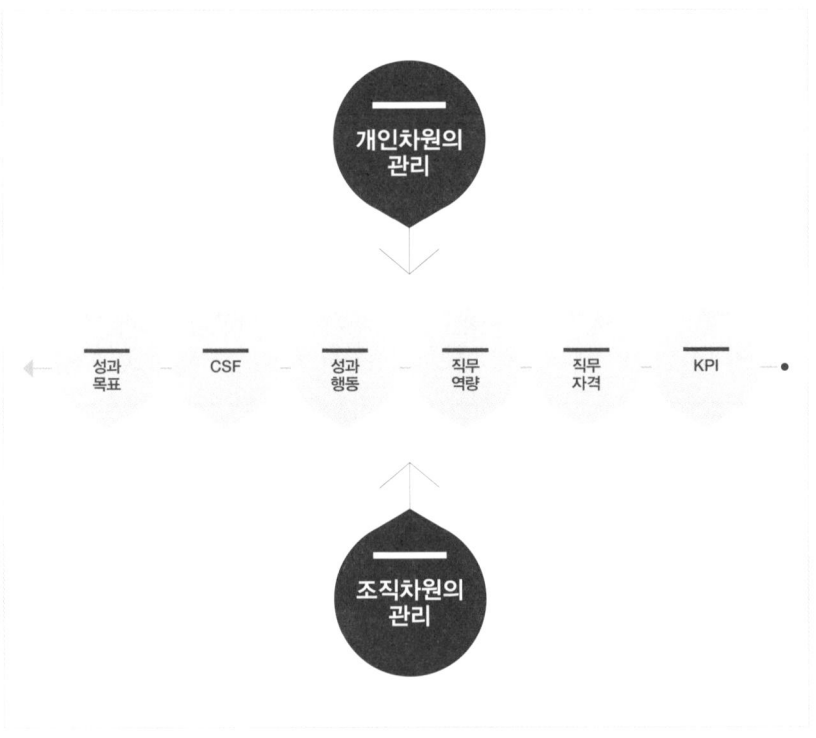

그런데 회사는(또는 인사담당자는) 이러한 것을 관리하는 일을 각 직무수행자 개인에게만 맡기는 것이 아니라 조직적 차원에서도 관리함으로써 성과목표달성의 효과를 극대화할 필요가 있습니다.

조직적 차원에서 관리한다는 것은 각 직무수행자가 자신의 직무상 성과목표를 어느정도 달성하고 있는지, 그리고 CSF를 어느정도 확보하고 있는지를 KPI를 통하여 모니터링할 수 있도록 지원하고, 성과행동 상의 행동을 잘 할 수 있도록 코칭을 실시하며 직무역량을 보유할 수 있도록 교육을 실시하는 것을 의미합니다. 그리고 해당 직무자격을 갖춘 사람들을 선발함으로써 해당 직무 수행자들이 갖춰야 하는 직무역량을 보유할 가능성이 높은 사람들을 그 직무에 채용하여 처음부터 성과목표를 달성할 가능성이 높은 사람을 배치하는 것 등을 말하죠.

이렇게 특정한 성과목표를 창출하는데 필요한 요소들을 확보하기 위해 각 직무수행자들이 개인적으로도 노력하고 조직 차원에서도 같은 요소들을 체계적으로 관리해줌으로써 성과목표 달성의 가능성을 더욱 극대화할 수 있는 것입니다.

그래서 직무분석을 통해 도출한 이 성과영향요소들을 '직무기술서'라고 하는 양식에 기록하여 다양한 관리활동에 적용함으로써 이를 각 직무수행자들과 조직의 성과를 체계적으로 관리하는데 활용할 수 있습니다.

참고로 과거에는 직무기술서와 직무명세서를 구분하여 제작하고 관리하였습니다. 직무기술서는 해당 직무수행자 개개인들이 구체적으로 어떤 일들을 하고 있는지를 기록하는 양식을 직무기술서라 하고(인사관리 직무도 각 담당자마다 수행업무는 조금씩 달라지는데 그 개개인들이 실제 수행하고 있는 일들을 기록한 양식) 직무분석을 통해 도출된 결과물들을 정리하는 양식은 직무명세서라고 하였습니다만 최근에는 (통합)직무기술서라고 통합하여 활용하는 경우가 많습니다.

조직의 인사관리에 구체적으로 어떻게 직무기술서를 활용하는지는 뒤에서 더 구체적으로 살펴보도록 하고 지금은 대략적으로 어떤 식으로 활용이 되는 것인지 개념만 대략적으로 살펴보도록 하겠습니다.

(2) 직무기술서를 활용한 조직의 체계적 성과관리

서두의 직무기술서에 대한 대략적 개념을 설명하는 챕터에서 오타니 쇼헤이의 목표관리표에 대해 언급하며 목표관리표의 원리와 직무분석의 원리가 유사하다는 말씀을 드렸었습니다.

직무분석이라고 하는 것은 각 직무의 성과에 큰 영향을 미치는 요소들을 도출하는 활동을 말하고 이러한 직무분석을 통해 '성과에 큰 영향을 미치는 요소'들을 찾아 이 요소들을 효과적으로 관리함으로써 각 직무담당자들의 성과를 극대화할 수 있다고 설명 드렸었죠. 이를 오타니쇼헤이의 목표관리 사례에 빗 대어서 설명해보면…

'투수'(직무)가 8구단 드래프트 1순위를 할 정도의 '뛰어난 투수'가 되는 성과를 만들어 내기 위해서는 투수에게 적합한 '몸', 제구', 구위', 변화구,… '멘탈' 같은 것들이 그 성과목표를 달성하는데 큰 영향을 미칩니다.

그리고 투수에게 적합한 '몸'을 만들기 위해서는 평상시 몸관리를 매우 철

몸관리	영양제 먹기	FSQ 90kg	인스탭 개선	몸통강화	축을 흔들리지 않기	각도를 만든다	공을 위에서 던진다	손목강화
유연성	**몸 만들기**	RSQ 130kg	릴리즈 포인트 안정	**제구**	불안정함을 없애기	힘 모으기	**구위**	하반신 주도
스태미너	가동역	식사 저녁 7숟갈 아침 3숟갈	하체강화	몸을 열지않기	멘탈 컨트롤하기	볼을 앞에서 릴리즈	회전수 증가	가동력
뚜렷한 목표, 목적	일희일비 하지 않기	머리는 차갑게 심장은 뜨겁게	몸만들기	제구	구위	축을 돌리기	하체강화	체중증가
펀치에 강하게	**멘탈**	분위기에 쉽쓸리지 않기	멘탈	8구단 드래프트 1순위	스피드 160km/h	운동강화	**스피드 160km/h**	어깨주위 강화
마음의 파도를 안만들기	승리에 대한 집념	동료를 배려하는 마음	인간성	운	변화구	가동력	라이너 캐치볼	피칭을 늘리기
감성	사랑받는 사람	계획성	인사하기	쓰레기줍기	부실청소	카운트볼 늘리기	포크볼 완성	슬라이더의 구위
배려	**인간성**	감사	물건을 소중히 쓰자	**운**	심판분을 대하는 태도	늦게 낙차 있는 커브	**변화구**	좌타자 결정구
예의	신뢰받는 사람	지속력	긍정적 사고	응원 받는 사람이 되자	책읽기	직구와 같은 폼으로 던지기	스트라이크 에서 볼을 던지는 제구	거리를 상상하기

[그림1] 오타니 쇼헤이의 목표관리표 (만다라트)
* 출처 새해 계획은 괴물 투수 오타니의 '만다라트' 따라잡기로 (중앙일보, 2016.2.3 박정경기자)

저히 실시하고 영양제 같은 몸에 좋은 약들을 꾸준히 복용하고… .(중략)… .식사를 저녁은 7순갈, 아침은 3순갈 정도를 꼬박꼬박 먹는 등의 활동을 열심히 하는 것이 투수에게 적합한 '몸'을 확보하는데 도움이 되죠.

나머지 '제구', '구위', 변화구'… '멘탈'을 확보하기 위해서 필요한 활동들앞의 그림에 기록되어 있는데 '투수'들은 모두 이러한 활동들을 꾸준히 관리할 필요가 있습니다. 왜냐하면 그 활동들을 열심히 하게 되면 '제구', '구위', '변화구' 등 8구단 드래프트 1순위라는 목표를 달성하기 위해 우선적으로 갖춰야 하는 것들을 확보하는데 도움이 되기 때문이죠. 그래서 팀 내의 모든 '투수'직무를 맡은 사람들은 앞의 그림 1을 활용하여 꾸준히 자신의 활동을 관리하게 되면 8구단 드래프트 1순위까지는 아닐지라도 이에 준하는 좋은 투수가 될 가능성이 높아질 수 있습니다.

위와 같은 표가 일종의 '직무기술서'라고 할 수 있는 것입니다. 그러니까 투수 직무의 성과에 큰 영향을 미치는 요소들을 도출하여 위와 같은 문서로 제작, 팀 내부에 공유합니다.

그리고 팀 내에 존재하는 투수들은 이러한 문서를 가지고 자기 스스로를 관리하는 데 활용합니다. 투수들이 평상 시 몸관리를 매우 철저히 실시하고, 영양제 같은 몸에 좋은 약들을 꾸준히 복용하고, 근육의 유연성을 높이도록 평상시 노력하는 활동들을 꾸준히 실행하면 투수에게 적합한 '몸'을 갖출 가능성이 높아지고, 인스탭을 개선하고자 하는 노력을 꾸준히 이행하며 릴리즈 포인트를 안정화하기 위한 훈련을 열심히 실행하는 등의 활동을 잘하게 되면 '제구'를 갖출 가능성이 높아지겠지요. 이와 같이 팀 내의 투수들이 이 외에도 나머지 활동들을 성실하고 꾸준하게 이행하게 되면 '몸', '제구',

구위' 그리고 멘탈에 이르기까지 8구단 드래프트 1순위라는 목표를 달성하는데 큰 영향을 미치는 요소들을 확보함으로써 결국 소기의 목표를 달성하고 더 좋은 투수로 성장할 수 있게 되는 것입니다.

선수(투수)들만 이 직무기술서라는 문서를 성과를 향상시키는 도구로 활용하는 것은 아닙니다. 투수들을 관리하는 관리자인 감독이나 코치도 이 투수들의 직무기술서를 가지고 투수들을 관리함으로써 관리하는 투수들의 성과를 더 높일 수 있도록 하는데 적절히 활용할 수 있습니다.

관리자들은 우리 팀의 투수(직무수행자)들이 평상시에 위와 같은 활동들을 꾸준하게 실행하는지 아니면 하지 않는지를 모니터링하여 잘 할 수 있도록 '코칭'을 실시하고, 또 '평가'를 통해 잘 하는 친구는 좋은 '평가결과' 잘 하지 않는 친구는 나쁜 '평가결과'를 부여함으로써 동기부여하고 자극을 줄 수 있습니다. 또 위와 같은 행동들을 더 잘 할 수 있도록 '교육'도 시켜주는 등의 관리를 체계적으로 하게 되면 팀의 투수들은 이러한 관리를 통해 관리를 하기 전보다 위와 같은 활동들을 더 잘 수행하고 더 열심히 할 수 있게 됨으로써 '성과목표'를 달성할 가능성이 더더욱 높아질 수 있게 되는 것이죠.

이처럼 직무기술서는 각 직무수행자에게도 그리고 그 직무수행자를 관리하는 관리자에게도 본연의 역할을 더 잘 수행하고 조직 구성원의 성과를 극대화시키는데 큰 도움이 되는 '성과관리 도구'로 사용될 수 있는 것입니다.

자, 그러면 이러한 직무분석의 결과인 직무기술서가 기업 현장에서는 어떻게 활용되는지 대략적으로 한 번 살펴보도록 하겠습니다.

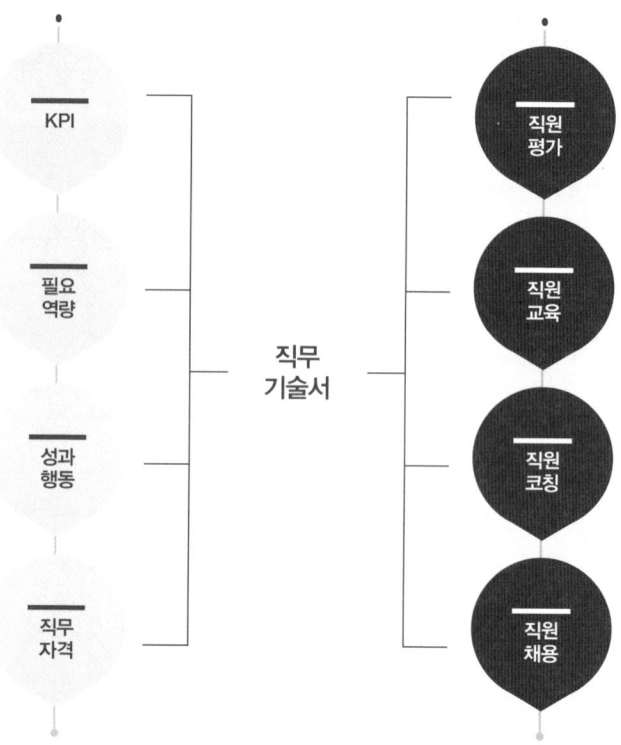

[그림14] 직무기술서의 활용개요

그림 14처럼 직무분석을 통해 성과목표~KPI까지의 결과물들이 도출되면 이 결과물들은 직무기술서라는 형태로 제작, 관리됩니다.

그리고 그 각 결과물들은 조직의 체계적 인사관리를 위해 활용이 되는데요, KPI와 같은 경우는 직원 평가에 활용될 수 있을 것입니다. A라는 직무는 어떤 KPI를 가지고 평가를 실시하는 것이 좋을까? 이것이 궁금하다면 A직무의 직무기술서를 살펴보면 됩니다. 해당 직무의 직무기술서에 그 직무를 평가하기에 가장 적합하다고 판단되는 KPI들이 기록이 되어있을테니 그 중 필요에 따라 몇 개를 추려서 그 해 해당 직무의 '평가지표'로 활용하면 되는 것이죠.

마찬가지로 직무기술서에 기록되어 있는 '직무역량'은 해당 직무수행자들에게 어떤 교육을 시킬 것인지를 판단할 수 있도록 도와주고 또한 '역량평가'의 기준으로도 활용할 수 있습니다. 직무자격과 같은 경우는 그 자격요건을 갖춘 사람을 '채용'하는데 활용을 함으로써 인사관리의 일관성을 확보할 수 있게 되는 것입니다.

여기서 말하는 인사관리의 '일관성'이라 함은 직무자격을 갖춘 사람을 그 직무담당자로 '채용'하고, 그 직무담당자들이 해당 직무역량을 보유할 수 있도록 '교육'을 실시하고 하는 일련의 인사관리 활동들이 모두 동일한 성과목표를 달성할 수 있도록 강화시켜주는 활동으로 귀결이 된다는 것이죠.

채용의 목표, 교육의 목표, 평가의 목표가 다 제각각인 것이 아니라 동일한 성과목표를 달성할 수 있는 사람을 채용하고, 동일한 성과목표를 달성할 수 있도록 도움이 되는 교육을 제공하고, 동일한 성과목표를 달성하기 위한 동기부여가 될 수 있도록 '평가'를 함으로써 각종 인사관리의 힘이 분산되지

[그림15] 각종 인사관리 전반에 활용되는 성과영향요소

않고 특정한 성과에 '집중'할 수 있도록 관리할 수 있는 것입니다.

직무분석과 직무기술서 활용에 대한 개념을 설명드렸고(자세한 내용은 뒷부분에서 좀 더 구체적으로 다룸) 인사담당자는 이러한 직무분석을 어떤 절차로 진행해야 하는지 그 절차를 안내해드리도록 하겠습니다.

3

직무분석의
대략적 추진 프로세스

(1) 직무분석 수행 주체

먼저 질문을 드리도록 하겠습니다. 직무분석이라는 것은 회사의 각 직무들을 세세하게 뜯어보면서 분석하는 것을 말하는데, 과연 직무분석을 추진하면서 이렇게 회사의 각 직무들을 상세히 뜯어보고 분석하는 일은 누가 수행을 하게 될까요? 그러니까 ① 인사담당자 ② 직무수행자 둘 중에 각 직무를 분석하는 일은 누가 실시해야 한다고 생각하시나요?

> 실제 여러분들 회사 내의 각각의 직무에 대하여 분석을 실시하는 사람은 누구일까요?
>
> ① 인사담당자(또는 컨설턴트)　　　　② 직무담당자

여기에 대한 답을 드리기에 앞서 질문을 하나 더 드리도록 하겠습니다. 만약 여러분들에게 세계에서 제일 좋은 현미경을 드린 후 그 현미경을 완벽하게 다룰 수 있도록 한달간 교육을 실시하였다고 가정합시다. 그리고 드디어 그 세계 최고의 현미경을 능수능란하게 다룰 수 있는 능력이 갖춰졌을 때 독감 '바이러스'를 하나 드리고 그 바이러스를 분석하라고 요구했을 때, 여러분들이 바이러스를 분석하는 도구인 현미경을 완벽하게 다룰 수 있기 때문에 바이러스 분석을 잘 할 수가 있을까요?

아무리 바이러스를 분석하는 중요한 도구인 현미경을 완벽하게 다룰 수 있다고 하더라도 여러분들은 바이러스 분석을 할 수 없을 것 입니다. 왜냐하면… 바이러스 그 자체를 모르기 때문이죠.

현미경으로 바이러스를 구석구석 엄청 크게 볼 수는 있지만 분석의 대상인 바이러스에 대한 지식이 없다면 절대 바이러스 분석을 할 수가 없습니다.

직무분석도 마찬가지입니다. 여러분들이 아무리 직무를 분석하는 다양한 방법들을 마스터한다고 해도 그 직무 자체에 대한 깊이 있는 지식을 갖추고 있지 못하면 절대 그 직무를 분석할 수가 없습니다. 따라서 직무분석을 실시할 때 인사담당자는 회사 내의 다양한 직무들을 직접 분석하는 일을 절대 할 수가 없겠지요. 아! 물론 자신의 직무를 분석하는 것은 할 수 있겠지만 다른 사람들이 수행하는 직무들은 분석하는 것이 거의 불가능할 것입니다.

그렇다면 여러분들은 이렇게 생각하실 지도 모르겠습니다.

"그럼 인사담당자나 교육담당자는 이 직무분석에 대해서 잘 몰라도 되고 직무수행자들만 잘 알면 직무분석을 할 수 있겠네?"

물론 그러면 얼마나 좋겠습니까 마는… 여기에 대해서도 답을 드리기 전에 질문을 좀 드리도록 하겠습니다.

우리가 사람의 '성격'을 분석해서 어떤 성격의 사람과 어떤 성격의 사람이 만났을 때 결혼생활이 잘 유지될 수 있는 지 분석해보려고 합니다.

[그림16] 목적에 맞는 분석 1

성격분석의 '목적'에 대한 지식도 함께 있어야 목적에 맞는 분석을 정확히 할 수 있음

또는 어떤 성격의 사람들이 어떤 범죄를 저지를 가능성이 높을 지, 그리고 어떤 성격의 사람들에게 어떤 직업이 잘 맞을 지를 분석하기 위한 목적으로 사람의 '성격'을 분석하려고 할 때 사람의 '성격'이라고 하는 심리학적 지식만 있으면 이러한 목적을 잘 달성할 수 있을까요?

어떤 성격의 사람에게 어떤 직업이 잘 맞을 지를 분석하려면 사람의 '성격'에 대한 지식도 필요하지만 어떤 지식도 필요하겠습니까? 그렇죠. 각종 '직업'에 대한 지식도 갖추고 있어야 하겠지요. 어떤 성격의 사람이 어떤 유형의 범죄를 저지를 가능성이 높을 지를 잘 분석하려면 성격에 대한 지식과 함께 어떤 분야에 대한 지식을 갖춰야 그 목적에 맞는 분석이 잘 이루어질 수 있을까요? 그렇습니다. '범죄'에 대한 지식도 갖추고 있어야 하는 것이죠.

무엇인가를 그 '목적'에 맞게 잘 분석하기 위해서는 그 분석 대상(위의 예에서는 '성격')에 대한 지식도 있어야 하겠지만 그 목적(범죄, 직업 등)에 대한 지식도 갖추고 있어야만 그 '목적에 맞는 분석'을 할 수 있는 것이죠.

직무분석은 이전에 설명 드린 바와 같이 각 '직무'를 분석해서 그 결과물을 채용, 교육, 평가, 배치 등 각종 인사관리에 활용할 목적으로 추진하는 것입니다.

그렇다면 그러한 목적에 맞게 직무를 분석하려면 직무 그 자체에 대한 지식도 갖춰야 하겠지만 또 무엇에 대한 지식도 갖춰야 할까요?

그렇습니다. 채용, 교육, 평가 및 배치 등 각종 인사관리에 대한 지식도 갖춰야만 그러한 목적에 맞는 직무분석이 이루어질 수 있는 것 입니다.

여러분들의 회사에서 그 직무에 대한 지식이 가장 많은 사람은 누구입니까?

[그림17] 목적에 맞는 분석 2

*SME: 해당 직무수행자들 중 가장 성과가 좋고 업무능력이 뛰어난 직무전문가

바로 직무수행자, 좀 더 구체적으로 말하자면 SME(직무전문가)가 되겠죠. 그렇다면 인사관리에 대한 지식이 가장 많은 사람은 누구일까요? 그렇습니다. 바로 인사담당자겠죠?

그래서 각종 인사관리에 활용할 목적으로 직무분석이 원활히 실시되기 위해서는 그 직무에 대하여 가장 많은 지식을 보유한 SME와 인사관리에 대해 가장 많은 지식을 보유한 인사담당자가 함께 만나서 분석을 했을 때 비로소 '목적에 맞는 분석'이 가능하고, 그렇기 때문에 양질의 직무분석이 실시되며 고품질의 직무기술서가 제작되어 체계적 인사관리가 가능해지는 것입니다.

보통 많은 회사에서 직무분석을 실시할 때 SME들에게 직무기술서 양식만 주고 혼자 알아서 자신의 직무를 분석하여 직무기술서를 제작하라고 지침을 주는 경우가 많은데… 그렇게 직무분석을 실시하고 직무기술서를 제작한 회사의 직무기술서가 제대로 활용될 리는 만무하죠. 그래서 직무기술서의 퀄리티가 떨어지고, 퀄리티가 떨어지기 때문에 인사관리에 적용할 수가 없습니다. (적용하면 큰일 납니다.)

직무분석이 체계적으로 이루어져 양질의 직무기술서가 제작되기 위해서는 반드시 '인사담당자와 SME가 함께' 진행하도록 해야 함을 명심하시기 바랍니다.

(2) 직무분석의 추진 절차

직무분석은 SME(직무전문가) 혼자서 할 수도 없고 인사담당자가 혼자 회사의 각 직무들을 디테일하게 분석할 수도 없기 때문에 SME와 인사담당자가 함께 직무분석을 추진할 수 밖에 없음을 설명하였습니다.

그런데 조직의 인사담당자는 SME를 만나서 해당 직무를 분석하기에 앞서 사전에 준비해야 할 것들이 있고(사전준비단계) 또 직무분석이 종료되면 사후에 관리를 해야하는 것들이 있습니다.(사후단계) 인사담당자가 실시해야 하는 직무분석의 전반적인 프로세스를 직무분석의 정의를 통해 설명 드리겠습니다.

인사담당자가 진행해야 하는 직무분석이란 다음과 같이 정의내릴 수 있습니다.

[그림18] 직무분석의 정의에 따른 직무분석 프로세스

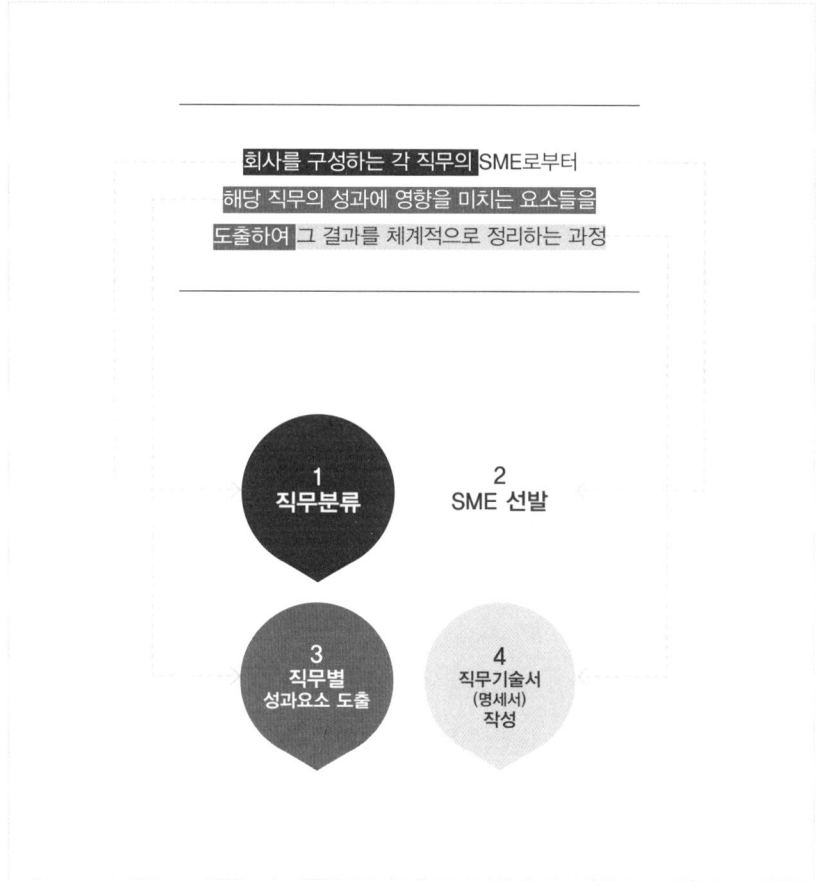

'회사를 구성하는 각 직무의 SME들로부터 해당 직무의 성과에 영향을 미치는 요소들을 도출하여 그 결과물을 직무기술서(직무명세서)에 체계적으로 정리하는 과정'

이전에 오타니쇼헤이의 예에 빗대어 직무분석의 개념을 정리해보면 오타니쇼헤이라는 투수 직무의 SME가 8개 구단 드래프트 1순위를 할 정도의 좋은 투수가 되는 성과를 만들어내는데 영향을 미치는 각종 요인(투수에게 적합한 몸, 멘탈, 인간성, 변화구, 구위 등)과 이러한 요인들을 확보하기 위한 활동계획 등을 도출하여 문서화한 것을 투수직무에 대한 직무분석이라고 볼 수 있는 것이지요.(다음 페이지 그림 1)

위의 그림과 같은 직무분석의 정의를 통해 직무분석의 전반적 추진절차를 알아보면…

1. 먼저 '회사를 구성하는 각 직무의'라고 하는 부분을 통해 직무분석을 추진함에 있어 가장 먼저 해야할 과업은 '우리 회사는 어떤 직무들로 구성되어 있는지'를 파악하는 '직무분류' 단계임을 알 수 있습니다. 인사담당자는 회사의 직무분석 프로젝트를 추진함에 있어서 우리 회사의 직원들이 수행하고 있는 업무를 조사하여 직무를 분류하는 과업을 가장 먼저 진행해야 하는 것입니다.

2. 직무분류가 완료되면 분류된 직무에서 최소 1명씩의 SME를 선발하는 단계가 진행됩니다. SME라고 하는 것은 Subject Matter Expert의 앞글자를

몸관리	영양제 먹기	FSQ 90kg	인스탭 개선	몸통강화	축을 흔들리지 않기	각도를 만든다	공을 위에서 던진다	손목강화
유연성	**몸 만들기**	RSQ 130kg	릴리즈 포인트 안정	**제구**	불안정함을 없애기	힘 모으기	**구위**	하반신 주도
스태미너	가동역	식사 저녁 7숟갈 아침 3숟갈	하체강화	몸을 열지않기	멘탈 컨트롤하기	볼을 앞에서 릴리즈	회전수 증가	가동력
뚜렷한 목표, 목적	일희일비 하지 않기	머리는 차갑게 심장은 뜨겁게	몸만들기	제구	구위	축을 돌리기	하체강화	체중증가
펀치에 강하게	**멘탈**	분위기에 쉽쓸리지 않기	멘탈	**8구단 드래프트 1순위**	스피드 160km/h	운동강화	**스피드 160km/h**	어깨주위 강화
마음의 파도를 안만들기	승리에 대한 집념	동료를 배려하는 마음	인간성	운	변화구	가동력	라이너 캐치볼	피칭을 늘리기
감성	사랑받는 사람	계획성	인사하기	쓰레기줍기	부실청소	카운트볼 늘리기	포크볼 완성	슬라이더의 구위
배려	**인간성**	감사	물건을 소중히 쓰자	**운**	심판분을 대하는 태도	늦게 낙차 있는 커브	**변화구**	좌타자 결정구
예의	신뢰받는 사람	지속력	긍정적 사고	응원 받는 사람이 되자	책읽기	직구와 같은 폼으로 던지기	스트라이크 에서 볼을 던지는 제구	거리를 상상하기

[그림1] 오타니 쇼헤이의 목표관리표 (만다라트)

* 출처 새해 계획은 괴물 투수 오타니의 '만다라트' 따라잡기로 (중앙일보, 2016.2.3 박정경기자)

따서 만든 Acronym입니다. 특정한 주제의 전문가를 SME라고 하는데 이 직무분석에 있어서는 '각 직무'라는 주제의 전문가를 SME라고 칭하는 것이지요. 그 직무에 대해서 가장 많은 지식을 보유하고 다른 사람들보다 더 많은 성과를 내며 성과요소를 도출하는 과업을 가장 잘 수행할 수 있는 사람을 SME로 선발합니다.

3. 직무를 분류한 후 그 직무에서 SME를 선발하였으면 그 다음 단계는 그 SME로부터 그 직무가 만들어내야 하는 핵심성과목표는 무엇인지 그리고 그 성과목표를 달성하는데 큰 영향을 미치는 요소들은 어떤 것들인지를 도출하는 성과영향요소 도출 단계를 진행합니다. 이미 충분히 학습이 되었겠지만 다시 한 번 말씀드리면, 성과목표-CSF-성과행동-직무역량-직무자격-KPI 등이 대표적 성과영향요소들이 되겠지요. 이것들을 인사담당자와 SME가 함께 머리를 싸메고 도출하는 과업을 진행합니다.

4. 이 단계에서 각 직무의 성과에 영향을 미치는 요소들이 충분히 도출되었다면 그 이후에는 그 도출한 요소들을 직무기술서(직무명세서)에 체계적으로 정리하는 과업을 진행합니다. 직무기술서를 작성하는 단계가 되는 것이지요. 그리고 직무기술서는 한 번 작성하면 영구히 쓸 수 있는 것이 아니므로 정기적으로 업데이트를 해주어야 합니다. 이 업데이트도 인사담당자가 꾸준하게 신경을 써주어야 하는데요 보통 인사담당자분들께서 업데이트를 매우 어려워들 하시는데 비교적 손쉽게 할 수 있는 방법을 뒷부분에서 안내해드리도록 하겠습니다.

이렇게 인사담당자가 추진해야 하는 직무분석의 절차를 구분하면 1. 직무분류-2. SME 선발-3. 직무성과영향요소 도출-4. 직무기술서 작성 (업데이트)의 4단계로 크게 구분할 수 있습니다.

[그림19] 직무분석 프로세스

이 중 1. 직무분류 단계와 2. SME 선발 단계를 직무분석 사전 준비단계라고 할 수 있고 3. 직무별 성과영향요소 도출단계는 '협의의 직무분석'이라고 할 수 있는 직무분석의 본단계이며 4. 직무기술서 작성 및 업데이트 단계의 경우는 사후단계로 볼 수 있을 것입니다.

그럼 지금부터는 직무분석의 단계를 이렇게 사전단계, 본단계, 사후단계의 3개 단계로 구분하여 먼저 1. 직무분류 단계부터 조금 더 구체적으로 어떻게 진행해야 하는지 설명을 드리도록 하겠습니다.

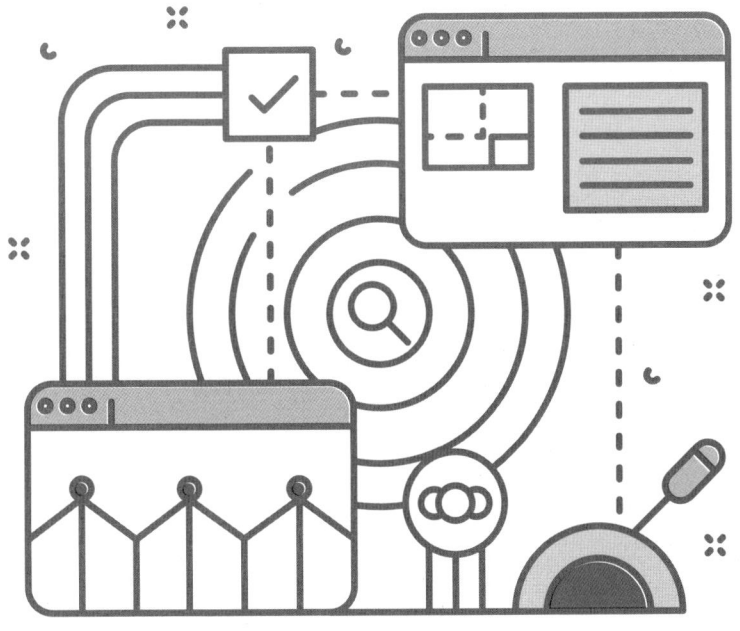

II

직무분석의
사전 준비단계

1 직무분류
    (1) **직무분류의 중요성**
    (2) **직무분류 프로세스**

2 직무별 SME 선정
    (1) **SME의 자격요건 및 선발방법**
    (2) **SME와의 협조체계 구축**

1

직무분류

(1) 직무분류의 중요성

인사/교육담당자가 회사에서 직무분석을 추진할 때 가장 먼저 실시해야 할 것은 바로 우리 회사는 어떤 직무들로 구성되어 있는지를 분류하는 '직무분류' 단계 입니다.

[그림19] 직무분석 프로세스

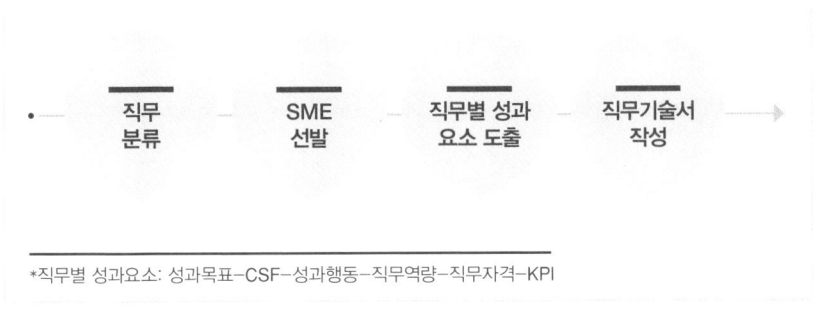

*직무별 성과요소: 성과목표-CSF-성과행동-직무역량-직무자격-KPI

그런데 많은 회사에서 이 직무분류의 중요성에 대해 크게 인식하고 있지 못한 것을 볼 수 있습니다. 하지만 이 직무분류 단계에서 제대로 된 직무분류가 이루어지지 못한다면 그리고 분류된 직무에 따라 '직무별 담당자' 매칭이 제대로 되지 않는다면 뒤에 진행되는 직무분석이 모두 망가질 수 있으므로 각별히 유의해야 합니다.

지금부터 왜 이 직무분류가 매우 중요한지 설명 드리도록 하겠습니다.

예를 들어 어느 부대에서 보병 업무를 수행하는 사람, 포병 업무를 수행하는 사람 그리고 전차병 업무를 수행하는 사람을 '군인직무'라는 '하나의 직무'로 묶었다고 합시다.

군대를 잘 모르시는 분들을 위해 간단하게만 설명을 드리자면,

보병은 소총을 들고 몸으로 뛰면서 전투를 하는 사람들이고, 포병은 포를 발사하는 사람 그리고 전차병은 전차를 운전하는 업무를 수행하는 사람들을 말합니다.

이 부대에서 군인들에게 교육을 실시하려 합니다.

'군인직무 수행자들은 모두 집결하여 교육을 받습니다. 군인직무 수행자들에게는 포를 쏘는 방법을 교육하겠습니다'

그래서 모든 군인직무를 수행하는 사람들에게 포를 쏘는 방법을 교육하게 되면, 포병업무를 수행하는 사람에게는 딱 맞는 교육훈련이 이루어지는 반면에 보병과 전차병업무를 수행하는 사람에게는 적합하지 않은 교육이 이루어지게 됩니다. 보병과 전차병은 전쟁이 나도 포를 쏠 일이 전혀 없기 때문이죠.

그래서 이듬해에는 모든 군인직무 수행자들에게 '전차를 조종하는 방법'

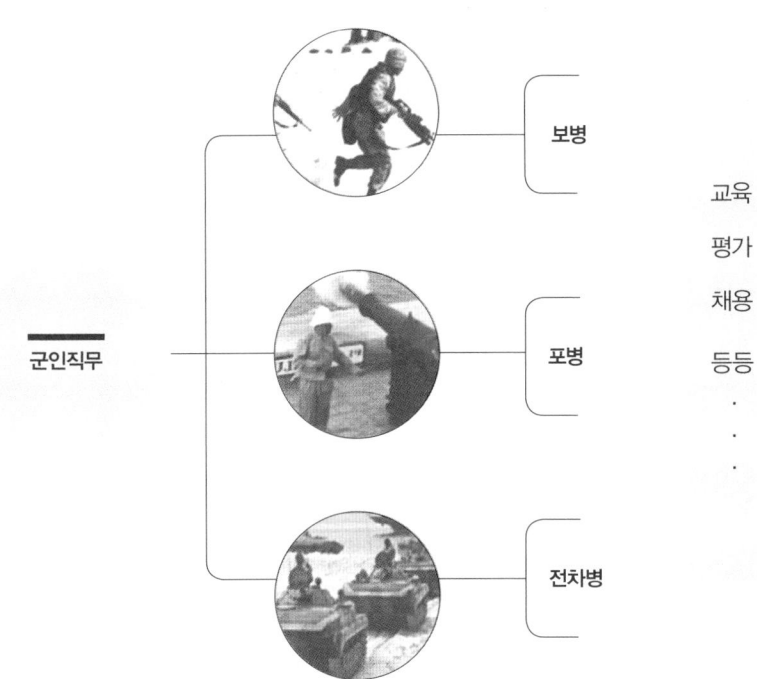

[그림20] 직무분류의 중요성

에 대해 교육훈련을 시킵니다. 그랬더니 전차병업무를 수행하는 사람에게는 딱 맞는 교육훈련이 이루어지는 반면, 보병과 포병업무를 수행하는 사람에게는 알아 두면야 좋긴 좋겠지만 굳이 몰라도 본연의 업무를 수행함에 있어서는 큰 도움이 되지 않는 교육훈련이 이루어지겠지요. 보병과 포병업무를 수행하는 사람은 전쟁이 나도 전차를 조종할 일이 전혀 없기 때문입니다.

그렇다면 이러한 문제를 해소하기 위해 군인직무 수행자에게 총을 쏘는 방법, 포를 쏘는 방법 그리고 전차를 조종하는 방법 이 모든 교육훈련을 다 실시하게 되면 문제는 깔끔하게 해소가 될까요? 물론 군인직무 수행자들에게 각종 교육훈련을 몽땅 실시하면 좋을 수도 있지만 엄청나게 큰 문제가 발생합니다. 어떤 문제가 있을 수 있을까요?

그렇죠. 시간과 비용이 어마어마하게 투입될 수 밖에 없습니다. 전쟁이 나도 실전에서 쓸 일도 없는 것들을 배우느라 엄청난 교육예산을 투입해야 하고, 정작 본연의 업무를 수행하기 위해 교육훈련을 실시해야 하는 시간을 쪼개서 필요 없는 교육을 받는데 많은 시간을 할애해야 하니 큰 낭비가 아닐 수 없습니다.

교육훈련 뿐 아니라 평가를 실시할 때도 마찬가지입니다.

모든 군인직무를 대상으로 포를 얼마나 잘 쏘는지를 가지고 평가를 실시하게 되면 포병은 엄청나게 유리한 반면 보병업무나 전차병 업무를 수행하는 사람들은 매우 불리한 평가가 이루어질 수 밖에 없습니다. 모든 군인직무 수행자들을 '전차 조종을 얼마나 잘하는지'를 가지고 평가를 실시할 때도 마찬가지죠. 전차병이야 유리하겠지만 보병과 포병 업무를 수행하는 사람들은 언제나 바닥을 깔아줘야 합니다.

　이러한 비효율적이고 불합리한 문제를 해소하려면 어떻게 해야 할까요?

　보병 업무를 수행하는 사람들은 '보병직무', 포병업무를 수행하는 사람들은 '포병직무' 그리고 전차를 조종하는 사람들은 '전차병직무'로 분류하여 보병직무 수행자들에게는 '총 잘 쏘는 방법'을 '교육'시키고 총을 얼마나 잘 쏘는 지로 '평가'하며, 포병직무 수행자들에게는 포를 잘 쏘는 방법을 '교육'시키고 또 포를 얼마나 잘 쏘는 지로 '평가'하게 되면 딱 맞는 교육과 평가가 이루어질 수 있게 되는 것이죠.

　그래서 직무를 어떻게 분류하느냐가 조직 효율성과 체계적 성과관리에 엄청나게 큰 영향을 미치기 때문에 매우 신경 써서 직무분류를 실시하지 않으면 다양한 문제들이 발생될 수 있습니다.

　또 어떤 문제들이 일어날 수 있냐구요? 예를 들어 보병직무로 분류되어야 할 사람을 전차병으로 분류하여 전차병 직무 담당자들과 동일한 기준으로 '평가'를 실시해버리면… 그 사람은 바보 되기 딱 좋죠. 항상 평가에서 F를 깔아줘야 할 겁니다. 사람 바보 만드는 것은 매우 쉽습니다.

　직무분석 컨설팅을 할 때도 많은 회사에서 '우리는 직무분류는 다 되어 있고 바로 직무분석 들어갑시다'하시는 경우들이 참 많은데 나중에 살펴보면 여러가지 문제들이 나타나서 다시 처음으로 돌아가서 직무분류를 하는 경우들도 심심치 않게 발생됩니다.

　자, 그럼 이 직무분류는 어떤 방법으로 진행해야 할까요? 직무분류의 방법을 원칙적인 방법 그리고 편법으로 크게 두가지 측면에서 설명 드리도록 하겠습니다.

(2) 직무분류 프로세스

직무분류의 프로세스는 가. 개인업무조사표 작성, 나. Grouping, 다. Naming 그리고 라. 팀업무 분류표 제작의 4단계로 진행이 됩니다. 물론 이 외에도 다양한 직무분류 방법이 있으나 개인적으로는 이 방법이 많은 인사담당자분들께서 가장 어렵지 않게 접근할 수 있는 방법이 아닐까 생각합니다. 그럼 먼저 '가. 개인업무 조사표 작성' 단계부터 구체적으로 살펴보도록 하겠습니다.

가. 개인업무조사표

인사부서는 직무분석을 추진함에 있어 가장 먼저 우측 그림 21과 같은 '개인업무 조사표'양식을 제작하여 각 팀에 배포, 각 팀에서 작성한 이 개인업무 조사표를 취합하는 것으로 그 첫 삽을 뜨게 됩니다.

개인업무 조사표는 그림 21과 같이 '누가', '어떤 일'을 그리고 '어느정도 비중'으로 수행하고 있는 지를 조사하는 표라고 생각하시면 됩니다.

이 단계에서 유의하실 점은 각 개인이 수행하고 있는 업무를 기록할 때 미주알고주알 다 기록하게 되면 이후 Grouping 단계를 제대로 진행할 수가 없습니다. Grouping 대상이 너무 많아서 한눈에 다 들어오지 않기 때문에 묶어내기가 힘듭니다.

개인이 회사에서 수행하는 업무들을 보면 중요한 업무도 있고 중요하지 않은 업무도 있고, 자주 수행하는 업무도 있고 가끔 수행하는 업무도 있으며, 업무량이 꽤 많은 업무도 있고 일년에 두세시간 수행하는 업무도 있습

 Grouping — Naming — 팀업무 분류표 작성

연번	직급	성명	업무내용	업무량(%)
1	일반4급	홍길동	• 채용관리 • 임금관리 • 시세외수입금 관리 • 직원 교육기획 • 노무관리	20 30 10 20 20
2	일반6급	성춘향	• 미수금관리 • 강사 섭외 • 각종 통장발급 및 신용카드관련 업무 • 예산회계 및 지출업무 • 부가가치세 신고업무	30 10 10 30 20
3	일반7급	이몽룡	• 근태관리 • 지출금액 장부 작성 및 전산입력 • 교육운영 • 직원평가관리 • 인사관련 전산 s/w 운영	10 10 30 30 20

[그림21] 직무분류 프로세스 1. 개인업무 조사표 작성

니다. 이 개인업무 조사표를 각 팀에 배포할 때 이 표에 기록하는 업무는 각 개인이 수행하는 업무 중 중요한 업무를 중심으로, 비교적 자주 수행하며 업무량이 적지 않은(대략 전체 비중 가운데 5% 가량 이상) 업무를 5개~7개 사이로 기록하게끔 권고/유도합니다. 여기서 또 한가지의 중요한 포인트는 5~7개라는 숫자인데요, 왜 자신의 업무를 기록할 때 5개에서 7개 사이로 기록하라는 지침을 주는 것일까요? 제가 답을 드리기 전에 읽으시는 분들께서 한 번 곰곰이 생각해 보시기 바랍니다.

5개~7개라는 지침을 주는 이유는 작성하는 업무단위의 대략적 크기를 통일하기 위한 조치라고 보시면 됩니다. 이것이 무슨 말인가 하면, 예를 들어 채용업무라고 했을 때 어떤 사람은 간단하게 '채용' 또는 '채용관리'라고 기록을 하는 반면 어떤 사람은 '이력서 취합, 면접합격자 통보, 면접기획'… 등의 단위로 기록을 할 것입니다. 이렇게 되면 이후에 Grouping을 하기가 골치 아파지는데 5개~7개 사이로 자신의 업무를 기록하라는 지침을 주게 되면 자연스럽게 일정한 크기로 통일된 상태로 작성이 됩니다. 이 단위의 크기에 대한 지침을 글로 풀어서 설명을 하는 것이 거의 불가능할 정도로 어려운 일인데 이 개수에 대한 지침을 줌으로써 자연스럽게 통일된 기준으로 작성을 할 수 있게 되는 것이죠. 경험 상 이렇게 지침을 제공했을 때 거의 예외없이 동일/유사한 범위로 업무 내용을 작성하여 제출하였습니다.

그리고 한 개인이 수행하는 업무 전체를 100으로 보았을 때 각각의 업무가 차지하는 비중을 대략적으로 기록하게끔 합니다. 이 것은 추후 직무분류가 완료되었을 때 한 사람에게 너무 지나치게 많은 업무가 할당되었는지 아니면 너무 적은 업무가 할당되었는지를 판단하기 위한 기준으로만 활용이 되는 것이기 때문에 너무 민감하게 반응할 필요는 없습니다. 이 부분에 대해서는 뒤에서 다시 한 번 언급이 되는데 그 때 말씀을 드리는 것이 이해하기 더 쉬울 것 같습니다.

이렇게 각 팀에서 개인업무 조사표를 작성하는 단계가 완료되면 인사팀은 이를 취합하여 Grouping을 실시합니다.

나. Grouping

각 팀으로부터 작성된 개인업무 조사표를 취합하면 인사부서는 한 개 팀(또는 파트)이 수행하고 있는 업무 전체를 살펴보면서 유사한 업무를 묶어내는 Grouping을 실시합니다. 예를 들어 설명드리자면

사례(그림 22) 속의 팀은 홍길동, 성춘향 그리고 이몽룡 3인으로 구성되어 있는데 먼저 홍길동이 수행하는 업무 가운데 채용관리, 임금관리, 직원 교육기획 그리고 노무관리 업무는 '인사'와 관련된 공통성이 있다고 판단하여 묶어내었습니다. 그리고 마찬가지로 성춘향의 업무 가운데에서 강사섭외도 교육훈련과 관련된 '인사'라는 공통성이 있구요 마지막으로 이몽룡이 수행하고 있는 근태관리, 교육운영,직원평가관리 및 인사관련 전사 S/W운영 업무도 '인사'라는 공통성이 있다고 판단하여 모두 빨간색으로 Grouping을 하였습니다.

그리고 홍길동이 수행하고 있는 업무 중 시세 외 수입금 관리의 경우는 '경리나 회계'와 관련된 업무라고 판단하였고, 성춘향의 미수금 관리, 각종 통장발급 및 신용카드 관련 업무, 예산회계 및 지출업무 그리고 부가가치세 신고업무 또한 '경리나 회계'와 관련된 업무라고 판단하였으며 마지막으로

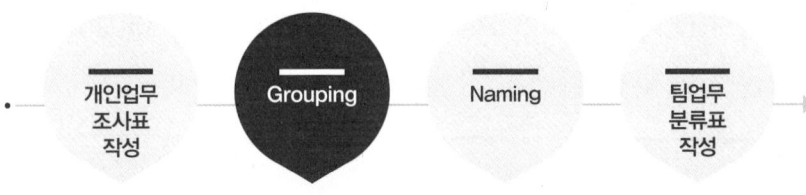

연번	직급	성명	업무내용	업무량(%)
1	일반4급	홍길동	• 채용관리 • 임금관리 • 시세외수입금 관리 • 직원 교육기획 • 노무관리	20 30 10 20 20
2	일반6급	성춘향	• 미수금관리 • 강사 섭외 • 각종 통장발급 및 신용카드관련 업무 • 예산회계 및 지출업무 • 부가가치세 신고업무	30 10 10 30 20
3	일반7급	이몽룡	• 근태관리 • 지출금액 장부 작성 및 전산입력 • 교육운영 • 직원평가관리 • 인사관련 전산 s/w 운영	10 10 30 30 20

■ Group 1 (빨간색)
■ Group 2 (파란색)

[그림22] 직무분류 프로세스 2. 업무 Grouping

이몽룡의 업무 가운데 지출금액 장부 작성 및 전산입력 업무 또한 마찬가지로 '경리 또는 회계'와 관련된 업무라고 판단하여 모두 파란색으로 Grouping을 하였습니다.

그럼 이 팀은 크게 두개의 Group으로 업무가 묶이게 됨을 알 수 있습니다.

Grouping이 종료되면 다음단계는 이 그룹의 이름을 짓는 Naming 단계로 넘어갑니다.

다. Naming

Naming에는 특별한 테크닉은 필요하지 않습니다. 단지 어떤 공통성이 있었는지를 기준으로 상징성있는 이름을 지으면 됩니다.

조금 전 사례의 팀의 개인업무 조사표에 기록된 업무들을 유사한 업무들끼리 Grouping한 결과 크게 빨간색 그리고 파란색 두 그룹의 업무로 묶어내었습니다. 먼저 빨간색으로 Grouping한 업무들은 '인사'와 관련된 공통성이 있는 업무들이라고 판단하여 '인사관리'라 이름을 짓고 파란색으로 Grouping한 업무들은 '경리나 회계'와 관련된 공통성이 있는 업무들이라고 판단하였으므로 '경리회계'라 이름을 지으면 되는 것입니다.

다만 이 점 하나만 유의하시면 됩니다. 예전에 어떤 회사에서는 저 빨간색과 관련된 업무들이 내부 구성원들을 '하나로 연결하는' 공통성이 있다고 판단하여 '하모니' 직무라 명명하였습니다. 개인적으로는 아주 독창적이고 창의적인 이름이라 생각하여 바람직하다고 생각하였으나 곧 문제가 나타났습니다.

그 회사의 '하모니' 직무를 담당하던 직원이 퇴사를 하여 충원을 하기 위

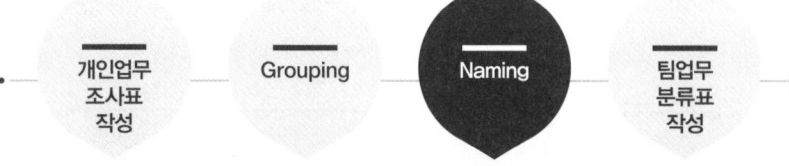

연번	직급	성명	업무내용	업무량(%)
1	일반4급	홍길동	• 채용관리 • 임금관리 • 시세외수입금 관리 • 직원 교육기획 • 노무관리	20 30 10 20 20
2	일반6급	성춘향	• 미수금관리 • 강사 섭외 • 각종 통장발급 및 신용카드관련 업무 • 예산회계 및 지출업무 • 부가가치세 신고업무	30 10 10 30 20
3	일반7급	이몽룡	• 근태관리 • 지출금액 장부 작성 및 전산입력 • 교육운영 • 직원평가관리 • 인사관련 전산 s/w 운영	10 10 30 30 20

■ 인사관리
■ 경리회계

[그림23] 직무분류 프로세스 3. Naming

해 채용 공고문을 게재하였는데 '당사의 하모니 직무 1명을 채용합니다'로 공고가 나간 것입니다. 물론 회사 내부의 사람들이야 익숙한 이름이니 별 문제가 없다고 생각하였지만 채용 공고문을 보는 회사 외부의 사람들은 그 업무가 무슨 업무인지가 확 와 닿지 않아 곤란을 겪은 적이 있습니다. 하여 이름을 지을 때는 회사와 직접적인 관련이 없는 사람들도 대략 어떤 업무인지는 판단할 수 있는 이름으로 짓는 것이 바람직하다는 것만 기억하시기 바랍니다.

이 단계에서 인사담당자가 혼자서 Grouping을 실시하는 것은 현실적으로 매우 어렵습니다. 왜냐하면 개인업무 조사표에 기록된 업무들을 인사담당자가 잘 알지 못하기 때문이죠. 위의 사례 업무의 경우에는 우리에게 익숙한 업무이기 때문에 어느정도 판단이 가능하지만 예를 들어 R&D나 생산쪽 업무의 경우에는 우리가 판단하는 것이 거의 불가능합니다. 그래서 이 단계를 진행할 때는 해당 팀의 팀장님 또는 고참급 직원과 함께 '논의'하면서 Gouping을 진행해야 합니다. 잘 모르는 업무들은 질문하면서 인사담당자와 해당 직무수행자가 의견을 교류하는 가운데 Grouping을 실시해야 함을 명심하시기 바랍니다.

라. 팀업무분류표 작성

자, 그럼 드디어 이 팀에 '직무'와 유사한 개념이 탄생하였습니다. 이전에는 이 팀이 업무 내용을 소개하려면 '우리 팀은 홍길동, 성춘향 그리고 이몽룡 3명이 근무하고 있고, 홍길동은 채용관리, 임금관리 등… , 성춘향은 미수금 관리, 강사섭외 등… , 마지막으로 이몽룡은 근태관리, 지출금액 장부작성 및 전산입력 등… 의 업무를 수행하고 있습니다.' 라고 밖에 표현할 수 없었으나 이 단계를 거치면서 드디어 아래와 같은 방식으로 달리 표현하는 것이 가능하게 되었습니다.

'우리 팀은 크게 '인사관리' 직무와 '경리회계' 직무로 구성되어 있으며 인사관리 직무는 홍길동과 이몽룡이, 그리고 경리회계 직무는 성춘향이 담당하고 있습니다. 그리고 홍길동의 구체적인 수행업무는… '

물론 홍길동의 업무 중 '시세외수입금 관리' 업무는 인사관리 업무가 아닙니다. 그런데 그 시세외 수입금 관리 업무는 전체 수행업무에서 차지하는 비중이 10% 밖에 되지 않으므로 대세에 영향을 미치지는 않는다고 보고 홍길동을 '인사관리 직무 담당자로 할당해도 무방합니다. 마찬가지로 이몽룡의 업무 가운데에서도 지출금액 장부작성 및 전산입력 업무는 인사관리 업무는 아니지만 이 또한 전체 수행업무 가운데 10% 밖에 되지 않기 때문에 그냥 인사담당자로 분류해도 큰 문제는 없습니다. 물론 이 업무들을 Shift하여 주인을 찾아주면 Best겠지요. (ex. 홍길동의 시세외수입금 관리 업무를 성춘향에게 이관)

이렇게 팀의 업무 내용을 '직무'를 중심으로 기술한 표를 우리는 '팀업무분류표'라 명명하며 이 팀업무분류표를 작성함으로써 직무분류의 프로세스는 '일단' 종결이 됩니다. 이 직무분류표를 보면 어떤 직무를 누가 담당하고 있는지를 한 눈에 파악할 수가 있게 되겠죠.

왜 직무분석 프로세스가 완전 종결되는 것이 아니라 '일단' 종결이 되는지, '일단'이라는 단서가 붙는 이유는 다음과 같습니다.

이렇게 '일단' 각 직무를 분류하여 어떤 팀의 직무를 A직무, B직무로 나

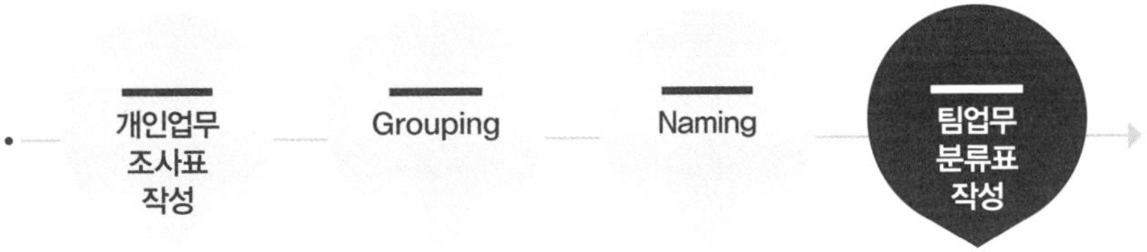

개인업무 조사표 작성 → Grouping → Naming → 팀업무 분류표 작성

직무명	성명	직급	업무내용	업무량(%)
인사 관리	홍길동	일반4급	• 채용관리 • 임금관리 • 시세외수입금 관리 • 직원 교육기획 • 노무관리	20 30 10 20 20
	이몽룡	일반7급	• 근태관리 • 지출금액 장부 작성 및 전산입력 • 교육운영 • 직원평가관리 • 인사관련 전산 s/w 운영	10 10 30 30 20
경리 회계	성춘향	일반6급	• 급여관리 • 강사 섭외 • 각종 통장발급 및 신용카드관련 업무 • 예산회계 및 지출업무 • 부가가치세 신고업무	30 10 10 30 20

업무이관
업무 비중 검토

[그림24] 직무분류 프로세스 4. 팀업무분류표 작성

누어서 분류했다고 가정합시다. 그리고 이후에 이렇게 분류한 A와 B, 각 직무에서 1명씩의 SME(직무 대표자 혹은 직무 전문가)를 선발하여 각 직무의 성과에 영향을 미치는 요소들(성과영향요소)을 도출하게 되는데 이 단계에서 A 직무와 B직무의 성과영향요소들이 만약 거의 유사하다고 판단되면, 이 둘은 같은 직무로 묶어버릴 수 있습니다. A와 B 각 직무가 성과를 만들어내는 특성이 거의 유사하므로 인사관리를 해야하는 내용들도 비슷하니 하나의 직무로 묶어서 동일한 성과영향요소들을 관리해주면 되기 때문이죠. (그러니까 일단 다른 직무라고 분류해 놓고, 나중에 직무분석 본단계에서 나온 결과물인 성과영향요소들이 거의 비슷하면 그 때 묶어버릴 수도 있다는 뜻이죠. 직무분석 본단계를 거쳐야만 최종적으로 직무분류가 확정되는 것입니다.)

그렇기 때문에 구체적인 성과영향요소들을 아직 도출하지 않은 이 단계에서는 '일단' 직무를 가안으로 분류해놓고 성과영향요소들이 도출된 이후에 최종적으로 직무분류를 확정하게 됩니다.

분류된 직무를 기준으로 각 개인들의 수행업무의 업무량을 살펴보니, 위의 사례에서는 모두 100, 100, 100이고 업무 Shift(맞는 주인 찾아주기) 또한 없었으니 큰 문제가 되지는 않겠지만 어떤 경우에는 직무분류 과정에서 업무 Shift까지 실시하여 개인 업무량에 변동이 발생되는 경우도 있습니다. 그런데 직무분류 및 업무 Shift 결과 개인 업무량이 변동된 결과를 살펴보았을 때 만약 홍길동은 업무량이 50(업무 중 50이 성춘향에게 이관), 이몽룡도 업무량이 50(마찬가지로 기존 업무의 50이 성춘향에게 이관) 그리고 성춘향은 기존 업무에 홍길동과 이몽룡으로부터 이관된 업무를 더하여 200이라는 업무량을 소화해야 한다면 이 결과는 홍길동과 이몽룡에게는 기존보다 훨씬 덜 한 업무

부담을, 성춘향에게는 어마어마한 업무부담을 주게 되니 이 결과를 그대로 적용하는 것은 매우 부당할 뿐더러 성춘향은 제대로 된 성과를 낼 수 없게 되겠지요. 그렇기 때문에 직무분류를 이 상태로 Fix할 수는 없고 다시 조정해야 할 것입니다. (이 부분은 이 책을 처음 읽으실 때는 어려울 수도 있으니 처음 읽으시는 분들은 일단 스킵하셔도 무방합니다.)

이렇게 직무를 분류하고 업무 Shift를 실시한 다음에는 각 개인이 수행하는 업무량 전체를 살펴보면서 직무분류를 다시 해야할 지 그냥 Fix해도 될 지를 판단해야 합니다.

지금까지 설명 드린 바와 같이 직무분류를 위해 '가. 개인업무 조사표 작성-나. Grouping-다. Naming-라. 팀업무분류표 작성'의 단계를 거치게 되는데 이 방법으로 직무분류를 실시할 경우 한가지 치명적 문제가 있습니다.

바로 직무분류에 상당히 많은 시간이 할애된다는 점이죠. 각 팀의 팀장 혹은 고참급 업무자와 서로 의견을 교류해가면서 직무를 분류한다는 것은 생각보다 쉽지 않습니다. 자칫 본 게임에 들어가기도 전에 이 단계에서 거품 물고 포기해버릴 수도 있기 때문에 이 단계에서 너무 오랜 시간을 지체하지 않도록 하는 '편법'을 사용하는 경우가 많습니다.

지금부터는 직무를 분류하는 간단한 방법인 편법을 알려드릴 텐데 이 편법으로는 조직의 7~80%정도 팀의 직무분류는 커버할 수 있으나 나머지 2~30%의 팀에는 이 방법으로 직무분류가 불가능하기 때문에 이러한 팀들에 대해서는 위에서 말씀드린 원칙적인 방법을 사용할 수 밖에 없습니다. 그렇더라도 모든 팀을 다 원칙적인 방법으로 직무분류를 할 때보다는 이 편법이 훨씬 시간을 절약할 수 있기 때문에 이 방법을 잘 활용하시기 바랍니다.

마. 직무분류 간단히 하는 방법

지금 소개하는 방법은 직무분류의 완성도가 높지는 않습니다. 회사의 7~80% 가량의 조직(팀, 파트 등)은 이 방법으로 직무분류가 어느정도 종결될 수 있지만, 나머지 2~30% 의 조직은 이 방법으로 직무를 분류하기가 어렵다는 점을 감안하고 이 방법을 사용하시기 바랍니다. (하지만 상당히 간편하게 직무를 분류할 수 있습니다)

먼저 이전에 소개했던 방법과 마찬가지로 개인업무 조사표 양식을 각팀, 파트에 배포하고 이를 작성케 한 후 취합합니다.

이 때 업무량 외에 중요도를 별도로 조사한다는 점을 기억하시기 바랍니다. (그림 25참조)

취합된 개인업무 조사표를 보면서 아래와 같은 과업들을 수행하시기 바랍니다.

a) 먼저 한 팀의 각 구성원들이 수행하는 업무들을 보면서 유사/동일 업무를 같은 색으로 칠합니다.

위의 그림에서 파트장의 업무를 보니 대고객영업 업무가 있습니다. 그리고 주임의 업무를 보니 주임 업무 가운데에도 대고객영업 업무가 있네요. 마지막으로 사원의 업무를 보니 사원도 대고객영업 업무를 수행하고 있습니다. 모두 같은 업무이니 노란색으로 표기합니다.

그리고 파트장의 업무내용 중 가맹점 투어 업무가 보이네요. 주임과 사원 업무에도 가맹점 투어 업무가 있습니다.

또 파트장 업무를 보니 가맹점 제안서 작성 및 관리업무가 있습니다. 주임

이름	직책	직급	수행업무내용 (Key Task 중심)	업무량 (%)	중요도 (5점)
○○○	파트장	대리	● 대 고객 영업	10	5
			• 신규 및 기존 관리 업장, 가맹점주 관리 및 확보	30	5
			■ 가맹점 투어	10	4
			▲ 가맹점 계약서 작성및관리	5	4
			• 각종 전표 발행	20	3
			• 영업 전략 검토 및 수립	15	3
			• 팀 업무 전반 지원 및 내부 인원 관리	10	2
				100	**25%**
○○○	팀원	주임	● 대 고객 영업	35	5
			• 영업 전략 제안 및 자료 작성	10	3
			■ 가맹점 투어	20	4
			▲ 가맹점 계약서 작성및관리	20	4
			• 각종 전표 발행	10	3
			• 업무 시간 외 체크인 서비스 수행	5	1
				100	**75%**
○○○	팀원	사원	● 대 고객 영업	40	5
			■ 가맹점 투어	20	4
			▲ 가맹점 계약조건 체크, 검토 및 수정	30	4
			• 팀 주간/월간 일정 관리 및 공유	10	2
				100	**90%**

● 노란색
■ 빨간색
▲ 하늘색

[그림25] 직무분류 간편법

업무에도 동일한 업무가 있는데 사원이 수행하는 업무를 보니 '가맹점 계약 조건 체크, 검토 및 수정'이라고 되어 있는데 해당 팀의 업무담당자에게 유선으로 물어보니 '가맹점 계약조건 체크, 검토 및 수정'이 가맹점 제안서 작성 및 관리업무'와 거의 동일한 업무라는 점을 알았습니다. 하여 이 업무를 하늘색으로 동일색 표시를 하였습니다.

b) 같은 색으로 칠해진 유사/동일 업무의 비중이 개인 업무 전체에서 몇%나 차지하는지 확인합니다.

이렇게 같은 색으로 칠해진 업무의 비중을 보니, 파트장의 경우는 타른 팀원들과 동일한 업무의 비율이 25%에 불과한 반면, 주임의 경우는 75%, 사원은 90%의 업무가 다른 사람들과 유사함을 알 수 있습니다.

거기에 더하여 주임과 사원 업무의 '중요성'을 통해 다시 한 번 점검을 해 보니, 다른 사람들과 겹치지 않는 업무의 경우에는 중요성도 낮습니다. 그러니까 중요한 업무들을 대부분 다른 사람들의 업무와 동일하다는 것이죠.

중요한 업무는 동일하고 중요하지 않은 업무의 일부만 조금 차이가 있다면, 이 주임과 사원은 '같은 직무'를 수행하고 있다고 판단해도 무방할 것 같습니다.

하여 타 팀원들과 업무의 차이가 큰 파트장 수행업무의 경우는 다른 직무로 분류하는데 업무의 유사성 정도가 매우 높은 주임과 사원은 같은 직무로 분류합니다.

그런데 여기서 유의하여야 할 점이 있습니다.

만일 여러분들이 각 팀에 개인업무 조사표 양식을 뿌리고 그것을 각 팀에서 작성하도록 한 후 이를 취합한다면 조금 전 설명 드린 바와 같이 동일한 또는 유사한 업무를 같은 색으로 칠하는 과업을 수행할 수 있을까요?

아마 거의 불가능할 것입니다. 왜 불가능할까요? 한 번 생각 해보시기 바랍니다.

그렇습니다. 아마 각 팀에 개인업무 조사표 양식을 배포하여 이를 작성하라고 하면 각 팀장님께서는 팀원들에게 그 양식을 뿌린 후 각자 자신의 업무를 적어서 제출하게 할 것이고 그렇게 되면 각자 사용하는 '용어'가 달라 개인업무 조사표에 기록되는 업무내용의 명칭이 제각각이 되겠지요.

예를 들어 어떤 사람은 '대고객영업'이라고 쓰는 반면 또 다른 사람은 '고객관리'라고 쓰고 누구는 '영업관리'라는 표현을 쓰게 되면 실제는 이 세 업무가 동일/유사 업무라 하더라도 이를 취합한 인사담당자는 이 업무들을 정확히 모르기 때문에 이 세 업무를 각각 '다른 업무'라고 판단하게 될 지도 모릅니다.

이렇게 각 업무를 기록하는 '표현'이 달라지기 때문에 그냥 개인업무 조사표를 뿌리고 각자 이를 작성하라고 하면 인사담당자는 절대 같은 업무들을 같은 색으로 체크하는 과업을 수행할 수가 없게 되는 것이지요.

따라서 개인업무 조사표를 각 팀에 배포할 때 다음과 같은 지침을 주어야 합니다.

a) 개인이 각자 알아서 작성하게끔 하는 것이 아니라 '대표 작성자'를 지정해주어야 합니다. 파트장이라면 파트원의 업무를 대략 알고 있을 테니 이 파트장이 대표로 파트원들의 개인업무 조사표를 작성하게끔 지침을 주는 것이

좋습니다. (팀 인원이 많지 않을 경우에는 팀장님께)

  b) 그리고 파트원들의 업무 중 유사/동일 업무의 경우에는 '반드시 같은 표현'을 사용해서 기록하게끔 명확히 지시해야 합니다.

  이렇게 했을 때 비로소 위에서 설명 드린 바와 같이 인사담당자가 취합된 각 팀의 개인업무 조사표를 보면서 같은 색으로 체크하는 일을 할 수가 있게 되는 것이지요.

  이렇게 되면 일일이 타 팀의 사람들과 논의하며 직무를 분류하는 방법보다 훨씬 더 간단하게 직무를 분류할 수가 있습니다만, 위에서 언급한 것 처럼 한 2~30%정도의 팀/파트의 경우는 이 방법으로 직무 분류를 하기 어려운 경우가 발생됩니다.

  예를 들어 업무의 유사성 정도가 위의 예에서는 주임-사원이 75%, 90%여서 확연히 구분이 되었지만 업무의 유사성 정도가 55%, 60% 정도가 되면 참 애매해지기 때문입니다. 이런 경우가 발생되면… 어쩔 수 없이 그 팀에 대해서는 원칙적인 방법으로 직무를 분류해야 합니다.

2

직무별 SME 선정

(1) SME의 자격요건 및 선발방법

[그림19] 직무분석 프로세스

직무 분류 → SME 선발 → 직무별 성과 요소 도출 → 직무기술서 작성 →

직무분류의 절차가 종결되면 인사담당자가 그 다음 실시해야 할 과업은 분류된 각 직무에서 최소 1명씩의 SME를 선발하는 일입니다.

[그림26] 직무별 SME선발

SME라는 용어는 Subject Matter Expert의 앞글자를 따서 만든 용어로 '특정주제에 대한 전문가'를 말하는데 이 직무분석에서는 '각 직무에 대한 전문가'를 SME라 말한다고 보면 되겠습니다. 각 직무를 담당하고 있는 사람들 가운데 그 직무에 대해서 가장 많은 경험과 지식을 보유하고 가장 좋은 성과를 만들어내는 사람이 바로 직무 SME가 되는 것이지요.

그림 26과 같이 회사를 구성하는 직무를 분류한 결과 총 6개의 직무로

직무분류가 이루어졌다면 그 각각의 직무를 담당하고 있는 다수의 사람들 가운데 그 직무에 대한 경험이 가장 풍부하여 해당 직무에 대한 지식이 많으면서 실제 그 직무가 만들어내야 하는 성과도 잘 만들어내는 사람을 SME로 선발하여 그가 어떻게 다른 사람들보다 더 많은 성과를 만들어내는지 분석하는 과정을 진행하면 됩니다. (투수에서 오타니 쇼헤이를 대상으로 분석하는 것과 같죠.)

그런데 SME가 반드시 1명이어야 하는 것은 아닙니다. 다수의 SME를 선발하여 이 SME들이 서로 다른 경험과 의견을 교류하면서 해당 직무를 분석하는 방법이 가장 좋은 방법이기는 하지만 업무 시간 중 많은 사람들의 시간을 직무분석에 할애하도록 하는 것이 부담스럽기 때문에 최소한의 인원인 1명으로 선발하는 것이 보편적인 것입니다.

그런데 많은 회사의 경우 이 SME들은 공통적인 특성이 있습니다.

가장 대표적인 특성은 바로……

'바쁘다'는 것이죠.

팀에서 가장 일도 잘하고 성과도 좋기 때문에 팀장님들은 그 SME를 신뢰하여 많은 일을 맡기게 되고 따라서 SME들은 매우 바쁜 것이 일반적입니다. 그런 바쁜 가운데 인사담당자가 직무분석을 위해 미팅을 요청하면 팀에서 조금 한가한 사람을 대신 미팅에 보내는 경우가 종종 벌어집니다. 극단적으로는 팀의 신입사원이 SME 미팅에 대리 참석하게 되는 경우도 있는데 인사담당자가 SME가 아닌 사람들을 대상으로 직무분석 미팅을 진행할 경우 절대 제대로 된 직무분석이 이루어질 수 없습니다.

예를 들어 행복이라는 목표를 달성하기 위해 결정적 영향을 미치는 요인이 무엇인지를 조사하기 위해 5살짜리 꼬마를 대상으로 분석을 한다고 생각해봅시다.

5살짜리 꼬마에게 행복한 인생에 결정적 영향을 미치는 CSF를 도출하기 위한 질문을 한다면 그 꼬마는 분명히 '뽀로로', '로보카 폴리', 짜장면' 같은 것들을 이야기할 겁니다. 그것이 그 꼬마에게는 행복을 가져다 주니까요. 그래서 직무기술서의 CSF란에… '뽀로로', '짜장면'을 기록하게 되면 큰 낭패를 보겠지요. 일반 성인들에게는 그것들이 행복이란 성과목표를 달성하는데 그닥 영향을 미치지 않으니까 말이죠.

인생을 한 6~70년 정도 사신 어르신께… "선생님, 우리가 행복해지려면 일단 어떤 것들을 우선적으로 확보해야 한다고 생각하십니까?" 질문을 하게 되면, 그 분이 오랜 시간동안 '경험'한 바를 바탕으로 실질적인 답을 주실 수 있을 것입니다.

"나는 젊었을 때는 돈이 다 인줄 알았는데… 어느 순간을 지나면서 젊은 시간에 반드시 얻지 않으면 나이를 먹고나서는 절대 얻을 수 없는 것이 있다는 것을 깨달았네… '라면서 '정말 필요한' 것들을 말해줄 수 있을 것입니다.

마찬가지로 신입사원을 대상으로 아무리 뛰어난 직무분석 전문가가 인터뷰를 한들, 절대 좋은 결과물을 얻을 수 없는 것이지요. SME의 두뇌와 경험에 존재하지 않는 것은 절대 도출해낼 수가 없습니다. 그래서 정말 좋은 SME를 선발하는 것은 성공적 직무분석을 위해 매우 중요한 것입니다.

그리고 기왕이면 타고난 고성과자나 Background가 좋은 SME보다는 원래는 고성과자가 아니었지만 스스로 노력해서 고성과자가 된 사람을 SME

로 선발하는 것이 좋습니다.

예를 들어 부자의 SME로 만수르를 선발했다고 칩시다.

만수르에게 부자가 되기 위한 '성과행동'을 도출하기 위한 인터뷰를 진행하면 만수르는 아래와 같은 성과행동이 부자라는 목표를 달성하기 위해 필요한 성과행동 이라고 말할 지도 모르겠습니다.

- 일주일에 한 번씩 대통령 및 정관계 인사와 오찬을 하며 향후 국가 정책 방향을 예측한다.
- 정기적으로 재벌들과 회합을 가지면서 그들의 비즈니스 동향을 살펴 회사의 정책에 반영한다.

만수르는 이런 성과행동 상의 행동을 실행할 수 있는 Back ground가 있죠. 하지만 우리들은 이런 행동을 실제 할 수 있을까요? 만수르를 부자의 SME로 선발하여 직무분석을 실시한다면 일반인들은 절대 실행할 수 없는 성과행동이 도출될 겁니다.

그래서 원래 타고난 사람을 SME로 하기 보다는 처음엔 평범하였지만 오랜 시간 노력한 끝에 자기만의 방법을 깨우쳐서 고성과자가 된 사람을 SME로 선발하는 것이 더 좋습니다.

(2) SME와의 협조체계 구축

이렇게 '바람직한 SME'를 직무분석의 주체이자 대상자로 잘 선발한 후에는 그들을 중심으로 (가칭) 직무분석 위원회를 설립하고 높은 직책의 간부를 직무분석 위원회의 위원장으로 선임하시어 대대적인 발족식을 진행하는 것이 좋습니다.

위에서 언급한 바 대로 대부분의 SME는 '바쁜' 특성이 있기 때문에 여러분들의 협조 요청에 순순히 응하지 않을 수 있습니다. 따라서 고위 간부(CEO가 제일 좋음)를 직무분석 위원회의 위원장으로 선임하고 발족식에서 한 자리에 모인 SME들에게 각별한 협조 요청을 하는 절차를 거행하는 것이 조금이라도 협조를 얻을 가능성을 높여주기 때문입니다.

엄청 사소한 것 같아도 이 절차를 진행하고 직무분석 프로젝트를 추진하는 것과 이 절차를 생략하고 추진하는 것과는 실무자 입장에서 업무를 진행하는데 엄청난 차이를 느끼실 수 있을 것 입니다.

이렇게 SME를 선발하고 SME들을 모아 직무분석 위원회를 구성, 발족식까지 하게 되면 이제 직무분석을 위한 사전 준비단계는 어느정도 종료가 되었습니다. 이제부터는 각 직무에서 선발된 SME들을 대상으로 해당 직무의 각종 성과영향요소들을 도출하는 직무분석의 본단계가 진행됩니다.

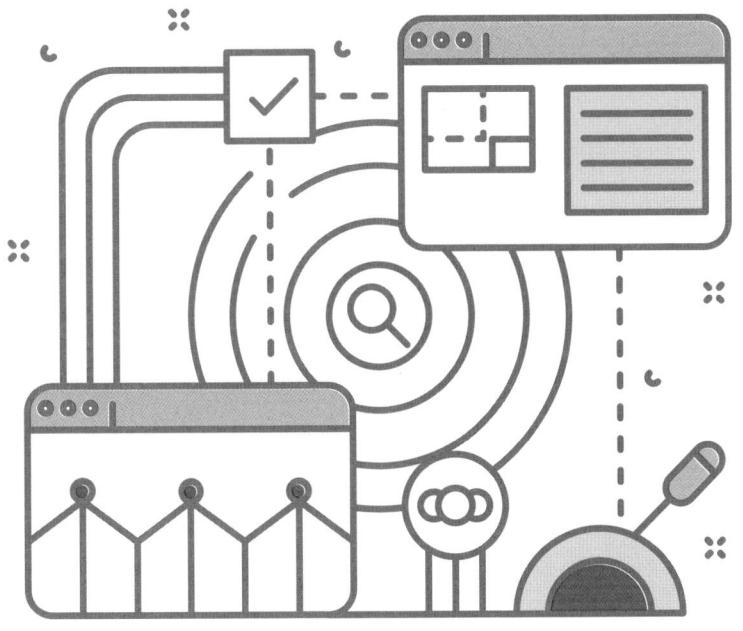

Ⅲ

직무분석 실시 본단계

(직무별 성과영향요소 도출단계)

0 직무를 분석하는 방법 (설문법, 인터뷰법, 워크샵법, 혼합법 등)
  - (1) 설문법
  - (2) 인터뷰법
  - (3) 워크샵법
  - (4) 혼합법(워크샵+인터뷰)

1 직무역할(Mission) 설정하기
  - (1) 직무역할(미션)의 정확한 개념 이해
  - (2) 직무역할(Mission)의 기능 및 조직관리에의 필요성
  - (3) 직무역할(미션)의 설정 방법

2 성과목표 설정하기
  - (1) 성과에 대한 정확한 개념
  - (2) 핵심성과목표 설정 방법

3 성과창출을 위한 결정적 성공요인, CSF 도출하기
  - (1) CSF에 대한 구체적 개념 정립
  - (2) CSF 도출 방법

4 핵심성공요인(CSF) 확보를 가능케하는 성과행동 도출하기
  - (1) 성과행동에 대한 구체적 개념 정립
  - (2) 성과행동 도출 방법

5 성과행동 상의 행동을 촉진하는 지식, 기술, 태도(직무역량) 도출하기
  - (1) 직무역량에 대한 구체적 개념 정립
  - (2) 직무역량 도출 방법

6 직무역량을 보유하고 있을 가능성이 높은 사람들의 특성, 직무자격 설정하기

7 성과영향요소들의 수준을 객관적으로 알려주는 수치적 지표, KPI 도출하기

8 직무분석 본단계에 대한 설명을 마치며…

0

직무를 분석하는 방법
(설문법, 인터뷰법, 워크샵법, 혼합법 등)

지금까지 학습한 내용들을 한 번 정리하겠습니다. 회사에서 직무분석을 추진키로 결정이 되면 인사담당자는 가장 먼저 우리 회사가 어떤 직무들로 구성되어 있는지 a) '직무분류'를 실시하고 이어 분류된 직무에서 최소 1명씩의 b) 'SME를 선발'한 후 선발된 SME들을 중심으로 직무분석 위원회(가칭)라는 c) '협조체계를 구축'하는 순서로 일련의 과정들을 진행한다고 말씀을 드렸습니다.

그 이후에는 SME들을 대상으로 본격적인 직무분석의 과정, 그러니까 각 SME가 수행하고 있는 직무의 성과영향요소들을 도출하는 과정이 진행되는데 이전 챕터에서 각 직무의 성과영향요소들을 인사담당자 독자적으로는 절대 도출할 수 없음을 말씀드렸습니다. (1-3-(1). 직무분석 추진주체) 인사담당자는 해당 직무에 대해서 전문성이 없기 때문이죠.

그렇다면 각 직무의 성과영향요소들을 도출하는 이 직무분석 진행 본단

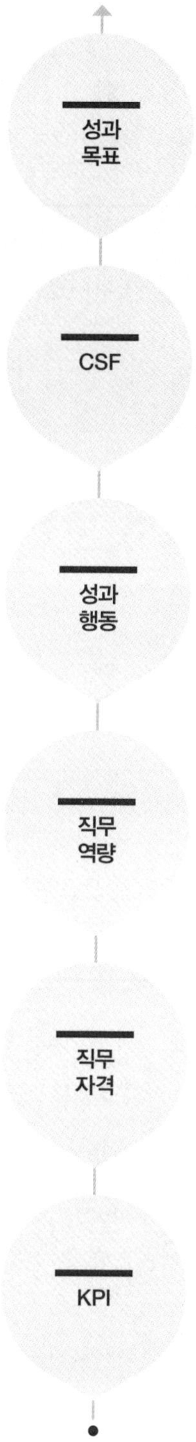

성과
목표

CSF

성과
행동

직무
역량

직무
자격

KPI

[그림 4]
성과영향요소 간의 연결고리

계에서 인사담당자는 어떤 역할을 해야할까요? 직무분석 본단계에서 인사담당자는 어떤 역할을 해야 하는지는 어떤 방법으로 직무분석을 실시할 것인지, 직무분석 방법에 따라 달라지기 때문에 일반적으로 어떤 방법으로 직무분석을 실시하는 지 그 방법에 대해서 먼저 소개해야 할 것 같습니다. (ex. 설문법으로 직무분석을 실시할 때와 인터뷰법으로 직무분석을 실시할 때 인사담당자의 역할은 달라집니다.)

직무분석을 실시하는 다양한 방법들이 존재하지만 가장 활발히 사용되는 3가지 방법과 이를 절충한 혼합법을 중심으로 설명을 드리겠습니다.

(1) 설문법

설문법은 말 그대로 설문지 양식을 만들어서 SME들에게 배포, SME들이 작성하게끔 유도하고 이를 취합하는 방법을 말합니다.

가장 많이 실시하는 설문법의 형태는 인사팀에서 그림 27과 같은 직무기술서 양식을 제작, 각 SME에게 이 양식을 제공하고 SME가 이 양식을 채워서 제출하게끔 하는 방식으로 진행합니다. 인사담당자 입장에서 보았을 때는 가장 손쉽게 진행할 수 있는 방법이지요.

그런데 이 방법은 '치명적'인 문제가 하나 있습니다. 어떤 문제가 있을까요?

인사담당자가 이 양식을 제작하여 각 SME에게 배포하고 작성을 요청한 후 작성이 완료되기를 기다리는 시점까지는 매우 해피합니다. 이 모든 과정이 너무 편하기 때문이죠. 특별히 복잡할 것도 없고 인사담당자가 할 일도

1. 직무 개요(Identificationg)

직군명 | 직무명 |

2. 현재 직무 수행자

소속 | 성명 |

3. 직무 목적(Mission)

4. 직무 핵심 성과 및 주요 KPI

핵심성과목표	CSF	주요 KPI

5. 성과행동별 Task Level

성과행동	Task Level

6. 업무전문성 요인(Knowledge & Skill)

Knowledge	Skill

7. 주요업무내용

주요 업무내용	비고

8. 직무 요건(Job Requirement)

요구 학력		☐ 고졸 ☐ 전문대졸 ☐ 대졸 ☐ 대학원졸이상	선호전공	
요구 경력		☐ 무 ☐ 1년이상 ☐ 3년이상 ☐ 5년이상 ☐ 10년이**상**		
유사업무경험			유사직무	
추천 교육과정			권장자격증	

[그림27] 직무기술서 양식

없습니다. 그런데…

 SME가 작성을 완료하고 취합을 하게 되면 그 때부터 본격적인 고민이 시작됩니다. 크게 두가지의 고민이 있습니다.

a) 'SME가 작성한 직무기술서의 퀄리티가 너무 떨어집니다.'
여러분들도 지금 저 양식에 한 번 작성해보시면 아시겠지만 SME들은 직무분석에 대한 지식이 전무하므로 미션이 정확히 뭘 이야기하는 것인지, 성과목표란 정확히 무엇이고 CSF가 뭔지… 잘 모르기 때문에 저 양식의 각 항목에 제대로 된 내용들을 도출하여 기입하는 것은 불가능합니다. 각자 생각나는 대로 기록할 것이고 또 누군가 완성도에 대한 압박도 주지 않기 때문에 대충대충 작성할 가능성이 매우 높습니다. 그렇게 되면 작성한 직무기술서는 형편없는 수준이 되기 때문에 실제 활용될 가능성은 거의 없게 됩니다. 아마 많은 회사의 직무기술서가 이런 방식으로 제작되었을 겁니다.

b) 사람마다 작성 기준이나 방향에 차이가 있어서 각각의 직무기술서에 기록된 내용들에 일관성이 결여됩니다.
직무기술서에 기록되는 각 항목들은 추상적인 개념들이 많습니다. 예를 들어 어떤 사람은 성과목표를 기록할 때 Do 중심의 목표(ex. 운동을 주3회 이상 실시한다는 유형의 목표)를 기록하고 어떤 사람은 Be 중심의 목표(ex. 몸무게를 줄이겠다는 유형의 목표)를 기록할 수 있겠지요.

 각 직무의 직무기술서에 기록된 내용들은 각 항목별로 동일한 인사관리 기준으로 활용되기 때문에 각 항목의 기술방향에는 일관성이 있어야 합니다. (누구는 Do로 성과목표를 설정하고, 누구는 Be로 성과목표를 설정해서는 안 됩니다.) 그렇지 않으면 어떤 직무는 더 쉬운 지표로 평가를 받고 어떤 직무는 더 어려운 지표로 평가를 받게 되는 불합리함이 극대화될 수 있기 때문입니다. (주3회 운동을 하겠다는 목표가 실제 건강상태를 개선하겠다는 목표보다 달성하기가 더 쉽겠지요. Do 중심의 목표는 그냥 형식적으로라도 대충 운동을 하면 되지만 Be 중심의 목표는 정말 살을 빼야 하는 것이니까 실제 달성하기 더 어렵기 때문입니다.)

따라서 설문법으로 직무분석을 실시하더라도 이러한 문제들을 극복 또는 완화시키기 위해서는 어떻게든 인사담당자가 각 항목에 대한 '기준'을 명확히 가진 상태에서 SME 들이 작성한 직무기술서가 모두 일관성있게 작성될 수 있도록 적극적으로 관여해야 합니다.

그러려면 그냥 단순히 직무기술서 양식을 뿌리고 이를 취합하는 형태로는 불가능하며 직무기술서 양식 작성을 유도하기 전 a) 필요한 교육을 충분히 제공하고, b) 직무기술서 취합 후 지속적으로 피드백을 실시하여 인사담당자의 기준에 부합하는 결과물이 도출될 때까지 반복적으로 집요하게 결과물을 다듬어 나가야 합니다.

물론 처음부터 직무기술서의 양식을 배포하는 것이 아니라 각 성과영향요소들을 직간접적으로 파악할 수 있는 다양한 '질문'들을 설문지화 하여 배포한 후 그 질문들에 대한 답변을 통해 인사담당자가 직접 직무기술서를 작성하는 방법이 설문법을 통한 직무분석의 방법으로는 가장 적합하다고 할 수 있으나 이는 조금 난이도가 높은 방법이므로 글을 읽으시는 분들께 오히려 혼동을 불러일으킬 수 있어 본 책에서는 설명하지 않도록 하겠습니다.

따라서 설문법만으로 직무분석을 완료하기에는 현실적 어려움(대표적으로 SME들의 직무분석에 대한 전문적 이해 부족)으로 인하여 완성도를 높이는 것이 거의 불가능하지요. 완성도가 가장 높은 방법은 인터뷰법입니다.

(2) 인터뷰법

인터뷰법은 각 직무의 SME들을 하나하나 일일이 만나서 인터뷰를 진행하여 각 성과영향요소들을 도출하는 방법입니다.

이 인터뷰법에서 가장 중요한 것은 인사담당자가 각 성과영향요소들을 도출하기 위해 '적절한 질문'을 만들어서 SME가 답변하기 쉽게 질문을 하는 것입니다.

그러니까 인터뷰를 진행하면서 인사담당자가 특정 직무의 핵심성공요인(CSF)을 도출할 목적으로 SME에게 질문을 할 때 가령,

"김부장님(SME), 부장님께서 담당하고 계시는 업무의 CSF는 과연 무엇이라고 생각하십니까?"

라는 형태로 질문을 하게 되면 SME가 적절한 대답을 할 가능성은 거의 없다고 봐야 하겠지요. SME는 해당 직무의 전문가일 뿐이지 인사관리 또는 직무분석의 전문가는 아니기 때문에 CSF의 정확한 요건에 대한 지식이 없을 가능성이 높으므로 단도직입적으로 '당신의 CSF가 뭐냐'라는 질문을 하게 되면 SME는 제대로 된 CSF에 대한 답변을 하지 못할 것입니다. (이렇게 질문하면 질문하는 사람 입장에서는 너무 편하죠. 별 생각없이 CSF 뭐에요? 성과행동 뭐에

요? 묻기만 하면 되니까요.)

따라서 질문을 하는 인사담당자는 본인이 생각하는 CSF의 정의와 요건에 맞으면서도 'SME가 답변하기 쉬운 형태'로 질문을 해야 소기의 목적을 달성할 수 있는 것이지요.

예를 들어 아래와 같은 방법으로 말입니다. (CSF를 도출할 때의 사례)

a) "김부장님. 조금 전에 부장님께서 수행하시는 직무가 창출해야 하는 가장 중요한 성과목표로 '고객만족'을 말씀해 주셨는데요… 해당 직무를 수행하는 사람들이 고객을 더 만족시키기 위해서는 업무를 수행하면서 각 직무수행자들이 어떤 것에 집중해야 한다고 생각하시나요(혹은 어떤 부분에 각별히 신경 써야 한다고 생각하시나요)?"

또는,

b) "김부장님. 담당하고 계시는 직무의 담당자들이 고객들을 제대로 만족시키지 못하는 가장 중요한 원인이 뭐라고 생각하십니까?"

아니면,

c) "김부장님. 같은 직무를 수행하는 직무 담당자분들 가운데 고객을 정말 잘 만족시키는 Best Performer와 그 정 반대에 있는 Worst Performer를 한 명씩 떠올려 주시구요, 그 둘 간에 가장 큰 차이가 무엇인지 말씀해 주시겠습니까?"

위와 같은 방식으로 질문을 하게 되면 SME는 '당신의 CSF는 무엇입니까' 라는 식의 질문보다는 훨씬 답을 하기가 수월합니다.

먼저 a)의 질문에 대해서 "우리 업무를 수행하는 담당자들은 평상시 '친절' 에 집중해야 고객을 더 잘 만족시킬 수 있습니다"등의 답변을 할 수 있을 것 입니다. 그렇다면 이 '친절'이 해당 직무의 성과목표인 '고객만족'을 위한 CSF 중 하나가 될 수 있는 것이지요.

그리고 b)의 질문에 대해서는 "우리 회사의 경우 고객을 응대하는 방식이 사람들마다 천차만별입니다. 그래서 고객들이 왜 나한테는 이렇게 대하냐며 짜증을 내는 경우가 엄청 많아요."라는 유형으로 대답을 할 수 있을 것입니다. 그렇다면 이 답변으로부터 인사담당자는 '고객응대 방식의 통일성'이라는 CSF를 도출해낼 수 있을 것 입니다.

마지막으로 c)의 질문에 대해서 SME는 "고객들이 가장 좋아하는 김차장과 고객들이 가장 싫어하는 이대리의 가장 큰 차이점은 바로 '보고서'입니다. 김차장은 평상 시 고객들에게 제공하는 자금운용보고서를 엄청 체계적으로 세련되게 작성해서 고객들의 신뢰를 확보하는데 이 대리는 그게 너무 부족합니다. 그래서 고객들이 저를 찾아와서 이대리 믿고 일 맡겨도 되는 거야? 이런 질문을 많이 해요."와 같이 대답을 할 수도 있겠죠. 그렇다면 인사담당자는 이 대답으로 부터 '아, 이 직무를 담당하는 사람들은 특별히 '보고서'를 잘 쓰는데 더 신경을 써야 하는구나' 라며 '(양질의) 보고서'라는 CSF를 도출해낼 수 있는 것이지요.

아무튼 인사담당자가 이 인터뷰 법으로 각 직무의 성과영향요소들(성과목표~KPI)을 도출할 때는 SME가 답변하기 쉬우면서도 각 성과영향요소의 개

넘에 맞는 대답을 할 수 있도록 적절한 질문들을 만들어내는 것이 매우 중요합니다.

그리고 또 중요한 것은 인사담당자가 어느정도는 인터뷰 대상자(SME)가 수행하는 업무에 대해서 이해를 해야 한다는 것입니다. 이 인터뷰법은 인사담당자와 SME가 서로 계속 질문과 대답을 주고받는, '대화'의 형태로 진행이 되는 것인데 인사담당자가 해당 직무에 대해 전혀 알지 못하면 대화가 오고 가는 것이 힘들어 지기 때문입니다. 인사담당자가 SME가 하는 말을 전혀 알아듣지 못하게 되면 대화가 불가능하겠죠. SME가 답변하기 편한 형태로 질문을 만들어낼 수도 없습니다.

따라서 해당 SME가 수행하는 업무를 완벽하게 이해하는 것은 어렵지만 대략적으로는 어느정도 파악하고 인터뷰에 들어가야만 SME와 대화를 이어갈 수 있고 양질의 인터뷰가 진행될 수 있는 것입니다.

물론 다른 사람이 하는 업무를 이해하는 이 과정이 인사담당자에게는 참 힘든 과정이 되겠지만 이 과정을 거치게 되면 그 전과는 다른 세상이 펼쳐지기도 합니다.

그러니까 인사담당자는 회사 내에서 각 직무를 수행하는 '사람들(직원들)'을 '관리'하는 일을 수행하는 사람이지요. 그런데 각 업무를 수행하는 사람들을 '제대로' 관리하려면 기본적으로 그 일들에 대해서 어느정도는 알고 있어야 제대로 관리를 할 수 있겠지요. 예를 들어서 생산직 직원들의 성과를 평가하는 평가제도를 만들려고 해도 생산직 직원들의 일이 대략 어떠하다는 것은 알고 있어야 실효성 있는 평가제도를 만들 수 있습니다.

그런데 많은 인사담당자들이 현업 업무에 대해 잘 모르고 인사업무를 하고 있는 것도 사실입니다. 그럴 경우 현업 사람들은 인사담당자의 의견이나 인사담당자가 만든 제도에 대해 무시하거나 불신하는 경우가 참 많지요.

 "아니 현장도 모르면서 어떻게 현장을 관리하는 제도를 만드냐고… " 이런 말을 참 많이 듣게 됩니다. 그리고 사실 틀린 말도 아니구요.

 그런데 인사담당자가 이런 직무분석의 과정을 거치면서 해당 업무에 대해 어느정도 파악을 하게 되면 현업 담당자들과 '업무 상 대화'를 할 수 있게 됩니다. (업무 상 대화를 못하면 현업 담당자는 인사담당자를 무시하죠) 그리고 이렇게 대화를 하면서 인사담당자가 자신의 주장을 '나름의 이유'로 펼칠 수 있게 되면 현업 담당자들이 인사담당자를 더 이상 무시하지 못하는 경우를 참 많이 보았습니다. 그렇기 때문에 조직을 압도하는(나쁜 의미의 압도 아님) 인정받는 인사담당자가 되기 위해서는 이 직무분석의 과정을 통해서 타 업무들을 어느정도 이해하는 과정이 매우 귀중한 과정이 되기도 합니다.

 좋은 질문을 만들어내고 SME와 원활한 대화를 이끌어 나가기 위해서는 해당 업무에 대한 이해도 필요하지만 우리가 SME로부터 얻고자 하는 '성과영향요소'에 대한 구체적인 요건과 지식도 갖추고 있어야 합니다. 이 성과영향요소에 대한 구체적 요건과 지식은 뒤이어 등장하는 '1. 직무역할 설정하기'부터 '7. 성과영향요소들의 수준을 객관적으로 알려주는 수치적 지표, KPI 도출하기' 에서 설명 드리도록 하겠습니다.

 그리고 인터뷰를 진행하면서 가능하면 화기애애한 분위기를 연출하는 것이 도움이 됩니다.

 인사담당자는 직무분석의 과정에서 SME에게 상당부분 의존할 수 밖에 없습니다. 우리는 그 업무를 SME만큼 잘 알 수 없기 때문에 그들의 지식과 경험에 근거하여 더 좋은 답변을 도출해야 하기 때문이죠. 그러기 위해서는 SME가 더 많은 말들을 해줄 수 있는 환경을 조성하는 것이 좋습니다. 보통 사람들은 누군가에게 '도움'을 준다는 느낌을 받으면 더 신나고 즐겁게 활동에 몰입하게 되지요. 그리고 거기에 '칭찬'까지 받게 된다면 인터뷰의 시간 동안 많은 정보들을 인사담당자에게 제공하게 될 것입니다.

그래서 인사담당자는 인터뷰 내내 SME를 인정해주고('역시 SME라 다른 분들과 생각하는 차원이 다르다며…') 지금 답변해주시는 내용들이 정말 큰 도움이 되고 있다는 점을 수시로 알려주시면서 인터뷰를 진행하시면 훨씬 더 많은 그리고 유용한 정보들을 얻을 수 있습니다.

이 인터뷰에서 얻은 정보가 적으면 추가적인 인터뷰를 실시해야 합니다. 그렇기 때문에 최대한 많은 정보를 얻을 수 있도록 유쾌하고 신나는 분위기를 연출해주는 것이 생각보다 매우 중요한 포인트가 됩니다.

(3) 워크샵법

워크샵법은 인터뷰법으로 직무분석을 진행했을 때 아주 오랜 시간이 소요된다는 단점을 상당부분 극복할 수 있으면서 설문법으로 진행했을 때 완성도가 매우 떨어진다는 단점을 어느정도 보완할 수 있는, 설문법과 인터뷰법의 장단점을 절충한 방법이라 할 수 있습니다. 워크샵법에 대한 본격적인 설명을 드리기에 앞서 잠깐 안내말씀을 드리겠습니다. 만약 이 워크샵법을 읽으시다가 어려움이 느껴지신다, 하면 그냥 대략적으로 쭉 한 번 훑으신 후

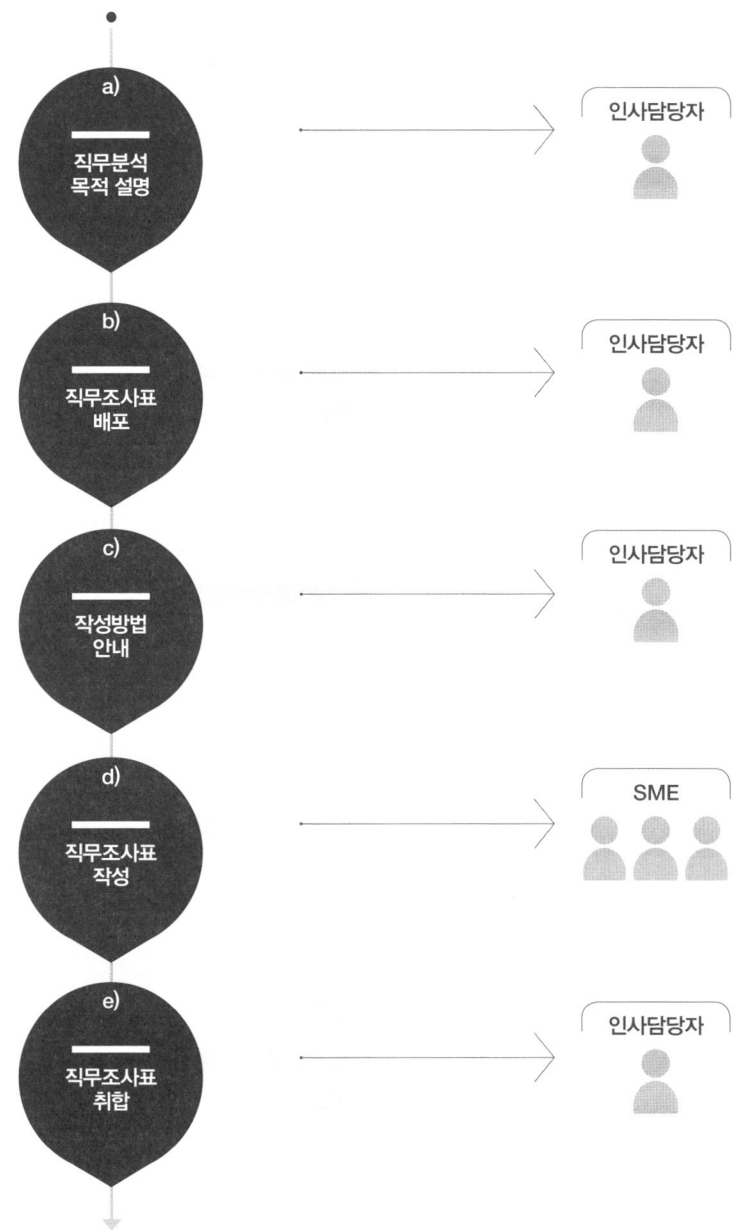

[그림28] SME워크샵 진행 흐름

챕터Ⅲ.를 끝까지 먼저 다 읽으신 후에 다시 이 부분을 읽으시면 훨씬 이해하기가 쉽습니다. 처음 이 워크샵법에 대한 설명을 읽으시면 이해가 잘 안 가실 수 있으니 너무 걱정하지는 마시기 바랍니다.

워크샵법은 직무분석 위원회의 발족식이 끝나면 SME들을 적게는 1~2일 정도 근무에서 Off 시켜 한 자리에 집결시켜 그 자리에서 자신이 수행하는 직무의 성과영향요소들을 도출하도록 유도하는 방법입니다.

워크샵 프로그램의 기획은 다양하게 구축할 수 있으나 일단은 아래와 같은 기본적인 구조로 진행하시는 것이 좋습니다.

a) 직무분석 목적 설명

먼저 각 직무의 대표자인 SME를 한자리에 모아 놓고 직무분석을 실시하는 목적과 취지를 충분히 설명합니다. 보통 근로자들은 직무분석이라는 용어에 심한 반감을 가지고 있습니다. 많은 회사에서 정원산정을 직무분석이란 이름으로 실시하고 있기 때문이죠. 하지만 정확히 이야기하면 정원산정은 '직무분석'은 아닙니다. 정원을 산정하는 기준이 '직무'가 아니라 '개인'이기 때문입니다. 따라서 직무분석이란 표현보다는 개인업무량산정 또는 정원산정이라는 표현이 더 적합합니다.

아무튼 지금까지 이 글을 읽으신 분들은 아시겠지만 '직무분석'은 '정원산정'과 별 상관이 없습니다. 체계적으로 각 직무수행자들의 성과를 관리하기 위한 관리요소를 도출하기 위한 과업임을 SME들에게 명확히 인식시켜주지 않으면 감정적 저항에 직면하게 될 지도 모릅니다. 하여 직무분석이 착수되면 이러한 점들을 부드럽게 인식시켜서 자신의 직무를 적극적으로 분석하

직무명:			성과행동					
			필요역량					

1	2	3	1	2	3	1	2	3
4	A	5	4	B	5	4	C	5
6	7	8	6	7	8	6	7	8
1	2	3	A	B	C	1	2	3
4	D	5	D		E	4	E	5
6	7	8	F	G	H	6	7	8
1	2	3	1	2	3	1	2	3
4	F	5	4	G	5	4	H	5
6	7	8	6	7	8	6	7	8

[그림 29] 성과영향요소분석 Matrix Sheet

1. 직무 개요(Identificationg)

직군명 | 직무명 |

2. 현재 직무 수행자

소속 | 성명 |

3. 직무 목적(Mission)

4. 직무 핵심 성과 및 주요 KPI

핵심성과목표	CSF	주요 KPI

5. 성과행동별 Task Level

성과행동	Task Level

6. 업무전문성 요인(Knowledge & Skill)

Knowledge	Skill

7. 주요업무내용

주요 업무내용	비고

8. 직무 요건(Job Requirement)

요구 학력 | □ 고졸 □ 전문대졸 □ 대졸 □ 대학원졸이상   선호전공 |

요구 경력 | □ 무 □ 1년이상 □ 3년이상 □ 5년이상 □ 10년이**상**

유사업무경험   유사직무

추천 교육과정   권장자격증

[그림27] 직무기술서 양식

고자 하는 긍정적 마인드를 형성시켜줄 필요가 있습니다.

b) 직무조사표 (또는 직무분석표) 및 직무기술서 양식 배포

충분한 목적 설명이 종료되면 본격적으로 워크샵의 본 내용을 진행합니다. 이 워크샵을 통해 각 SME들이 작성해야 할 양식을 배포하면서 지금부터 워크샵이 종결될 때까지 이 양식의 각 항목들을 분석해달라는 주문을 하는 것으로 본 내용을 시작하지요.

이 양식은 크게 직무조사표(성과영향요소분석 Matrix Sheet_그림 29) 그리고 직무기술서 양식(그림 27)으로 구분할 수 있습니다.

먼저 그림 29 성과영향요소분석 Matrix Sheet는 직무기술서 양식을 채워넣기 전, 몸풀기 또는 틀잡기 과정이라고 보시면 됩니다. 대부분의 사람들이 저 Matrix Sheet는 작성하기 조금 쉽게 생각하는 반면 직무기술서 양식은 작성하기 힘들어합니다. 그래서 저 Matrix Sheet에 자신의 (핵심)성과목표를 중심으로 그 성과에 영향을 미치는 요소들을 차근차근(성과목표-)CSF-)성과행동) 도출하도록 한 후 그 내용들을 조금 더 구체화하여 직무기술서에 옮겨 적는 방식으로 직무기술서 작성을 진행하는 것입니다.

c) 작성방법 안내

두개의 양식(1. 성과영향요소분석 Matrix Sheet, 2. 직무기술서 양식)을 배포한 이후 인사담당자는 한자리에 모여 있는 SME들에게 이 두 양식을 작성하는 방법을 안내합니다. 이 두 양식에는 각 직무의 성과에 영향을 미치는 요소들(성과영향요소들)이 작성이 되는 것이니 SME들을 대상으로 성과영향요소란 무엇을

의미하는지에 대한 일종의 강의가 필요합니다. 이 강의를 인사담당자가 하기 어려우면 이 부분만 외부 강사에게 맡기는 것도 좋은 방법일 수 있습니다. SME가 자신의 직무를 분석하면서 도출해야 하는 '성과목표'란 정확히 어떤 개념이고 어떤 방법으로 도출해야 하는 지, 그리고 성과목표를 성공적으로 달성하는데 결정적인 영향을 미치는 핵심성공요인(CSF)이란 무엇이고 어떤 방법으로 도출할 수 있는 지 등, 각 성과영향요인들에 대해 SME가 잘 이해할 수 있도록 설명하고 이를 도출하는 방법을 알려주는 순서입니다. 직무분석 워크샵에서 가장 중요한 순서라고 할 수 있지요. 사실 이 부분을 인사담당자가 직접 진행하는 경우가 많지는 않습니다. 아무래도 내부자이다 보니 SME들이 외부 전문가가 진행하는 것 보다는 덜 신뢰하기 때문이죠. 다소 어려움은 있겠지만 가능하면 우리 인사/교육담당자분들께서 직접 공부하신 후 이 과정을 진행해보시면 개인적으로는 큰 도움이 되실 것 같습니다. (참고: 직접 진행을 어려워하시는 분들을 위해 SME분들을 위한 알기 쉬운 직무분석 설명서/직무기술서 작성 가이드인 '퍼포먼스(2019, 플랜비디자인)'를 출판하였고 또한 직무분석 온라인 퍼실리테이션 플랫폼(www.hrfriend.co.kr)을 개설하였으니 어려움이 있으신 분들께서는 이를 활용하시기 바랍니다.)

 그리고 먼저 Matrix Sheet를 작성한 후 그 내용을 조금 더 구체화하여 직무기술서 양식에 옮겨 적을 수 있도록 안내를 해줍니다. Matrix Sheet는 (핵심)성과목표 하나 당 한 장임에 유의하세요. 만약 성과목표를 3개로 설정했다면 Matrix Sheet도 3장이 됩니다. (Matrix Sheet 한 가운데 성과목표 하나가 들어가니까요.)

d) 직무조사표(성과영향요소분석 Matrix Sheet / 직무기술서 양식) 작성

c) 작성방법 안내의 과정을 통해 SME들이 어느정도 성과영향요인에 대해 개념을 잡았으면 그 다음 단계는 각각의 SME들이 자신의 직무를 분석하여 각 성과영향요인을 먼저 Matrix Sheet에 작성하고 Matrix Sheet의 내용을 더욱 정교화하여 직무기술서에 옮겨 적는 과정을 진행하도록 안내합니다.

  사실 실전에서는 c) 작성방법 안내와 d) 직무조사표 작성의 단계를 동시에 진행하는 경우가 더 많습니다. 그러니까 인사담당자(혹은 외부 전문가)가 성과영향요소의 첫번째 요소인 '성과목표'의 개념과 설정방법을 알려주게 되면 SME는 그 내용을 듣고 자신의 성과영향요소들을 도출합니다. 그리고 이어서 인사담당자가 CSF의 개념과 도출방법을 안내해주면 그 안내에 따라 SME는 자신이 수행하는 직무의 CSF를 도출하는 방식으로 진행하는 경우가 더 많다는 것이지요. 성과목표~KPI까지 설명을 한꺼번에 듣고 이를 잘 기억해 두었다가 나중에 SME가 성과목표~KPI를 한꺼번에 도출하려면 너무 어렵기 때문에 인사담당자(또는 외부전문가)가 성과영향요소 하나에 대해 설명한 후 이에 대해 SME가 자신의 직무에 해당하는 것을 도출하여 작성하고를 반복하는 형태로 진행하는 것이지요.

  Matrix Sheet는 최대한 '구조'와 '흐름'(성과목표-CSF-성과행동-직무역량)에 집중하여 작성하고 직무기술서 양식에는 각 성과영향요소의 정확한 개념과 구체적인 요건들에 맞도록 수정하여 작성하도록 안내를 해줍니다. (다시 말씀드리지만 이 구체적인 요건들은 뒤이어 등장하는 '1. 직무역할 설정하기'~'7. 성과영향요소들의 수준을 객관적으로 알려주는 수치적 지표, KPI 도출하기'에서 소개되므로 지금 단계에서는 이 말이 구체적으로 어떤 말인지 이해가 가지 않을 수도 있습니다. 챕터 Ⅲ를 끝까지 다 읽으신 후 다시 이 부분을 읽어 주시면 훨씬 이해하기가 쉽습니다.)

e) 직무조사표 취합

a) 직무분석 목적 설명~d) 직무조사표 작성의 과정들이 모두 종료되면 인사담당자는 SME들이 작성한 직무조사표를 모두 취합합니다. 이 때 직무기술서는 당연히 취합하는 것이지만 Matrix Sheet도 취합을 해야 합니다. Matrix Sheet는 성과목표 달성에 영향을 미치는 요소들의 '흐름'을 볼 수 있습니다. 하지만 직무기술서 양식은 이 흐름을 찾기가 힘들죠. 그래서 추후에 각 팀장님들께 SME가 작성한 이 직무기술서의 적정성을 검토해 달라고 요청할 필요가 있을 때 '직무기술서' 만 검토하게끔 하는 것이 아니라 그것들이 도출된 '흐름'을 볼 수 있는 Matrix Sheet까지 같이 제공하여 검토할 수 있도록 해야 합니다.

그런데 이 워크샵을 통해서 Matrix Sheet와 직무기술서 양식을 모두 작성하게끔 하는 것은 쉽지 않습니다. 물론 SME 들에게 한 일주일 정도 합숙을 할 수 있는 시간적인 여력을 제공한다면야 어느정도 가능할 수 있겠지만 1~2일 정도의 시간으로는 만만치 않지요.

그리고 이 워크샵법으로 작성된 직무기술서는 '설문법'을 통해서 만들어진 직무기술서에 비해서는 완성도가 높지만, 여전히 각 SME가 자신이 이해하고 있는 수준 내에서 작성한 것이라… SME간 이해의 수준이 다르면 직무기술서 완성도의 수준도 다를 수 밖에 없습니다.

이러한 문제를 보완하기 위한 방법이 있는데 이 방법이 제가 자주 사용하는 '혼합법(워크샵+인터뷰)'입니다.

[그림 30] 혼합법 직무분석 방법

(4) 혼합법(워크샵+인터뷰)

엄밀히 말하자면 혼합법이란 반드시 워크샵과 인터뷰만을 결합하는 방법은 아닐 것입니다. 설문법과 인터뷰법 또는 설문법과 워크샵법을 혼합하여 실시할 수도 있겠지만 워크샵과 인터뷰법을 결합하였을 때가 가장 파워풀하다는 개인의 경험적 판단에 따라 이 방법을 가장 즐겨 사용합니다.

[그림31] Matrix Sheet 구성 흐름

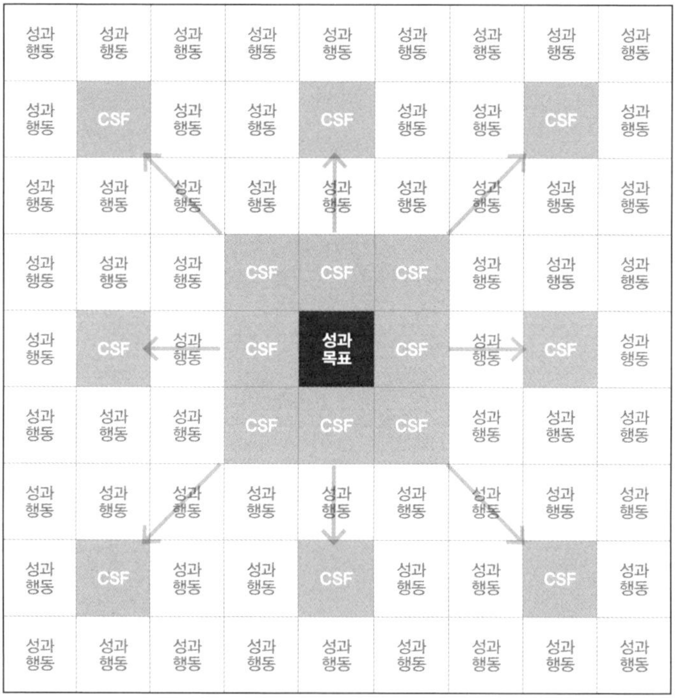

워크샵과 인터뷰가 결합된 혼합법으로 직무분석을 하는 방법은 아래와 같습니다.

a) 먼저 'SME 워크샵'을 실시하여 그 과정 가운데 각 SME들이 자신이 담당하고 있는 직무의 핵심성과목표 달성을 위한 성과영향요인을 도출하여 그림 31같은 Matrix Sheet를 작성하게 합니다.

이 Matrix Sheet를 가장 먼저 작성하는 이유는 보통 SME들이 직무기술서 양식을 제공하고 이를 작성하라고 하면 작성하기 매우 힘들어하는 반면 이 Matrix Sheet를 그리라고 할 경우 비교적 쉽게 접근할 수 있기 때문입니다. 또한 직무분석 워크샵을 실시한다고 하면 근로자 입장에서 불필요한 오해가 있을 수 있는데 이 표는 근로자들이 직무분석에 대해 일반적으로 우려하는 내용이 아님을 즉각적으로 인지할 수 있도록 해주기 때문에 초기 실시가 원활하죠.

물론 이 Matrix Sheet를 그리기 전, Matrix Sheet를 그리는데 있어 필요한 내용에 대해 일정 시간의 교육이 선행되면 더욱 완성도 높은 Matrix Sheet를 그릴 수 있을 것입니다. 따라서 사전에 각 성과영향요소에 대한 설명과 이 Matrix Sheet를 그리는 방법에 대해 어느정도 교육을 실시하는 것이 퀄리티를 높이는 좋은 방법일 수 있습니다.

b) Matrix Sheet 작성이 종료되면 인사담당자는 이를 취합하여 이에 대해 어느정도 파악을 한 후 'SME인터뷰'를 진행하여 작성된 Matrix Sheet를 확인하고 구체화하는 단계를 진행합니다.

아마 많은 분들은 그냥 SME인터뷰를 진행하면 되지 왜 번거롭게 Matrix

Sheet를 먼저 작성하고 인터뷰를 진행하는지 의아하게 생각하는 분들이 계실 것입니다. 그런데 SME인터뷰를 한 번이라도 진행해본 적이 있으신 분들께서는 다들 느끼셨을 것이지만 아무것도 없이 SME와 인터뷰를 진행하는 일은 정말 어렵습니다.

인사담당자가 SME의 업무에 대해 일정 부분 이상의 지식을 보유한 것도 아니고 그의 업무가 어떤 업무들로 구성되어 있는지, 어떤 요소들이 크게 중요한 지 등에 대한 지식이 전무한 상태에서 해당 직무의 각 성과영향요소들을 도출하는 인터뷰는 정말 피를 말립니다. (SME가 하는 말을 이해하기에 급급해집니다. 워낙에 생소한 업무이니까요.)

하지만 인사담당자가 해당 직무의 Matrix Sheet를 사전에 확보하여 이를 면밀히 살펴보면 이 직무가 대략 어떤 성과를 내야 하고 그 성과를 만들어 내기 위해 어떤 것들이 큰 영향을 미치는지 그리고 그것들을 어떤 업무들을 어떤 방식으로 수행함으로써 확보해야 하는지 등의 '흐름'을 파악할 수 있기 때문에 해당 업무에 대한 이해도 빠를 뿐더러 무엇인가 서로 '보면서' 질문과 대답을 할 때가 아무것도 없이 질문과 대답을 해야하는 것 보다 훨씬 더 수월하기 때문에 진행이 훨씬 용이합니다.

그렇다면 이 인터뷰에서 인사담당자는 무엇을 해야 하는지에 대해 말씀 드리겠습니다.

먼저 인사담당자가 SME 인터뷰 이전 워크샵을 통해 만들어진 이 Matrix Sheet의 작성 내용 중에 잘 이해가 안 갔던 부분을 질문하여 확인하고 인사담당자로서 느낄 수 있는 다른 의견을 제시할 수 있는 부분들은 제시하면서 이 Matrix Sheet가 잘 작성이 된 것인지를 이 인터뷰에서 확인해야 합니다.

Matrix Sheet는 '뼈대'이자 성과가 창출되는 '골격'이기 때문에 이 골격이 잘못 설계되면 성과는 만들어지지 않기 때문입니다.

그리고 특히 성과행동같은 경우는 그 용도에 맞도록 적절히 수정을 해야 합니다.

가령 SME가 '건강'이라는 CSF를 확보하기 위해 '운동을 한다'라는 성과행동 상의 행동을 잘 해야 한다고 기록을 했다면 인사담당자는 '이 운동을 한다'라는 성과행동이 성과행동의 요건에 부합하지 않아 활용도가 낮을 수밖에 없으므로 활용도를 높일 수 있는 방식으로 '수정'하기 위한 노력을 해야 합니다.

이 성과행동은 해당 직무를 수행하는 사람들을 '평가'하는 용도로도 추후 활용이 되는데 예를 들어 A라는 사람과 B라는 사람이 있다고 가정합시다. A는 일주일에 3회, 한번 운동 할 때마다 1시간씩 운동을 하는데 B라는 사람은 1년에 1일, 24시간을 운동한다고 한다면 '운동을 한다'라는 성과행동으로 이 두 사람을 평가하였을 때 A도 운동을 한다라는 성과행동에 부합하기 때문에 좋은 평가, B도 운동을 한다라는 성과행동에 부합하기 때문에 좋은 평가를 받아야 합니다. 그런데 1년에 1일, 몰아서 24시간을 운동한다면 절대로 '건강'이란 CSF는 확보할 수 없겠지요. 하지만 단지 '운동을 한다'라고 성과행동을 설정해 놓으면 이런 문제가 발생이 될 수 있습니다.

이러한 문제를 예방하기 위해 성과행동은 반드시 그 행동을 수행하는 '방법'과 '행동방식'이 표현되도록 작성되어야 합니다. 예를 들어 '자신의 몸에 맞는 운동을 찾아 정기적으로 꾸준히 운동을 실시한다' 와 같이 말입니다.

그래야만 1주일에 3회, 한 번에 1시간 운동하는 A는 이 성과행동에 부합하기 때문에 좋은 평가를 주고 1년에 1일, 24시간 운동을 몰아서 하는 B는 이 '정기적으로 꾸준히 운동을 한다'라는 성과행동에 부합하지 않기 때문에 좋은 평가를 받을 수 없도록 제한할 수 있습니다.

이러한 성과행동 도출 시 유의사항 또는 성과행동 도출 방법은 뒤의 Chapter에서 좀 더 구체적으로 설명 드리도록 하겠습니다.

이렇게 워크샵 이후 실시되는 SME인터뷰에서 각 성과영향요인들을 확인하고 '구체화'하는 과업을 수행한 후 인사담당자는 이 Matrix Sheet에는 담겨있지 않은 직무역량과 직무자격 그리고 KPI 등을 도출하여 직무기술서에 그 내용을 기록하게 됩니다.(직무역량은 Matrix Sheet에 포함시켜도 됩니다)

이처럼 인사담당자가 SME 인터뷰를 통하여 Matrix Sheet를 '구체화'하는 작업을 하기 위해서는 각 성과영향요소에 대한 더욱 구체적인 내용들을 알고 있어야만 합니다. 지금부터는 이 성과영향요소에 대한 더욱 구체적인 특성과 이를 어떤 방법으로 도출해야 하는지에 대해 설명 드리도록 하겠습니다.

1

직무역할(Mission) 설정하기

(1) 직무역할(미션)의 정확한 개념 이해

지금부터는 직무분석을 통해 도출해야 하는 각 직무의 성과영향요소에 대한 조금 더 구체적인 특성과 함께 도출 방법을 설명 드리도록 하겠습니다. 직무의 성과영향요소들은 이전에 말씀드린 대로 다음페이지의 그림 32와 같은 것들이 있는데요. 이 요소들을 도출할 때 반드시 이 순서에 의해서 도출함을 기억하시기 바랍니다.

그런데 그림 32에는 이전에는 설명 드리지 않았던 새로운 요소가 하나 보이실 겁니다. 어떤 것이 이전에 설명드리지 않은 새로운 요소일까요?

그렇습니다. 이전에 설명드릴 때는 '미션'에 대해서 언급하지 않았었습니다만 조금 더 구체적인 설명을 드리는 이 챕터에서는 갑자기 '미션'이 직무분석을 실시하면서 가장 먼저 설정해야 하는 요소로 소개되고 있습니다. 원래

미션

성과
목표

CSF

성과
행동

직무
역량

직무
자격

KPI

[그림32]
성과영향요소 흐름 (미션 포함)

는 앞에서 설명을 드릴 때에도 미션을 가장 먼저 설명 드리는 것이 맞지만 보통 사람들이 '성과'로부터 이야기를 시작하는 경우에는 집중력이 높아지는데 '미션'으로부터 이야기를 시작하면 긴장의 끈을 놓는 경우가 많아서 일부러 이 책을 시작하는 부분에서는 '미션'으로부터 이야기를 풀어나가지 않고 '성과'로부터 이야기를 풀어나갔던 것입니다.

많은 분들이 각종 교육을 통해서 미션에 대해 설명을 들으셨을 것으로 생각합니다. 저도 예전에 회사에서 각종 교육들을 받을 때 이 미션과 비전에 대해 많은 교육을 받았던 것으로 기억합니다. 그런데 여러분들께서는 이 미션에 대해 설명을 들으실 때 그 설명이 확 와 닿으시던가요? 미션에 대해 설명을 들으시면서 "아, 저 미션은 내가 일하는데 있어서 혹은 기업 경영에 있어서 정말 엄청 중요한 개념이구나"라는 생각이 드셨습니까?

솔직히 저는 그렇지 않았습니다. 보통 비전과 미션을 묶어서 설명해 주시는데 비전도 잘 와 닿지 않았지만 미션은 특히나 더 와 닿지 않더라구요. 그냥 홈페이지나 회사 사무실 액자에 걸어놓는 소위 말하는 '뽀대나는 문장' 정도로 인식 되었던 것이 사실입니다.

하지만 직무분석을 본격적으로 공부하면서 저의 생각은 완전히 달라졌죠. 미션이라는 것은 각 개인들이 업무를 수행함에 있어(각 직무 미션의 경우) 그리고 회사의 경영에 있어(회사 미션의 경우) 엄청나게 큰 중요성을 가집니다.

그렇다면 왜 이전에는 이 미션이 그냥 단지 '멋진 표현 또는 문장' 정도로 실제로는 그다지 중요하지 않은 개념으로 인식을 했던 것일까요? 이 미션이라는 것의 개념을 잘 설명하기가 참 어렵습니다. 단 몇 문장으로 이 미션의 중요성을 듣는 사람들이 잘 이해할 수 있게 설명하기는 쉽지 않습니다. 그래서 그러한 미완의 설명을 들은 사람들은 미션을 정확히 이해하지 못했고 미션의 정확한 개념을 이해하지 못했기 때문에 미션의 중요성도 와 닿지 않았던 것이지요.

저 또한 이 미션의 올바른 개념을 사람들이 정말 이해하기 쉽게 설명하는 일은 다른 분들과 마찬가지로 쉽지 않습니다만 최대한 여러분들이 이해하기 쉽게 그리고 그 중요성이 여러분들 마음 속에 와 닿을 수 있도록 설명해보도록 하겠습니다. 다만 조금 전에 말씀드린 바와 같이 이 미션이란 개념은 간단하게 설명하기에는 워낙 추상적인 개념이라 조금 추상적으로 설명드릴 수 밖에 없음을 양해 부탁드리고 이 미션은 머리로 이해하기 보다는 마음으로 이해할 수 있도록 노력해주시기를 먼저 당부 드립니다.

이 미션이라는 단어는 영어의 뜻도 있고 불어의 뜻도 있습니다. 영어의 경우는 '임무, 사절단, 전도'라는 뜻으로 사용되고 불어의 경우는 '사명, 역할, 목적'의 뜻으로 사용됩니다. 우리가 경영에서 또는 인사관리에서 사용하는 미션이라는 단어는 영어의 뜻에 가까울까요? 불어의 뜻에 가까울까요?

그렇습니다. 불어의 뜻에 가깝습니다. 물론 이 미션이라 함은 우리나라 말로 '사명, 역할, 목적'이라는 단어만으로는 그 개념을 절대 설명할 수는 없고 단지 비슷한 의미를 가지고 있다 할 수 있을 것입니다.

(직무)미션이라 함은 '각 직무가 우리 회사에 왜 꼭 존재해야 하는지 그 존재이유'를 말합니다. 왜 그 직무가 우리회사에 꼭 있어야 하는가?, 왜 그 직무가 우리 회사에 없으면 안되는가?라는 질문에 대한 대답이라고 보시면 되겠습니다.

| 미션 | 해당 직무가 왜 우리회사에 있어야 하는지 그 존재이유를 구체적으로 표현한 것을 미션이라 함 |

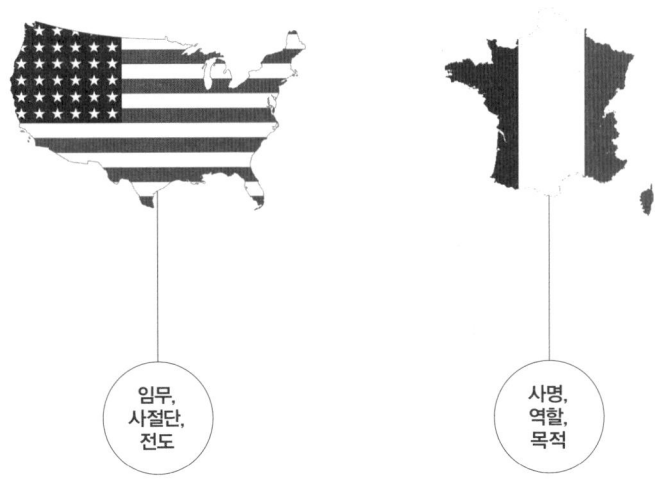

[그림 33] 미션의 사전적 의미

직무뿐 아니라 회사 그리고 (공공)기관도 꼭 존재해야 하는 이유가 있습니다. 미션에 대한 정확한 개념을 잡으시는데 도움이 되도록 미션의 사례들을 좀 소개해드리겠습니다.

다음의 미션은 어떤 기관에 대한 미션일까요?

'대한민국 국민들을 화재의 위험으로부터 보호한다'

그렇습니다. 바로 소방서라는 기관의 미션이죠. 대한민국 국민들을 화재의 위험으로부터 보호해주는 기관, 우리 대한민국이란 조직에 꼭 필요할까요? 아니면 없어도 상관 없을까요? 꼭 필요하겠죠? 우리를 화재의 위험으로부터 보호해주는 기관이 존재하기에 우리가 조금이라도 더 안전하게 삶을 살아갈 수 있겠지요.

'회사의 경영상황을 구체적인 재무수치로 정확히 표현하여 경영진의 올바른 의사결정을 지원한다' 이 미션은 회사의 어떤 일을 하는 직무의 미션일까요?

그렇죠. 재무나 회계 직무의 미션이라고 할 수 있습니다. (회사마다 업무의 특성에 따라 조금 다를 수 있음) 우리 회사에 경영상황을 재무적인 수치로 정확하게 표현하여 경영진에게 이를 제공, 경영진들이 올바른 의사결정을 할 수 있도록 도와주는 직무, 꼭 필요할까요? 아니면 없어도 상관없을까요?

매출은 각 부문에서 얼마나 만들어지고 있는지, 어느 부문에서 손해는 어느정도 나고 있고 재고는 얼마가 남아있으며 신규사업에서는 이익이 나고 있는지 손해가 나고 있는지 등… 이러한 경영상황을 아주 정확히 파악하여 경영진에게 제공하지 못하게 되면 경영진은 잘못된 의사결정을 내림으로써 회사에 큰 위기를 초래할 수도 있겠지요. 이런 직무역할은 회사에 반드시 존재해야 합니다.

이렇게 조직에 꼭 존재해야 하는 그 이유를 설명한 것이 바로 '미션'입니다.

그런데 많은 사람들이 이 '미션'과 '비전'을 혼동합니다. 심지어 비슷한 것이라고 설명하시는 강사분들도 계신데 완전히 다른 개념이죠. 사실 저도 2004년에 모 대학 교수님께 받은 비전과 미션에 대한 교육에서 비전은 가까운 미래의 목표를 말하고 미션은 조금 더 먼 미래의 목표를 말한다고 배웠으니까요. 그렇다면 뭐가 가까운 목표고 뭐가 먼 목표냐… 이 개념이 또 애매 해지죠. 우리는 장차 100년 뒤(아주 먼 미래)에 글로벌 1등 기업이 되겠다는 목표를 설정했다면 우리 회사의 미션은 '글로벌 1등 기업'이 되는 것인가요? 그렇지 않습니다.

미션과 비전의 차이점을 설명함으로써 이 '미션'에 대한 개념을 조금 더 구체적으로 잡아드리도록 하겠습니다. 개그맨이라는 직업을 통해서 말씀을 드리죠.

[그림34] 미션 VS 비전

개그맨

Mission	사람들에게 웃을 수 있는 즐거움을 제공한다
Vision	대한민국 제1의 개그맨 OR 회당 출연료 00원 이상의 유명 개그맨

미션 중심 개그맨   **실력파 개그맨**   비전 중심 개그맨

개그맨이 이 사회라는 조직에 꼭 존재해야 하는 이유는 '사람들에게 웃음을 주기 위함'이죠. 이 힘든 세상을 살아가면서 많은 사람들은 잠시라도 웃고 싶어하기 때문에 이 웃음을 주는 개그맨이라는 직업은 이 세상에 아주 오랜 시간동안 존재해왔고 앞으로도 반드시 존재할 수 밖에 없습니다.

그런데 많은 개그맨들의 비전은 "유재석같은 대한민국 제1의 개그맨이 될 거야!" 라거나 "회당 출연료를 얼마 이상 받는 유명 개그맨이 될거야."와 같은 것들입니다.

그런데 개그맨의 개그를 보는 사람들은 이 개그맨이 '나에게 웃음을 줬으면 좋겠어'에 관심을 가지고 그 개그맨의 개그를 볼까요? 아니면 이 개그맨이 '대한민국 제1의 개그맨이 되었으면 좋겠어'에 관심을 가지고 그 개그맨의 개그를 볼까요? 당연히 저 개그맨에 나에게 웃음을 줬으면 좋겠다라는 쪽에 관심이 있겠죠? 저 개그맨이 앞으로 대한민국 제1의 개그맨이 되건 말건은 큰 관심이 없고 지금 나를 정말 웃겨줬으면 좋겠다는 바람을 가지고 그 개그맨의 개그를 볼 것입니다. 그러니까 대중들은 그 개그맨이 자신의 '미션'을 제대로 이행해 주길 원하는 것이죠.

그리고 그 개그맨이 자신의 미션인 '사람에게 웃음을 제공한다'는 가치를 관객들에게 제대로 전달해주게 되면… (그러니까 사람들을 제대로 웃겨주는 개그맨이라면) 많은 사람들이 그 개그맨의 개그를 보려고 찾아 올 것이고(혹은 많은 방송사가 그 개그맨을 출연시킬 것이고) 사람들에게 웃음을 제공한다는 이 가치를 다른 개그맨들보다 훨씬 더 잘 충족시켜주면(다른 개그맨들보다 더 사람들을 잘 웃기면) '대한민국 제1의 개그맨'이 될 것이라는 비전을 달성할 가능성도 높아지는 것이지요. 사람들을 웃기는 미션을 제대로 충족시켜주지 못하는 개그맨은 대한민국 제1의 개그맨이 된다는 비전을 달성할 가능성도 낮아지는 것 이구요.

어떤 개그맨이 있습니다. 3~4년째 무명 개그맨으로 활동하고 있습니다만 수입이 변변치 않아 오늘을 마지막으로 무대에 서고 내일부터는 다른 일을 찾아볼 생각을 가지고 있습니다. 무대의 막이 오르고 자신이 준비한 개그를 펼칩니다. 관객들은 그 개그맨을 보고 배꼽 빠지게 웃어 댑니다. 개그맨은 무대 위에서 자신의 개그를 보고 너무 즐거워하는 관객들을 보면서 힘이 납니다. '그래… 내가 있어야 할 곳은 바로 여기야!'

돈은 못벌지만(비전) 내 개그를 보고 사람들이 웃는(미션) 이 자체가 즐거워서 개그를 그만두지 않고 일년, 이년… 개그맨 생활을 이어가다 보면 사람들을 웃기는 것에 대한 내공이 쌓일까요? 안 쌓일까요?

사람마다 차이는 있을 수 있겠지만 돈만 보고 중도에 포기하는 사람들보다는 내공이 쌓일 가능성이 높겠죠? 그래서 사람들에게 웃음을 주는 그 자체가 좋아서 계속 개그맨 생활을 하다 보면..점점 내공이 쌓여서 대한민국 제1의 개그맨이 될 가능성도 생기고 유명해지기도 하지요. 대부분의 '실력파' 연예인들은 미션 중심의 연예인들일까요? 비전 중심의 연예인들일까요? 그렇습니다. 미션 중심의 연예인들이죠. 그래서 대부분의 실력파는 상당히 오랜 시간의 무명생활을 겪습니다. 그 인고의 시간을 거쳐서 내공이 쌓여 자신이 하는 일의 미션 가치를 사람들에게 제대로 충족시켜줄 수 있는 능력을 보유하게 되는 것이고 그 결과 실력파 연예인으로 인정받기도 하고 유명해지기도 하는 것이죠.

혹시 여러분들은 과거에 이런 말을 들어 보신 적이 있으신가요?

"돈을 벌고 싶거든 절대 네가 돈을 쫓아가지 말고 돈이 널 쫓아오게끔 해라!"

이 말을 듣고 나서 꽤 오랜 시간이 지날 때까지도 저는 이 말이 뭘 뜻하는지 알 수 없었습니다. 그냥 누가 멋있어 보이려고 속빈 강정같은 말을 만들어낸 것이라고 생각했죠.

그런데 직무분석을 본격적으로 공부하면서 특히 이 미션에 대해 집중적으로 공부를 하면서 그 말의 뜻을 깨닫게 되었습니다.

그러니까 존재해야 하는 그 이유, 그 가치를 잘 충족시켜주는데 집중하면 돈(비전)은 따라오는 것이라는 뜻이지요. 개그맨의 예를 통해서 말씀드리면 개그맨이 출연료를 많이 받는 유명 개그맨이 되는 것에만 관심을 가지고 그것을 쫓는데 급급한 개그맨이 아니라 사람들을 웃기기 위해서 노력하고 그것에 집중해서 제대로 사람들을 웃겨준다면, 유명 개그맨이라는 결과는 따라오는 것이죠. 선후가 바뀌면 자칫 본질이 흐려질 수 있다는 겁니다. 정치인이 국정을 잘 운영하면 지지율이 높아지는데 지지율만 쫓다 보면 언론을 통제하거나, 반대세력들을 숙청하거나 하는 등 본말이 전도될 수 있듯이 말이지요.

마지막으로 보험 컨설턴트(영업사원) 직무의 예를 들어서 미션에 대해 다시 한 번 개념을 정립해드리도록 하겠습니다.

[그림35] 미션과 비전의 차이

보험 Sales Consultant

Mission — 미래에 고객들에게 찾아올 수 있는 재정적 위험을 감소시킬 수 있도록 돕는다

- 많은 사람들이 원하는 가치–많은 사람들이 원하기 때문에 이 가치를 잘 충족시키면 돈은 따라오는 것
- 일희일비하지 않고 꾸준히 나의 일을 할 수 있도록 만들어줌 / 시장에서의 Positioning

Vision — 대한민국 제1의 보험 판매왕
10년 연속 우수판매사 등…

- 이러한 미션 Boundary 안에서 내가 원하는 성과–내가 원하는 것이기 때문에 더 큰 동기부여를 유발
- 하지만 내 위치가 목표에서 멀어지면 이 일을 하는 의미를 찾을 수 없음

보험영업사원들이 이 세상에 존재하는 이유(미션)는 '고객들이 미래에 겪을 수 있는 재정적 위험을 줄일 수 있도록 돕기 위해' 이 세상에 존재하는 것이죠. 우리가 앞으로 몇 십년 뒤에 큰 병에 걸리거나 하면 목돈이 훅 들어가기 때문에 재정적인 위험에 처하게 될 수도 있는데 이 때 보험금을 받아서 치료비로 사용함으로써 재정적 위험을 줄일 수 있는 것이지요. 보험 영업사원들은 우리가 이런 위험에 빠지지 않도록 도와주는 일을 합니다.

그리고 많은 보험 영업사원들은 '대한민국 제1의 보험왕' 또는 '10년 연속

우수판매사원' 등을 목표로 활동하고 있습니다.

고객들은 나를 관리하는 보험 영업사원이 '내 미래에 찾아올 수 있는 재정적 위험을 잘 감소시켜주는데' 관심이 있을까요? 아니면 이 보험 영업사원이 '판매왕이 되는지 못되는지'에 관심이 있을까요? 대부분의 고객들은 보험 영업사원이 판매왕이 되건 안되건 큰 관심은 없습니다. 하지만 이 보험 영업사원이 내 미래에 찾아올 수 있는 재정적 위험을 잘 감소시켜줄 수 있을까 없을까에는 엄청난 관심을 가지고 있지요.

어떤 보험 영업사원이 고객들에게 찾아올 수 있는 미래의 재정적 위험을 감소시키는 역할을 정말 잘한다고 소문이 나면, 많은 사람들이 다른 영업사원보다 그 영업사원에게 보험을 가입하려고 할 것입니다. 그렇게 되면 그 영업사원은 판매왕이란 비전에 한걸음 더 다가갈 수 있겠지요? 물론 그 역할을 제대로 하지 못하면서도 비전을 달성할 수도 있을 수 있습니다. 가령 보험 영업사원이 고객들의 재정적 위험을 감소시키는 일은 등한시 하면서도 돌려막기로 상품을 가입하거나 사람들에게 상품을 속여서 가입시킴으로써 일시적으로 비전에 가까워질 수는 있겠죠. 하지만 이런 경우는 그 비전은 달성이 아닌 몰락의 전초가 될 것입니다.

모든 직업, 직무 그리고 조직은 자신의 '미션'을 충실히 이행함으로써 그 비전을 달성해야만 합니다. 미션 없는 비전달성은 위험한 것이지요.

따라서 이 미션이라 함은 우리가 어떤 가치를 다른 어떤 것들보다도 우선시해야 할 것인가, 우리가 무엇에 집중해야 할 것인가 그 기준을 알려줍니다.

그런데 이 직무를 수행하는 당사자는 미션에 더 큰 관심이 있을까요? 비전에 더 큰 관심이 있을까요? 아무래도 미션보다는 비전에 더 큰 관심이 있을 수 밖에는 없겠지요. 그래서 비전을 통해서 '동기부여'를 촉진하는 것입니다. 대부분의 조직이 미션과 비전 이 두가지를 모두 설정해서 경영활동을 하는데요 이 두가지를 함께 설정해서 관리하는 이유가 바로 그것이죠. 남 좋은 일만 함으로써 동기부여가 되는 사람들도 있지만 많은 사람들은 남 좋은 일을 함으로써 나도 좋아져야 더 많은 동기부여가 가능합니다. 그렇기 때문에 나에게 동기부여가 되는 '비전'을 설정함으로써 그 미션의 가치를 더욱 충실히 제공할 수 있도록 하는 동력으로 삼는 것이지요.

교회의 미션은 예수님의 사랑을 이 세상에 널리 전파하는 것입니다.

저는 크리스천으로서 교회가 최근 사회의 지탄을 많이 받고 있는 것에 대해 화도 나고 자책도 하고 여러가지 감정을 갖고 있는데요. 교회가 많은 사람들의 지탄을 받는 데에는 여러가지 이유가 있겠지만 이 '예수님의 사랑을 세상에 전파한다'는 미션에 대한 역할이 많이 약화되었기 때문이 아닌가 생각하고 있습니다. 그러니까 무엇이 옳고 그른지(특히 정치사회적으로) 밝히고 주장하는데는 많은 노력을 기울이는데 그것보다 훨씬 중요한 교회의 존재 이유인 예수님의 사랑을 전파하는 데에는 무엇이 옳고 그른지를 밝히고 알리려는 노력과 활동보다 덜 힘을 쓰고 있기 때문이 아닌가… 생각하고 있습니다. 십만 교인을 확보한다는 비전도 그 미션(예수님의 사랑을 전파한다)는 미션을 충실히 이행함으로써 그 비전을 달성해야 하는 것인데 미션에 대한 관심보다 비전에 대한 관심이 더 크지 않았을까… 안타까워하는 것이죠.

우리 회사에서 각 직무를 담당하고 있는 사람들도 자신의 직무상 목표를 달성하는 것도 중요하지만 그것에 선행하여 자신이 담당하고 있는 직무가 회사에 반드시 존재해야 하는 그 이유를 충실히 충족시켜주는 것, 해당 직무의 역할을 잘 이행하는 것이 더욱 중요합니다. 그렇기 위해서는 이 직무분석의 과정을 통해 각 직무의 미션을 명확히 설정하고 해당 직무수행자들이 자신의 미션을 정확히 이해하고 일을 할 수 있도록 관리해주어야 합니다.

그렇다면 이 미션을 어떤 방법으로 설정할 수 있을까요? 지금부터는 각 직무의 미션을 설정하는 방법을 설명 드리도록 하겠습니다.

(2) 직무역할(Mission)의 기능 및 조직관리에의 필요성

미션을 제대로 설정하기 위해서는 먼저 이 미션이 조직의 관리 또는 성과관리에 어떻게 활용되는지를 이해하는 것이 좋습니다. 미션이라고 하는 것은 조직을 관리함에 있어 어떤 기능을 하는가? 예를 들어 설명 드리겠습니다.

책을 읽으시는 모든 분들께서 이해하기 쉬운 조직을 예로 들어 설명 드리기 위해 아버지 직무, 어머니 직무 그리고 아들 직무로 구성되어 있는 '가정(Family)'이라는 조직을 생각해보겠습니다. (물론 아버지, 어머니, 아들은 직무가 아닙니다만 미션의 기능을 이해하기 쉽게 설명 드리기 위해 직무라고 명명하였을 뿐입니다.)

이 가정(Family)에서 아버지의 미션은 '가정의 중심으로 가정의 경제적 안정을 위한 재원을 마련한다.'입니다. (이것은 제가 임의로 설정한 아버지의 미션입니다. 모든 가정의 아버지의 미션이 이와 같지는 않습니다. 동일한 직무라고 하더라도 조직의 상황 및 문화 등에 따라 미션은 달라집니다. 예를 들어 '만수르'와 같은 아버지는 '경제적 안정을 위한 재원을 마련'하는 미션은 아니겠죠. 우리들과는 차원이 다른 미션이 있을 것입니다.)

그리고 이 가정에서 어머니의 미션은 '가정경제가 원활히 운영될 수 있도록 적절하게 지출하고 자녀를 관리한다.'로 설정하였습니다. 마찬가지로 제가 임의로 설정한 어머니의 미션일 뿐입니다.

마지막으로 이 가정에서 아들 직무의 존재 이유는 '가정의 30년 이후의 미래를 준비하고 부모님의 어려움을 지원하기 위함'입니다. 어머니, 아버지가 나이가 들게 되면 더 이상 경제활동 등이 어려워지니 한 30~40년 정도 이후에는 아들이 가정경제의 주체가 되어야 하므로 이를 미리 준비하는 역할을 하는 것이지요.

[그림36] 업무분장의 기준으로써의 미션의 기능

이러한 각자의 미션이 설정된 가정에서 어느날 어머니가 밥을 하러 부엌에 들어가 쌀독 문을 열었습니다. 그런데 그만 집에 쌀이 한 톨도 없는 겁니다. 쌀을 살 돈이 없는 거죠. 그래서 어머니가 안방 문을 열고 티비를 보고 있는 아버지와 아들에게 이렇게 말을 합니다.

"우리 집에 쌀이 다 떨어졌어요……"

그러면 이 가정에서는 누가 쌀을 사오거나 돈을 구해와야 할까요?

그렇죠. 아버지가 구해와야 합니다. 왜 그렇죠?

아버지가 이 가정에 존재해야 하는 이유가 경제적인 안정을 위한 재원을 벌어오는 것이기 때문이죠. 어머니가 쌀이 떨어졌다고 말하면 이 말을 들은 아버지와 아들이 서로 가위바위보를 해서 진 사람이 다녀오는 것이 아니라 그 말을 듣자 마자 아버지가 자리에서 일어나면서 "내가 저 아랫집에 가서 쌀 좀 구해오리다…"하고 말하며 집을 나가야 한다는 것이죠. 그것이 이 집에서 아버지라는 존재가 꼭 있어야 하는 이유이니까요. 그렇지 않으면 아버지로서 존재 이유를 충족시키지 못하는 것입니다.

그리고 어느 날 아들이 학교에서 돌아오면서 부모님들께 이렇게 말을 합니다.

"학교에서 선생님이 부모님 모셔 오래요."

그럼 누가 다음날 학교에 가서 선생님을 만나야 할까요?

그렇습니다. 어머니가 가야하겠지요? 왜 그럴까요?

어머니가 이 집에 존재해야 하는 이유 중 하나가 바로 '자녀를 관리한다'이기 때문입니다. 자녀관리와 관련된 일이 발생되면 아버지와 어머니가 서로 당신이 하라고 싸우는 것이 아니라 어머니가 그 일을 신속하게 처리해야 하는 것이죠.

마지막으로 가정에서 아버지가 허리를 다쳤습니다. 그러한 상황이 발생되면 그 때부터는 누가 돈을 벌어와야 할까요?

그렇죠. 그 때부터는 '아들'이 아버지를 대신해서 돈을 벌어와야 합니다. 아들이 이 조직(가정)에 존재해야 하는 이유 중 하나가 '부모님의 어려움을 지원함'이기 때문에 부모님께 어려움이 생겼을 때는 자동적으로 아들이 그 어려움을 지원하기 위한 일을 신속히 커버해야 하는 것이지요.

이처럼 '미션'은 어떤 상황이 발생되거나 어떤 일을 누군가 해야할 때 그 일을 '누가'해야할 지를 알려주는 기준'이 됩니다. 회사에서 새로운 일을 누군가 해야할 때 그 일을 과연 누구에게 맡기면 좋을 지, 업무분장의 기준이 된다는 것입니다. 신속을 중요하게 생각하는 이 스피드 경영 시대에 어떤 업무를 누구에게 시켜야 할 지 경영자가 또는 관리자가 지시하기 전에 빠르게 업무 담당자가 처리를 하는 것이 중요한데 그 일을 과연 어떤 팀이 처리해야 할 지 또는 어떤 업무 담당자가 처리해야할 지를 판단하는 기준으로 이 미션이 작용을 한다는 것이지요.

그런데 업무분장의 기준으로 미션이 기능함에 있어서는 반드시 '맥락'을 읽어야 합니다. 그러니까 이것이 무슨 말인지 설명하기 위해서 아까 저 위에 어머니가 밥을 하러 부엌에 들어갔을 때의 예를 다시 들어 보도록 하겠습니다. 아까 전에는 쌀이 떨어진 이 상황을 처리하기 위해서 누가 움직였었나요? 아버지가 움직였죠? 자 그런데 그 맥락에 조금 변화를 주도록 하겠습니다.

어머니가 밥을 하러 부엌에 들어갔습니다. 쌀 독을 열었는데 쌀이 한 톨도 없네요. 어머니가 생각합니다. "아차! 아까 마트에 갔을 때 쌀을 사왔어야

[그림37] 미션은 어디에 활용되는가?

> 누가 업무를 지시하거나 세세하게 업무를 정해놓지 않아도
> 어떤 사람이(부서가) 처리해야 하는 상황인지 판단할 수 있음

업무분장에 활용

회사에서 벌어지는 업무
상황과 Mission을 매칭

목표설정에 활용

홍보직무 담당자의
목표설정 사례
ex) 홍보비 절감율

했는데 깜빡했네!! 내 정신 좀 봐…"

아까와 똑같이 안방 문을 열고 티비를 보고있는 아버지와 아들에게 이렇게 말을 합니다.

"집에 쌀이 떨어졌네요…"

이럴 경우에는 누가 쌀을 사러 가야하죠?

그렇습니다. 아들이 가야하겠죠? 조금 전에는 똑같은 상황에서 아버지가 쌀을 구하러 다녀왔었는데 지금은 아들이 가야합니다. 왜 그렇겠습니까?

지금은 집에 돈이 하나도 없어서 쌀이 없는게 아니라 어머니가 깜빡하고

쌀을 안 사와서 누군가가 쌀을 사러(혹은 구하러) 다녀와야 하는 '심부름'의 차원인 것이죠. 그러니까 어머니의 어려움을 지원하는 맥락에서 쌀을 구하러 다녀오는 것이니 이것은 아들이 갔다 와야 하는 것입니다.

이렇게 상황의 맥락을 읽어서 업무를 분장하는 것이 중요하다는 점을 반드시 기억하시기 바랍니다.

그리고 이 미션은 각 직무(또는 부서)가 성과목표를 설정하는 기준으로서의 기능을 하게 됩니다.

이것을 설명 드리기 위해 과거의 경험을 좀 말씀 드려야 할 것 같네요. 과거에 직장생활을 할 때 한 회사의 전략기획실에서 일을 한 적이 있습니다. 그 때 제가 담당했던 업무 중 하나는 각 팀장들이 MBO 목표설정을 한 것을 취합하여 검토하고 피드백을 하는 일이었었는데요 그 때 홍보팀장님께서 제출하셨던 목표의 사례를 좀 말씀드리도록 하겠습니다.

홍보팀장님께서는 홍보팀의 목표 중 가장 큰 비중의 목표로 '홍보비 절감율'이라는 목표를 제출하셨습니다. 저는 그 목표를 수락하였을까요? 반려하였을까요? 눈치 빠른 분들은 이미 질문의 의도를 파악하셨겠지만 '반려'하였습니다.

사실 이런 유형의 목표 또는 KPI는 아주 흔한 경우 아니겠습니까? 왜 저는 이 목표를 반려하였을까요?

당시 저희 회사는 화장품을 제조, 판매하는 회사였고 회사에서 홍보팀의 존재이유(미션)는 대부분의 회사가 그러하듯 '회사 그리고 회사의 제품에 대한 인지도를 높이고 긍정적 이미지를 시장에 형성하는 것'이죠. 그런데 제가 홍보팀장님께서 제출하신 '홍보비 절감율'이란 KPI를 수락하는 순간, 홍보팀장님께서는…

더 좋은 평가를 받기 위해 당시 저희 회사 모델로 활동하던 '조인성'을 모델에서 빼고 아무도 모르는 낮은 모델료의 연예인으로 교체할 것입니다. 그리고 티비, 극장, 라디오 및 잡지 등에 광고를 내보내던 것을 광고비가 비싼 티비, 극장, 라디오는 다 빼버리고 사람들이 잘 안보는 저렴한 광고비의 잡지에만 광고를 내보내겠죠. 그렇게 해서 광고비를 지난해에 비해 크게 절감하면 홍보팀장님은 아주 좋은 평가를 받고 연봉도 올라가겠죠.

그런데 홍보팀장님이 이렇게 하시면 '우리 회사와 회사 제품에 대한 인지도를 높이고 긍정적 이미지를 형성'한다는 홍보팀의 존재이유를 잘 충족시킬 수 있을까요? 그렇지 않겠죠? 사람들은 점점 우리 회사와 우리 회사 제품을 잊어갈 것이고 싸구려 이미지가 심어질 가능성이 높을 것입니다.' 그러니까 홍보팀의 미션을 충실히 이행하지 못하게 되는 것이고 홍보비 얼마 절감했다고 해서 회사에서도 환영할 만한 일이냐 하면 그렇지도 않다는 것이죠.

회사가 홍보팀에게 기대한 역할은 인지도와 이미지를 높이는 것을 기대했는데 그것은 제대로 못하면서 비용만 절감했다고 하면 회사 입장에서도 치명타를 입게 되는 것입니다.

이렇게 각 팀 또는 각 직무의 미션 범위 내의 성과목표가 아닌 엉뚱한 성과목표를 설정하게 되면 조직 전체 차원에서 큰 문제가 발생될 수 있으므로 핵심성과목표는 가급적 '미션'범위 내의 성과목표를 설정하는 것을 권장합니다. (전략적 이유로 회사로부터 주어지는 별도의 목표가 있을 수는 있습니다.)

물론 회사가 위기상황이라거나 특별한 이유가 있을 경우에는 비용절감율과 같은 KPI를 설정하는 것을 방치하거나 권장할 수도 있겠지만 그렇지 않은 일반적인 상황에서는 인사담당자는 사람들이 가급적 미션 범주 내의 성과목표를 설정하도록 안내해야 합니다.

그럼 이제 본격적으로 이 미션을 설정하는 방법을 소개해드리도록 하겠습니다.

(3) 직무역할(Mission)의 설정방법

조금 전 말씀드린 바와 같이 직무의 미션은 업무분장과 목표설정 등의 기준이 됩니다. 그러니까 그 미션 범위 내의 업무가 주어져야 하는 것이고 그 '범위' 내의 목표가 설정되어야 한다는 것이지요. 여기서 관심을 두어야 할 키워드 중 하나는 바로 '범위'입니다. 범위라는 것은 아주 좁은 영역일까요? 아니면 포괄적인 영역일까요? 포괄적이어야 하겠죠? 그래서 너무 세부적인 미션보다는 어느정도 넓은 의미를 갖고있는 미션으로 설정하는 것이 바람직하다 할 수 있겠습니다.

이 미션을 설정하는 것 역시 설문법, 인터뷰법 또는 워크샵법 등 다양한 방법으로 도출할 수 있습니다. 설문법은 문서로 질문하면서 미션을 설정하는 방법이고 인터뷰법은 구두로 질문하면서 미션을 설정하는 방법, 그리고 워크샵법은 SME를 모아 놓고 문서를 배포한 후 전체에게 구두로 질문하면서 미션을 설정하는 방법이라고 할 수 있는 것이죠. 인사담당자가 SME에게 질문을 하면서 설정한다는 것은 어떤 방법이든 모두 동일합니다. 이 책에서는 '인터뷰법'을 전제로 미션 설정 방법을 설명해드리고자 하며 어떤 직무의 SME로부터 해당 직무의 미션을 설정했던 '사례'를 소개함으로써 과연 미션을 설정하기 위해서는 어떤 질문들을 SME에게 해야 하는지 설명을 드리도록 하겠습니다.

[그림38] 직무 미션 설정을 위한 인터뷰 사례

가. 현재 수행하고 있는 업무를 필요로 하는 가장 중요한 이해관계자는 누구입니까? (1개 or 2개)
　　병동에 입원해 있는 환자들

나. 그 이해관계자가 내 업무를 통해 어떤 가치를 가장 원하고 있습니까?
　　고통과 불편 감소

다. 그러한 가치를 제대로 제공해줄 경우 우리 회사에 어떤 좋은 점들이 발생될 수 있습니까?
　　환자 치료효과 향상 / 환자 만족도 증대

↓

입원 환자들의 고통과 불편을 감소시킴으로써
치료효과와 환자들의 만족도를 향상시킨다

위의 그림을 보시면서 다음의 글을 읽어주세요.

가. 먼저 해당 직무를 '가장' 필요로 하는 이해관계자는 누구인지를 질문합니다.

SME가 수행하고 있는 직무를 '가장' 필요로 하고 또 해당 직무를 수행하는 사람들이 업무 수행 중 '가장' 많이 신경 써야 하는 이해관계자는 누구인지를 질문하는 것 입니다.

사례의 케이스에서 SME로 선정된 분은 이 질문에 대해서 '병동에 입원해 있는 환자'가 가장 중요한 이해관계자라고 응답하였습니다. 물론 이 외에도 다른 이해관계자들이 본인의 직무를 필요로 하지만 그 가운데 가장 크게 고려해야 하는 이해관계자가 '병동에 입원해 있는 환자들'이라고 판단하였습니다.

마찬가지로 여러분들도 질문을 할 때 '가장' 중요한 이해관계자를 1~2개만 선정할 수 있도록 안내해야 합니다. '근본적으로' 이 직무가 누구를 위해 존재하는 지를 파악하는 것입니다. 여기서 이해관계자는 반드시 사람이어야 하는 것은 아닙니다. 고용노동부와 같은 외부 관청이 주요 이해관계자인 직무도 있고 회사 그 자체가 주요 이해관계자인 직무도 있습니다. (많은 경우 '지원'부서는 회사 그 자체가 이해관계자이기도 합니다.)

그리고 이해관계자는 가급적 '실제'의 모습을 냉정하게 담아야 합니다. 예를 들어 어느 회사의 인사부서는 '직원들이 더 일하기 좋은 근무환경을 조성하는 것'이 미션인 회사도 있습니다. (핵심 이해관계자가 '직원') 그런데 어느 회사의 경우는 'CEO의 계획에 따라 전직원이 일사불란하게 움직이도록 하는 것'이 인사부서의 미션인 경우도 있습니다. (핵심 이해관계자가 'CEO') 보통 보수적 문화의 회사들이 인사부서가 후자의 미션을 가지게 되는 경우가 많겠죠.

그런데 후자의 경우에 해당하는 회사인데 인사부서가 부서원들의 '이상'을 담아 전자와 같은 인사부서의 미션을 설정했다고 가정합시다. 그러면 CEO는 늘 인사부서가 자기의 역할을 못한다고 답답해 할 것입니다.

"왜 쟤들은 저렇게 쓸데 없는 일들만 하는지 원… 답답하구만… "

CEO가 인사부서에게 기대하는 역할이 이러한데 인사부서가 이상을 쫓아가는 것은 쉽지 않습니다. 아무리 일해도 인정받지 못하겠죠. CEO는 전혀 다른 역할을 기대하고 있으니 말이죠. 그래서 CEO와 논의하여 CEO의 공식적인 승인을 받기 전에는 현실을 냉정하게 담아야 합니다.

나. 이어 두번째 질문을 하는데 두 번째 질문은 '그들이 (조금 전 대답한 가장 중요한 이해관계자) SME가 수행하는 업무를 통해 얻고자 하는 가장 중요한 가치는 무엇인지, 핵심 이해관계자들이 가장 원하는 가치에 대해 질문을 합니다.

그림 38의 사례에서 응답자(SME)는 이렇게 질문에 대답하였습니다.

"병동에 입원해 있는 환자들(가장 중요한 이해관계자)은 나의 업무를 통해 그들이 느끼고 있는 고통과 입원 중에 느끼는 각종 불편을 줄이기를 가장 원하고 있습니다."

이런 응답을 할 때도 가령 "주사를 안 아프게 놓아주기를 원하죠." 또는 "수술한 자리가 아플 때 바로 처치해주기를 원하죠."와 같이 아주 세부적인 응답을 할 수도 있는데 이것을 그대로 미션에 담게 되면 이런 형태가 될 수 있겠죠. (OOO 직무는 병동에 입원해 있는 환자들이 아프지 않은 주사를 맞도록 하기 위해 존재합니다.)

하지만 조금 전 말씀드린 바와 같이 미션이라 함은 업무의 '범위'이기 때문에 '어느정도' 포괄적인 의미를 담을 수 있도록 해야합니다. 따라서 SME가 이렇게 너무 지엽적인 응답을 할 경우에는 그 의미를 잘 파악하여 비교적 포괄적인 표현으로 바꾸어 줄 필요가 있습니다.

(직무의) 미션이라 함은 '이 직무가 왜 우리 조직에 꼭 존재해야 하는지 그 존재이유'를 말하는 것이니 조직의 관점에서 이 직무를 왜 필요로 하는지가 Mission Statement에 표현이 되어야 합니다. 따라서 다음과 같은 질문을 SME에게 실시할 수 있습니다.

다. "당신이 병동에 입원해있는 환자(핵심 이해관계자)들에게 고통과 불편을 감소(핵심 이해관계자들이 가장 원하는 가치)시켜주는 일을 잘 했을 때 우리 병원(조직)에는 어떤 좋은 점들이 있을 수 있겠습니까?

사례의 SME는 이 질문에 대해 다음과 같은 대답을 하였습니다.

"제가 병동에 입원해 있는 환자들에게 그들의 고통과 불편을 잘 감소시켜주게 되면 당연히 그들에 대한 치료 효과가 높아져서 저희 병원에 대한 환자들의 만족도가 높아지겠죠."

이러한 응답을 했다면 가.~다. 의 질문에 대한 응답의 핵심 키워드를 통해 문장을 만들어냅니다.(다음페이지 그림 38 참조)

사례의 경우는 "입원 환자들의 고통과 불편을 감소시킴으로써 그들에 대한 치료 효과와 환자들의 만족도를 제고한다."로 정리를 하였네요. 그렇다면 이 직무는 과연 어떤 직무일까요? 한 번 맞춰보시기 바랍니다.

그렇습니다. 간호사 직무죠. 구체적으로 말씀드리자면 '병동 간호사'직무입니다.

[그림38] 직무 미션 설정을 위한 인터뷰 사례

Q   **A**

가. 현재 수행하고 있는 업무를 필요로 하는 가장 중요한 이해관계자는 누구입니까? (1개 or 2개)   **병동에 입원해 있는 환자들**

나. 그 이해관계자가 내 업무를 통해 어떤 가치를 가장 원하고 있습니까?   **고통과 불편 감소**

다. 그러한 가치를 제대로 제공해줄 경우 우리 회사에 어떤 좋은 점들이 발생될 수 있습니까?   **환자 치료효과 향상 / 환자 만족도 증대**

↓

입원 환자들의 고통과 불편을 감소시킴으로써 치료효과와 환자들의 만족도를 향상시킨다

간호사라고 해서 다 똑같은 간호사가 아닙니다. 병동 간호사는 위의 사례처럼 병원에 입원해있는 환자들을 케어하는 일들을 수행하는 반면 외래 간호사는 입원환자가 아닌 외래 환자들의 진료 프로세스를 안내하는 일들을 수행합니다. 완전 다른 직무죠. 같은 자격증이 있고 같은 명칭으로 불리워도 실제 하는 업무에 따라 다른 직무로 분류될 수 있음에 유의해야 합니다. 여러분들의 회사에도 이런 경우들이 충분히 있을 수 있으니까요. 예를 들어 '연구원'이라고 불리워도 실제 '연구행위'를 중심으로 하는 연구원들과 '행정업무'들을 중심으로 하는 연구원들과는 다른 직무라고 분류해야 합니다. 그들의 창출해야 하는 성과도 다르고 성과가 다르기 때문에 성과에 영향을 미치는 요소들도 다르므로 같은 직무라고 볼 수 없는 것입니다. (같은 직무라면 성과목표도 유사하고 성과에 영향을 미치는 요소들도 유사해야 합니다.)

이상의 방법으로 여러분들의 회사에 있는 각 직무들의 미션을 정리한 후에는 각 직무들의 미션들을 전체적으로 검토해 보시기 바랍니다.

[그림 39] 직무미션 설정을 통한 정확한 역할배분

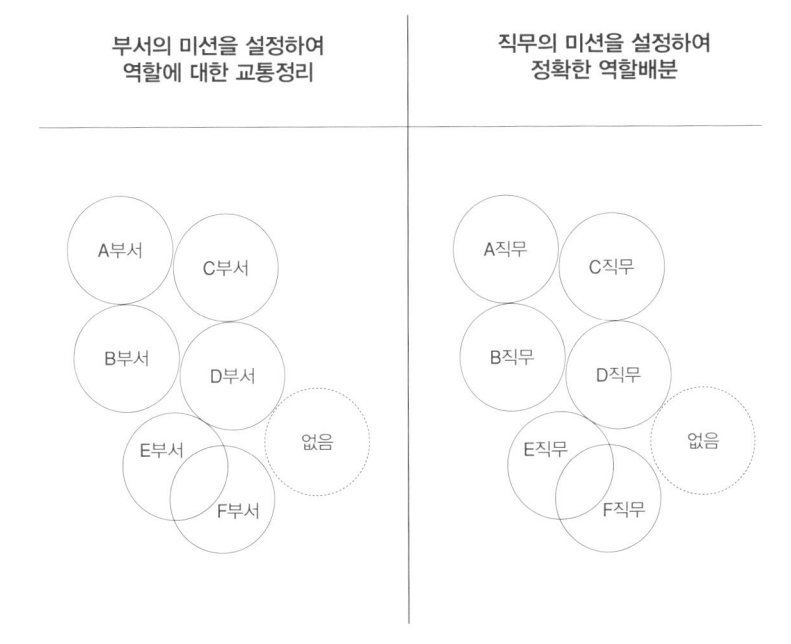

각 직무의 미션을 앞의 그림 39와 같이 전체적으로 조망해보면 이러한 경우들이 분명히 존재합니다.

가. 어떤 직무의 미션과 어떤 직무의 미션이 서로 크게 중복되는 경우 (앞 그림에서 E직무와 F직무와 같은 경우)

이러한 경우 어떤 일들이 벌어질 가능성이 높겠습니까?

E직무와 F직무가 사이가 정말 안좋을 가능성이 매우 높습니다. 서로 업무를 미루거나, 서로 업무에 대해서 참견하거나, 책임 전가를 하거나 아니면 둘 다 일을 안하거나(다른 사람이 일을 할 것으로 생각해서)… 이와 같은 이유로 서로 관계가 안좋을 뿐 아니라 일의 책임소재도 불분명하여 좋은 성과가 나지 않습니다.

이럴 경우는 서로 같은 직무로 묶어서 공동운명체로 협업을 하도록 하거나 아니면 각 직무의 미션을 분리해주는 작업이 필요합니다.

직무에서만 그런 것이 아니라 팀의 미션을 설정하면 이와 동일한 경우들이 있을 것입니다. 마찬가지로 팀 간에 서로 업무를 미루거나 아니면 둘 다 그 일을 하고 있거나… 하는 비효율의 문제와 업무성과의 문제가 발생되는 것이죠.

나. 또 어떤 경우는 어떤 영역이 회사의 전체적 성과를 위해 굉장히 중요한데 그 영역을 커버하는 팀이나 직무가 없는 경우를 발견할 때도 있습니다.

(그림 39의 '없음'에 해당)

이런 경우를 발견하게 되면 새로운 직무를 신설하여 그 영역을 커버하도록 미션을 부여하거나 아니면 그 영역과 가장 밀접한 미션을 가지고 있는 직무에게 그 영역까지 커버하도록 미션을 확대시켜줄 필요가 있겠지요.

다. 이렇게 각 부서 그리고 각 직무의 미션을 설정한 후 실제 각 부서와 직무가 하는 일들을 쭈욱 정리해보면…

미션과 맞지 않는 일을 하고 있는 경우들을 발견하실 수 있을 것입니다. 그러한 경우를 발견하게 된다면 그 업무들의 주인을 찾아주는 일들도 할 필요가 있겠죠. 가능하면 각 직무수행자들이 자신의 미션과 관련있는 일들을 수행하도록 하게끔 하는 것이 Best인데 미션과 맞지 않는 일들을 너무 과도하게 수행하고 있다면 전체 직무의 미션을 정리한 후 미션-수행업무의 매칭작업을 통해 미션에 맞는 일을 찾아주는 작업을 하는 것도 좋습니다.

자, 그럼 지금까지 미션에 대해서 설명을 드렸구요, 이 미션은 이 책의 앞부분에서는 소개해드리지 않았기 때문에 매우 방대한 내용들을 설명 드렸습니다. 읽으시기 조금 어려우셨을 텐데 업무의 모든 부분들을 통제하는 기준점이 되는 만큼 몇차례 읽으시면서 더 정확한 개념을 잡으시기를 권해드립니다.

그렇다면 이제 여러분들이 수행하고 있는 업무의 미션을 한 번 설정해보도록 하겠습니다.

다음 페이지의 그림 40에서 부여하는 질문들에 대해 여러분들 스스로 대답을 해보시고 그 대답을 정리하여 하나의 문장으로 간결하게 정리해 보시기 바랍니다. 만약 여러분들이 지금 현재 담당하고 있는 일을 맡게 되신 지 얼마 되지 않으셨다면 아마 대답하시기 어려우실 것입니다. 그 이유는 앞부분의 SME 선발에 대한 내용을 설명 드리는 부분에서 4~5살 짜리 꼬마에게 행복을 위한 CSF 도출을 질문했을 때 절대 답이 나올 수 없는 원리와 같은 원리라고 보시면 되겠습니다.

**1.
성과영향
요소
상세 이해**

(1) Mission
아래의 지침에 따라 직무의 미션을 설정해보세요.

1. 현재 수행하고 있는 업무를 필요로 하는 가장 중요한 이해관계자는 누구입니까? (1개 or 2개)

2. 그 이해관계자가 내 업무를 통해 어떤 가치를 가장 원하고 있습니까?

3. 그러한 가치를 제대로 제공해줄 경우 우리 회사에 어떤 좋은 점들이 발생될 수 있습니까?

[그림 40] 미션 도출 실습

그럼 한 번 여러분들이 수행하고 계시는 직무의 또는 직업의, 그리고 팀장급 관리자분들이 계시면 팀의 미션을 옆 페이지 그림 40의 질문의 흐름에 따라 정리해 보시기 바랍니다.

2
성과목표 설정하기

(1) 성과에 대한 정확한 개념

성과목표를 설정하는 방법을 안내하기 전에 '성과'에 대한 조금 더 정확한 개념을 정립한 후 성과목표 설정(또는 도출) 방법을 설명 드리도록 하겠습니다. 무엇을 도출하고 설정하려면 그 설정 및 도출의 목적이 되는 그것에 대한 정확한 개념에 맞도록 도출하고 설정해야 하기 때문입니다.

앞에서 (직무의) 성과라고 하는 것은 특정 직무가 자신에게 주어진 업무를 수행하면서 조직에 제공해야 하는 '결과적 효익'이라고 말씀드렸습니다.

옆의 그림 5에서 공부를 열심히 하겠다, 고객을 자주 방문하겠다 등은 성과가 아닙니다. '결과'가 아니기 때문입니다. 성적을 올리겠다, 고객의 만족도를 높이겠다 등이 성과가 될 수 있는 것입니다.

여러분들의 회사에서 각 직무를 담당하고 있는 사람들이 자신이 창출해

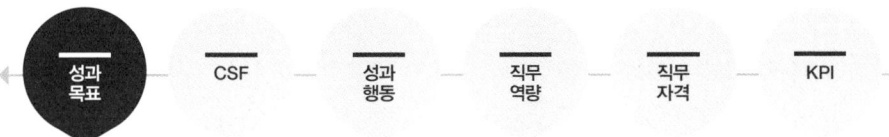

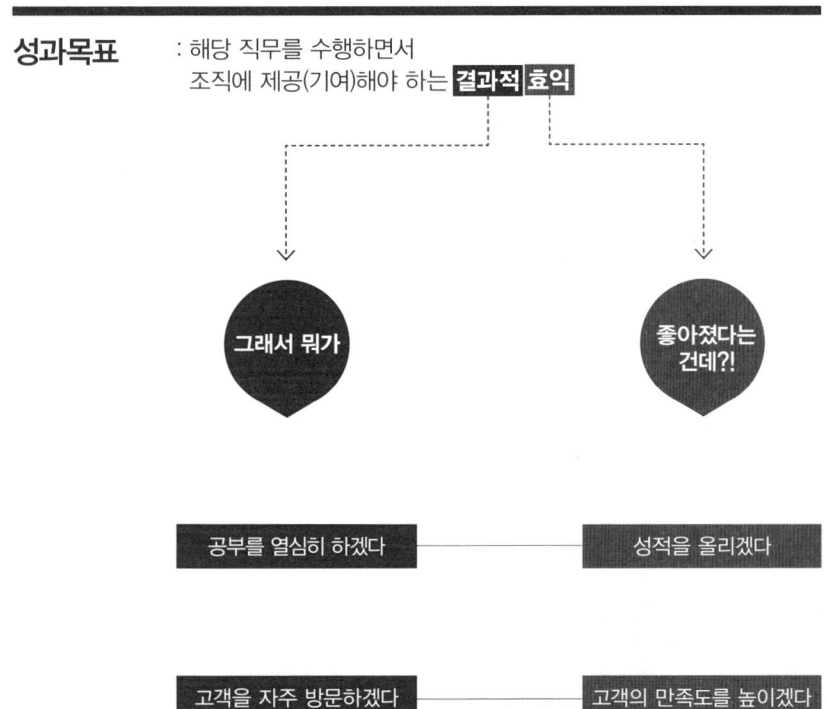

[그림 5] 성과의 올바른 개념

야 하는 '성과'가 무엇인지 알고 일을 하는 사람 그리고 자신이 하고 있는 일을 통해서 어떤 성과를 창출해야 하는지 모르고 일을 하는 사람이 있다고 가정하면 둘 중 어떤 사람이 더 좋은 성과를 만들어낼 가능성이 높겠습니까? 당연히 자신이 수행하고 있는 일을 통해 '어떤 성과'를 만들어야 하는 지를 정확히 알고 일을 하는 사람이 더 좋은 성과를 만들어 내겠죠?

그래서 인사담당자는 직무분석의 과정을 통해 각 직무 담당자들이 어떤 성과를 내야 하는 지를 도출, 이를 직무기술서에 기록하여 각 직무수행자들에게 배포함으로써 회사 내의 각 직무수행자들이 자신이 '어떤 성과'를 내야 하는 지를 알고 일을 할 수 있도록 만들어 주어야 합니다.

그런데 거의 대부분의 사람들은 일을 오래 수행하다 보면 자신이 이 일을 통해 '어떤 성과'를 만들어 내야 하는 지는 망각하고 '행위'에 매몰됨을 자주 보게 됩니다. 예를 들어 인사담당자들이 이력서를 접수하고, 면접 대상자를 선별하며 면접장소를 세팅하고 면접관들을 위한 면접 질문지를 만드는 행위를 하는 근본적인 이유는 무엇이겠습니까? 어떤 성과를 위해 인사담당자는 이러한 행위들을 하는 것일까요?

그렇죠. 우수한 인재를 확보하기 위해 이러한 일들을 하겠죠. 그런데 어느 순간 우수인재 확보, 적합 인재 확보와 같은 '성과목표'는 망각한 채 순간 순간의 행위들에 매몰되는 모습을 자주 발견하게 될 것입니다.

예를 들어 콜센터의 고객상담직무의 경우, '나는 회사에서 고객들의 전화를 받는 일을 하는 사람이야.'라는 '행위중심'의 직무 인식을 갖고 있는 고객상담직무 담당자와 '나는 고객의 만족도를 높이는 성과를 내야 하는 사람이야.'라는 '성과' 중심의 직무 인식을 갖고 있는 고객상담직무 담당자의 일하는 방식과 성과는 차이가 있을 수 있습니다. '행위' 중심으로 업무를 수행하는 직원은 고객의 전화를 빠지지 않고 받는 것에 포커스가 맞춰져 있을 수 있지만 '성과' 중심으로 업무를 수행하는 직원은 '전화를 받는 것'은 수단이고 그 수단을 통해 궁극적으로 전화를 한 '고객의 만족도'를 높이는데 더 포커스가 맞춰 지기 때문입니다. 전화를 받는다는 일을 하는 그 자체가 중요한 것이 아니라 그 일을 통해서 어떤 '성과'가 만들어지느냐가 중요한 것입니다.

[그림41] 성과목표를 명확히 인지하고 일을 하는 것 VS 성과목표를 명확히 인지하지 않고 일을 하는 것

앞의 그림 41을 보면 A 그룹과 B 그룹 두개의 그룹이 있습니다. A 그룹에 기둥을 박는 사람, 벽돌을 쌓는 사람, 땅을 파는 사람 그리고 물을 뿌리는 사람들이 일을 하고 있습니다.

그리고 B 그룹에서도 A그룹과 마찬가지로 기둥을 박는 사람, 벽돌을 쌓는 사람, 땅을 파는 사람 그리고 물을 뿌리는 사람들이 열심히 일을 하고 있습니다.

A그룹에서 일하고 있는 사람들이 3년 동안 주어진 일을 열심히 수행한 결과 아파트라고 하는 결과물이 만들어졌습니다. 그리고 B그룹에서 일하고 있는 사람들이 3년 동안 열심히 일을 한 결과를 보니… 이곳 저곳에 종합운동장만한 커다란 웅덩이가 만들어져 있습니다. 왜 그럴까요? 땅파는 일을 하는 사람들이 밤낮없이 열심히 땅을 팠고, 그 위에 물을 뿌리는 사람들이 열심히 물을 뿌렸기 때문이죠. 정말 열심히 일했습니다. 그리고 기둥을 박는 사람들이 땅의 이곳 저곳에 열심히 기둥을 박아 대고 벽돌을 쌓는 사람들이 이곳저곳에 열심히 벽돌을 쌓은 결과… 마치 전쟁터와 같이 벽돌이 군데군데 쌓여져 있고 기둥만 덩그러니 박혀 있는 풍경들이 만들어졌습니다. 일은 똑같이 했는데… A그룹과 B그룹의 결과물은 엄청난 차이가 있습니다. 일을 하는 그 자체가 중요한가요? 아니면 그 일의 결과가 중요한가요? 당연히 그 결과가 중요하겠지요?

여러분들의 회사에는 B그룹과 같은 경우들이 없습니까? 회사마다 차이는 있겠습니다만 많은 회사에서 수많은 B그룹과 같은 경우들이 있습니다. 예를 들어 연말에 내년도 팀의 사업계획 또는 본부의 사업계획을 수립합니다. 이 사업계획을 수립하느라 근 한달 간 야근하고 막판에는 철야까지 한

날도 많은데 정작 그 다음해 팀이나 본부를 운영하는 것은 그 사업계획서와는 별 관련도 없는 일들을 해대고 사업계획서는 책상에 꽂혀 있을 뿐 활용되지 않습니다. 딱 B그룹과 같은 일이죠. (사업계획서 제작하느라 열심히 일했는데 그 사업계획서는 활용되지도 않는 쓸데없는 것이 되는거죠.) 그리고 인사부서에서 직무기술서 만드느라 엄청 열심히 일했는데 그 직무기술서가 조직운영에 전혀 활용되지 않습니다. 이것도 B그룹과 같은 경우가 되겠지요.

일을 하는 그 자체가 중요하기도 하지만 기왕 일을 했으면 그 일의 결과 유용한 결과물이 만들어져야 하겠지요. 이 유용한 결과물이 바로 '성과'입니다. 회사의 모든 직원들은 자신의 일을 통해 궁극적으로 '어떤 성과'를 만들어내야 하는 지를 알고 일을 하는 것이 그렇지 않을 때 보다 더 많은 성과를 만들어낼 수 있습니다. 따라서 인사담당자는 각 직무의 직무분석을 통해 각 직무가 어떤 성과에 집중해야 하는 지 '성과목표'를 도출하여 이를 직무기술기술서에 기록, 각 직무수행자와 그들을 관리하는 관리자에게 알려줄 필요가 있는 것입니다.

그런데 이 앞의 챕터인 '미션'을 설명하는 부분에서 미션은 성과목표를 설정하는 기준으로서의 기능을 한다고 말씀드렸습니다. 그러니 이 '성과목표'는 가급적 '미션' 범위 내의 성과목표가 설정되는 것이 좋습니다.

아까 미션을 설명할 때 등장했었던 아버지와 어머니 그리고 아들이 있는 가정이 있다고 가정합시다. 아버지의 미션(가정에 존재해야 하는 이유)은 '가정의 중심으로 가정의 경제적 안정을 위한 재원을 마련한다'로 설정하였습니다. 그리고 어머니의 미션은 '가정 경제가 원활히 운영될 수 있도록 적절하게 지출하고 자녀를 관리한다.'로 설정하였습니다. 마지막으로 아들의 미션

성과 목표

해당 직무를 수행하면서 조직에 제공(기여)해야 하는 가장 중요한 **(결과적) 효익**

- **아버지**: 가정의 중심으로 가정의 경제적 안정을 위한 재원을 마련한다.

- **어머니**: 가정 경제가 원활히 운영될 수 있도록 적절하게 지출하고 자녀를 관리한다.

- **아들**: 가정의 30년 이후 미래를 준비하고 부모님의 어려움을 지원한다.

은 '가정의 30년 이후 미래를 준비하고 부모님의 어려움을 지원한다.'로 설정하였습니다. 이러한 미션을 가진 가정에서 먼저 아버지가 창출해야 하는 가장 중요한 성과목표로는 어떤 것들이 있을 수 있을까요? 일단 경제적 안정을 위한 재원을 마련하는 것이 아버지가 이 가정에서 존재해야 하는 이유이니 돈을 많이 벌어오는 것이 이 미션 범위 내에서 아버지의 가장 중요한 성과목표라 할 수 있을 것입니다. (다시 한 번 말씀드리지만 아버지들이 이래야 한다는 것을 말씀 드리려고 쓰는 글이 아닙니다. 미션 범위 안의 성과목표를 설정하는 것이 중요하다는 말씀을 드리는 예일 뿐입니다.)

그리고 어머니의 경우는 아버지가 벌어온 돈을 적절하게 잘 지출하여 가정 경제가 마이너스가 되지 않게 하는 것이 중요한 성과라고 할 수 있겠지요. 마지막으로 아들의 경우는 어머니 아버지가 연로하여 더 이상 일을 할 수 없게 되는 30년 이후의 가정의 안정을 위해 열심히 공부해서 좋은 성적을 이끌어내거나 좋은 학교에 입학하거나 좋은 회사에 취직하는 것이 중요한 성과라 할 수 있을 것입니다. 아무리 돈이 좋지만 고등학생인 아들이 공부는 안하고 돈을 벌어오는 것이 가정이라는 조직이 아들에게 기대하는 '성과'가 아니듯 회사의 각 직무들은 그 직무에게 회사가 기대하는 바(미션)에 충족하는 성과를 만들어내는 것이 중요합니다.

자, 그러면 이러한 성과목표들 가운데 가장 핵심이 되는 핵심성과목표는 어떤 방법으로 도출할 수 있을까요? 지금부터는 직무 핵심성과목표를 설정하는 방법을 알려드리도록 하겠습니다.

(2) 핵심성과목표 설정 방법

사실 핵심성과목표를 설정하는 특별한 방법이 있는 것은 아닙니다. 해당 직무가 회사에 존재해야 하는 이유(Mission)를 충족하는 가운데 조직 내외부의 여러가지 상황을 고려하여 가장 중요한 성과목표를 설정하면 되는 것인데 상당부분 Art의 영역이라고 표현할 수 있을 것 같습니다. 그러니까 여러가지 경험을 통해 또는 목표를 설정하는 사람의 논리적이고 감각적 능력에 따라 좋은 목표가 설정되기도 하고 그렇지 못하기도 합니다. 그렇기 때문에 좋은(바람직한 또는 적절한) 목표를 잘 설정하는 것도 리더의 중요한 능력 중 하나가 되는 것이겠죠. (혹자는 이것을 전적으로 목표 설정자의 '주관적 영역이다'라는 말로 표현하기도 합니다.) 만약 표준화된 목표설정의 방법이 있다면 누구나 다 좋은 목표를 설정할 수 있을 것 입니다만 좋은 목표를 설정하는 일은 생각보다 매우 힘든 일입니다.

하지만 처음 목표를 설정하라는 주문을 받게 되면 매우 어려워들 하는 것 또한 사실입니다. 그래서 비교적 간단하게 직무의 성과목표를 설정하는 방법에 대해 소개하도록 하겠습니다.

미션과 마찬가지로 SME와 인사담당자가 인터뷰를 진행하면서 핵심성과목표를 도출했던 사례로 그 방법을 설명을 드리겠습니다. 교육담당자 직무의 SME를 대상으로 인터뷰를 진행했던 사례입니다. 가장 먼저 핵심성과목표의 기본적 개념에 입각한 원론적인 질문을 합니다.

[그림43] 직무 핵심성과목표 도출 사례

교육담당자 직무의 핵심성과목표 도출을 위한 질문
(ex. 교육담당자: Mission-인재육성)

1. 당신의 미션을 충실히 이행하면서 어떤 성과를 만들어 내기 위해 노력해야 합니까?

   직무능력향상 / 교육참여 활성화 / 적극적 교육제공

2. 당신의 업무를 필요로 하는 이해 관계자는 누구입니까?

   일반직원 / 경영자

3. 당신은 그들에게 어떤 긍정적인 점(이익)을 제공해야 합니까?

   개인 성장 / 비용 절감 / Loyalty 증진

↓

| 개인역량향상 | 교육참여 활성화 | Loyalty 증진 |

결과적 효익인지 / 내 Mission 내의 성과인지 검토

[질문1] 당신의 미션을 충실히 이행하면서 어떤 성과를 만들어 내기 위해 노력해야 합니까?

핵심성과목표의 정의라고 할 수 있지요. 먼저 포괄적으로 핵심성과목표의 정의를 기반으로 질문을 하였습니다. 인터뷰 대상자인 교육담당자 직무의 SME는 다음과 같이 응답을 하였습니다.

[답변1] 저의 미션을 한마디로 표현하자면 '인재육성'이라고 할 수 있지요. 이 인재육성이라는 미션 범위 내에서 저는 직원들의 직무능력을 향상시키는 것이 가장 중요한 성과목표라고 할 수 있습니다. 그리고 두번째로 저희 회사가 실시하는 교육에 직원들이 활발하게 참여하도록 유도하는 것도 중요한 성과로 생각하고 있습니다. 마지막으로 저는 교육담당자니까 기본적으로 직원들에게 적극적으로 교육을 제공해야 하겠지요.

그런데 앞 페이지 그림 43에서 보시면 아시겠지만 '적극적 교육 제공'의 경우는 X표시가 되어 있습니다. 교육담당자 직무의 SME는 적극적 교육 제공이 교육담당자 직무의 중요한 성과목표라고 답변을 했는데 인터뷰를 실시하는 '인사담당자'는 이를 받아들이지 않겠다는 것이지요. 이것은 질문에 대한 적합한 대답은 아니라고 판단했던 것입니다. 왜 이것은 '성과'를 물어보는 질문에 대한 적합한 대답이 아닐까요? 제가 답을 드리기 전에 한 번 생각해 보시기 바랍니다.

제가 성과의 개념에 대해 설명한 내용을 다시 한 번 돌아보시면 성과라고 하는 것은 '결과적 효익'이라고 말씀드렸던 것을 기억하실 것입니다. 결과가 아닌 것은 그리고 효익, 좋은 것이 아닌 것은 성과가 아니라고 말씀드렸지요. 적극적으로 교육을 제공한다는 것은 '결과'라고 할 수 없을 것입니다. 수단 또는 과정이죠. 적극적으로 교육을 제공한다는 수단을 통해 직원들의 '직무능력을 향상'시킨다는 결과, 즉 성과를 만들어내는 것이겠지요.

하지만 SME는 성과에 대한 정확한 개념을 잘 모를 가능성이 높습니다. (사전 교육을 제공했다고 하더라도) 따라서 SME들은 질문의 정의에 맞는 답을 찾지 못할 수 있으므로 생각나는 대로 마구 대답을 하겠지만 질문을 하는 인사담당자는 걸러낼 것들은 걸러내고 수용할 것만 수용해야 합니다. 그림 43의 사례에서 인사담당자는 '적극적 교육 제공'이라는 대답은 수용하지 않았습니다.

이 첫번째 질문에서는 SME가 충분한 대답을 못할 수 있습니다. 미션 범위 내에서 만들어내야 하는 성과, 범위가 너무 방대하기 때문에 마치 백사장에서 바늘 찾는 기분으로 성과목표를 찾아보아야 하기 때문입니다.

따라서 이번에는 범위를 좀 한정하여 생각을 할 수 있도록 추가적인 질문을 합니다.

[질문2] 당신의 업무를 필요로 하는 이해관계자는 누구입니까?

유사한 질문을 보신 적이 있으시죠? 맞습니다. 미션을 설정할 때도 이와 흡사한 질문이 주어집니다. 차이점이 있다면 미션은 '가장' 중요한 이해관계자를 찾는 것이었고 성과목표를 도출할 때는 중요한 이해관계자를 '모두' 찾는 것입니다.

간호사가 병원에 존재하는 이유는 '환자들'을 위해서 존재하는 것이지요. 하지만 간호사를 환자들만 필요로 하느냐, 그렇지 않습니다. 의사선생님도 중요한 이해관계자 중 하나구요 환자들의 보호자도 중요한 이해관계자입니다. 그리고 환자들의 편의성을 높이기 위해서는 입퇴원 절차를 진행하는 원무과와도 원활한 소통체계가 유지되어야 하므로 원무과도 중요한 이해관계자가 될 수 있습니다.

이렇게 미션은 해당 직무가 회사에 존재해야 하는 근본적인 이유이니 미션을 도출할 때는 '가장' 중요한 이해관계자를 찾는데 반해 성과목표를 설정할 때는 업무상 중요한 이해관계자들을 다 찾는 것이지요. 그렇다면 이 질문에 사례의 SME는 어떻게 답변을 했을까요?

[답변2] 저의 중요한 이해관계자는 당연히 일단 회사의 직원들 개개인이지요. 제가 그들에게 교육을 제공하니까 말이죠. 그리고 회사의 경영진들도 저의 업무를 필요로 합니다. 그들이 원하는 바를 교육을 통해서 강조하고 실현할 수도 있으니까요.

자, 그렇다면 마지막 질문을 합니다.

[질문3] 아… 그렇군요?! 그렇다면 우리 교육담당자 직무가 일반 직원들과 경영진에게 제공해야 하는 그들의 관점에서 중요한 이익(성과)은 무엇인가요? 또는 그 이해관계자들(일반 직원 및 경영진)은 교육담당자 직무로부터 무엇을 가장 기대하고 있나요?

[답변3] 먼저 일반 직원들은 교육담당자가 자신들에게 양질의 교육을 제

공해줌으로써 개인이 더 성장하기를 원하고 있지요. 그리고 경영진들은 교육을 통해서 직원들이 회사에 대한 Loyalty가 증진되기를 바라고 있습니다. 그리고 교육이 잘 이루어져서 직원들의 직무능력이 향상되면 당연히 업무를 효율적으로 수행함으로써 비용 절감도 될 수 있으리라 기대할 것 같습니다.

앞 페이지 그림 43을 보시면 인사담당자는 교육담당자의 '개인 성장', 'Loyalty 증진' 그리고 '비용 절감'이라는 답변 가운데 비용절감은 교육담당자의 핵심성과목표로 수용하지 않았습니다. 왜 그랬을까요?

그렇습니다. 비용절감은 '인재육성'이라는 교육담당자의 미션 범위 내의 성과가 아니기 때문에 이러한 것들을 잘 모르는 SME는 이런 답변을 할 수 있을 지라도 인사담당자는 이런 답변들은 걸러내야 하겠지요.

그러면 나온 답들을 유사한 것들끼리는 묶고 또 제외할 것들을 제외하는 등 정리를 진행합니다. 위의 사례에서는 개인 성장과 직무능력 향상 등은 유사한 개념이므로 개인역량향상이라는 용어로 묶어 냈구요. 정리한 결과 '개인역량향상', '교육참여 활성화' 그리고 'Loyalty 증진'의 3개 성과목표로 핵심성과목표를 설정하게 되었습니다.

그럼 이제부터는 여러분들이 수행하고 있는 직무의 '핵심성과목표'를 다음 그림 44의 질문을 통해 도출해 보시기 바랍니다.

직무 핵심성과목표 설정이 종료되면 다음 단계는 해당 성과목표를 달성하는데 결정적인 영향을 미치는 요인인 CSF를 도출하는 단계로 넘어갑니다.

**1.
성과영향
요소
상세 이해**

(2) 핵심성과목표
아래의 지침에 따라 직무의 핵심성과목표를 설정해보세요.

Q　　　　　　　A

1. 당신의 미션을 충실히 이행하면서 어떤 성과를 만들어 내기 위해 노력해야 합니까?

2. 당신의 업무를 필요로 하는 이해관계자는 누구입니까?

3. 당신은 그들에게 어떤 긍정적인 점(이익)을 제공해야 합니까?

[그림 44] 핵심성과목표 설정 실습

3

성과창출을 위한 결정적 성공요인, CSF 도출하기

(1) CSF에 대한 구체적 개념정립

책의 앞부분에서 설명 드린 바와 같이 CSF라고 하는 것은 Critical Success Factor의 앞 글자를 따와서 만든 Acronym입니다.

그러니까 여러가지 다양한 Success Factor들 가운데 가장 Critical(대단히 중요)한 Success Factor들을 말하는 것이지요.

앞부분을 잘 기억 못하시는 분들을 위해 다시 한 번 예를 들어 반복설명 드리자면,

다음 페이지의 그림 6처럼 행복을 얻는데 영향을 미치는 다양한 Success Factor들이 있는데 그 중 행복을 위해 없으면 안되는 가장 중요한 Success Factor인 돈, 건강, 사람이 바로 행복을 위한 CSF가 되는 것이지요. (저것들 중 어느 하나라도 없으면 행복해지기 힘들겠지요.)

CSF　　Critical Success Factor :
　　　　성과목표를 달성하는데 결정적인 영향을 미치는 요인

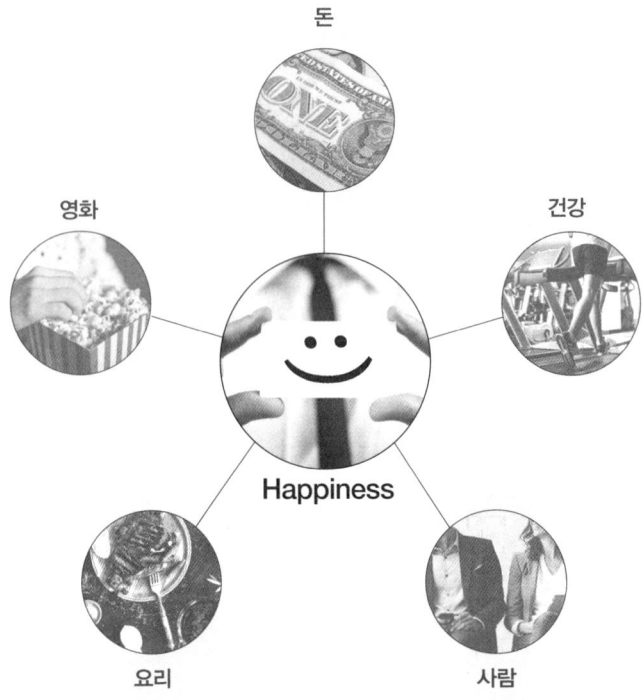

[그림6] CSF의 개념

그런데 결정적인 영향 또는 가장 중요한 영향을 미치는 요인이면 모두 다 CSF가 될 수 있는 것일까요? 그렇지는 않습니다. 아무리 중요한 영향을 미친다고 해도 그것을 모두 해당 직무의 CSF라고 볼 수는 없다는 말입니다.

가령 자동차 영업사원에게 가장 중요한 성과는 '차를 많이 판매하는 것'이겠지요. 무엇이 자동차 영업사원의 차량 판매에 결정적인 영향을 미칠까요? 여러가지가 있겠지만 '대한민국의 경제상황'이 가장 큰 영향을 미칠 것입니다. 그러니까 대한민국 경제가 좋으면 역량이 부족한 영업사원도 차를 많이 팔 수 있는데 대한민국 경제가 나쁘면 아무리 역량이 뛰어나고 열심히 일하는 영업사원이라 할 지라도 '차를 많이 판매한다'는 성과를 내기 어렵겠지요. 그렇다면 이 '대한민국의 경제상황'이라는 것은 자동차 영업사원의 성과에 결정적 영향을 미치는 'CSF'로 설정할 수 있겠습니까? 그렇지 않습니다. 대한민국 경제를 한낱 자동차 영업사원이 어떻게 조금이라도 컨트롤 할 수 있겠습니까? 대한민국의 경제상황을 CSF로 두고 이를 확보하기 위한 자동차 영업사원의 성과행동을 도출 하려니… 마땅한 것이 나올 수가 없지요. 그렇기 때문에 대통령이나 총리, 장관 직무라면 또 모르겠지만 자동차 영업사원 직무에게 아무리 큰 영향을 미친다고 해도 이 대한민국 경제라는 것은 자동차 영업사원의 CSF가 될 수 없는 것입니다.

이 것을 홍보담당자라는 직무의 예를 들어서 조금 더 구체적으로 설명 드리겠습니다.

CSF　　　Critical Success Factor :
　　　　　핵심성과목표를 달성하는데 결정적인 영향을 미치는 요인

미션: 회사와 회사의 제품에 대한
긍정적인 이미지를 형성

홍보담당자의 역량
기자와의 잦은 컨텍
좋은 품질

회사 이미지 제고

[그림45] CSF의 조건

홍보담당자가 회사에 존재해야 하는 이유(미션)는 '우리 회사와 회사가 만드는 제품에 대한 인지도를 높이고 긍정적인 이미지를 시장에 널리 형성하는 것'이라 할 수 있겠지요.

이런 미션 범위 내에서 홍보담당자에게 중요한 성과 중 하나는 '회사의 이미지를 좋게 만드는 것'이라 할 수 있습니다.

그렇다면 홍보담당자가 회사의 이미지를 좋게 만드는데 어떤 것들이 결정적인 영향을 미칠 수 있을까요? CSF의 후보가 될 만한 것들을 한 번 살펴보겠습니다.

먼저 홍보담당자의 역량이 뛰어나면 아무래도 홍보담당자가 더욱 효과적으로 일을 해서 회사 이미지를 좋게 만드는 성과를 내는데 큰 도움이 되겠지요. 그리고 홍보담당자가 기자들과 관계가 좋으면 기자들이 우리 회사에 대한 기사를 좋게 써 줌으로써 회사 이미지 제고에 큰 도움이 될 수 있습니다. 그리고 홍보담당자가 아무리 일을 잘하면 뭐하겠습니까? 회사 제품의 품질이 나쁘면 회사 이미지는 바닥을 찍을 것이고 제품 품질이 너무 좋으면 홍보담당자가 일을 안해도 회사의 이미지는 좋아지겠죠. 품질도 CSF가 될 수 있을 것 같습니다.

자, 그렇다면 홍보담당자의 역량, 기자와의 관계 그리고 제품의 품질이 모두 홍보담당자가 회사 이미지를 좋게 만드는데 결정적인 영향을 미치기 때문에 모두 다 홍보담당자의 CSF로 직무기술서에 기록되는 것이 맞을까요?

그렇지 않습니다. 빠져야 할 것이 있지요. 무엇이 빠져야 할까요?

먼저 '제품의 품질'이 빠져야 합니다. 사실 이 제품의 품질은 '가장' 결정적인 영향을 미치는 요인일 것 같습니다. 하지만 이 품질은 홍보담당자가 어떻게 컨트롤 할 수 없는 영역이죠.

"내가 아무리 홍보를 잘하면 뭐 하겠어… 우리 회사 제품의 품질이 나빠서 회사 이미지가 엉망이야! 이제 내가 직접 생산라인에 뛰어들어서 직접 좋은 품질의 제품을 만들어서 회사의 이미지를 좋게 만들어야지." 하고 현장에 뛰어들어 일하는 순간, 그 사람은 더 이상 홍보담당자가 아니라 '생산직무 담당자'가 되는 것이죠. 이 '제품의 품질'은 홍보담당자가 어떻게 할 수 없는 영역이므로 홍보담당자 직무의 CSF에서 제외하는 것이 좋습니다. 제품의 품질을 CSF에 두고 제품의 품질을 확보하기 위한 홍보담당자의 성과행동을 도출하려면 마땅한 것이 나올 수가 없기 때문이죠.

물론 직무분석 고수들은 이것을 버리지 않고 활용합니다. 예를 들어 제품의 품질이라는 CSF를 확보하기 위해, 그러니까 제품의 품질을 좋게 하기 위해 홍보담당자가 할 수 있는 성과행동 상의 행동은 없지만 제품의 품질이 더 '좋아 보이도록' 할 수 있는 성과행동 상의 행동은 충분히 있으니까요. 또는 제품의 품질이 더 좋다고 '소비자가 느끼도록' 만드는 성과행동은 있을 수 있습니다. 직무분석의 고수들은 이런 흐름으로 넘어가서 더 좋은 성과행동을 만들어낼 수 있지만 초보의 경우에는 혼란스러울 수 있으니 유의하시기 바랍니다.

그러니 결정적인 영향을 미친다고 판단되면 일단 CSF로 설정을 하시고 이후 성과행동을 도출하는 단계에서 아무리 생각해도 해당 CSF를 확보하기 위해 요구되는 적절한 성과행동이 도출되지 않으면 CSF에서 제외하는 방법을 사용하는 것도 나쁘지는 않습니다만, 이 책을 처음 읽으시는 지금 단계에서는 그냥 처음부터 제외해도 좋을 것 같습니다. (혼란스러울 수 있으니…)

그리고 앞의 그림 45를 다시 보시면 CSF에서 빠져야 할 것이 또 있습니다. 무엇일까요?

이 부분은 정말 정말 중요한데요, 실제 여러분들이 직무분석을 위하여 SME와 인터뷰를 진행하면서 CSF를 도출할 때 엄청나게 많이 벌어지는 상황입니다.

의외로 '홍보담당자의 역량'이 빠져야 합니다. 이것은 왜 CSF에서 빠져야 하느냐 하면…

이 역량을 확보하는 일은 '홍보담당자'라서, 그 직무담당자라서 역량을 확보해야 하는 것이 아니라 직장인이라면 어떤 업무를 하던 간에 역량을 키우기 위해(확보하기 위해) 노력해야 하는 것입니다. 그 직무상의 특성이 아니라는 말이죠.

그리고 더 중요한 이유는 CSF에 '역량'이 포함되는 순간, 그 CSF를 확보하기 위해 필요한 성과행동은 '역량 확보활동'으로 설정되게 됩니다. 그러니까 일을 어떤 방식으로 해야 하는지에 대한 성과행동이 아니라 그 역량을 향상시키기 위해 공부를 어떻게 할 것인가에 대한 성과행동이 도출되어 버린다는 것이지요. 성과행동은 아침에 출근해서 퇴근하기 까지 '일을 어떤 식으로 수행해야 하는지'로 도출되어야 하는 것이므로 '공부를 어떻게 해야할지'가 기록되는 것은 맞지 않습니다.

따라서 CSF에는 특별한 경우를 제외하고는 가급적 '역량'과 관련된 사항들은 제외하는 것이 좋습니다.

그런데 SME를 대상으로 인터뷰 또는 설문조사를 하시다 보면 이런 역량과 관련된 답변이 CSF를 묻는 질문에 대한 답변으로 엄청나게 많이 등장

합니다. 가령 예를 들어 '인사담당자' 직무를 통해 설명을 드리자면, 인사담당자의 SME에게 이렇게 질문합니다.

"우리 인사담당자가 만들어야 하는 중요한 성과 중 하나로 '원만한 노사관계'를 들 수 있는데요, 이 원만한 노사관계에 결정적 영향을 미치는 요인에는 어떤 것들이 있을까요?"

SME는 이렇게 대답합니다.

"우리 인사담당자들이 원만한 노사관계를 만들어내려면 '의사소통 역량'이 엄청 중요합니다. 우리가 근로자와 사용자 사이에서 어떻게 의사소통을 하는가에 따라 그 분위기가 엄청나게 큰 차이가 나거든요."

그래서 이 인터뷰 결과 CSF 중 하나를 '의사소통역량'이라고 설정하는 경우… 참 많다는 말씀입니다. 하지만 이래서는 안됩니다. 그렇게 되면 이 '의사소통역량'을 확보하기 위해 인사담당자는 어떤 성과행동 상의 행동을 잘 해야 하는지, 성과행동을 도출하게 되면 학습계획이 되어 버리기 때문입니다.

그리고 이 CSF를 도출하는 과정에서 여러분들이 유의하셔야 할 것 중 또 다른 하나는 이 CSF는 Factor라고 하는 점입니다. Factor는 Group의 의미가 내포되어 있지요. 예를 들어 행복에 영향을 미치는 세부 요소들을 한 번 살펴보겠습니다. (그림46 참조)

여러분들 명의의 빌딩 한 채 있으면 행복할 것 같지 않으세요? 그리고 돈이 많으면 행복할 수 있을 것 같고, 또 복권을 샀는데 대박을 맞으면 너무 행복할 것 같지요. 내가 마음대로 사고 싶은 것들을 살 수 있으면 행복을 얻을 수 있을 것 같고 주식을 샀는데 주가가 오르면 행복합니다. 그렇다면 이런 것들을 묶어서 Grouping을 하고 이 group을 대변할 수 있는 타이틀

[그림46] Factor의 개념

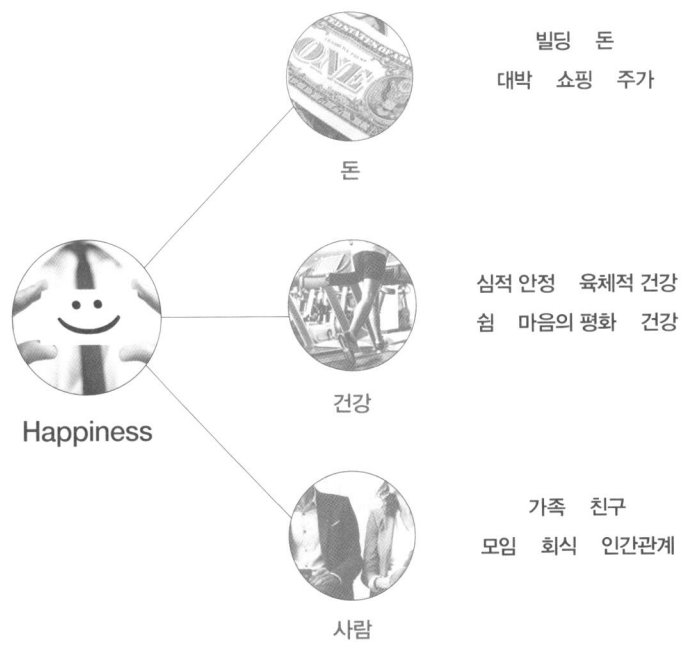

을 지어보면 '돈'이라고 할 수 있을 것 같네요. 이러한 요소들을 포괄적으로 대변하는 '돈'이란 개념이 바로 '요인'이 되는 것입니다. 우리가 찾고자 하는 것은 어느정도 포괄성의 개념을 가지고 있는 '요인'이라는 점을 잊지 마시기 바랍니다.

하나만 더 살펴보자면 어떤 사람은 가족들이 나에게 행복을 주고, 좋은 친구들 덕분에 내 인생이 행복해지는데 도움을 받고 또 어떤 분들은 모임을 가질 때 너무 행복하고, 동료들과 회식이 행복을 가져다 주는 경우도 있으며 인간관계가 좋으면 행복하고 나쁘면 행복하지 않은 경우들도 있겠지요. 이 때 가족, 친구, 모임, 회식, 인간관계를 포괄적으로 대변하는 개념으로 '사람' 이라는 요인을 설정할 수가 있는 것입니다.

그렇다면 이 CSF를 어떤 방법으로 도출할 수 있을까요? 지금부터는 이 CSF를 도출하는 방법을 설명 드리겠습니다.

(2) CSF 도출방법

사실 CSF를 도출하는 가장 좋은 방법은 'SME의 실제적 경험으로부터 나오는 직관'에 의존하는 방법입니다. 오랜 시간 동안 해당 직무를 수행하다 보면 무엇이 가장 중요한지가 경험적으로 판단되어 지거든요. 그래서 좋은 경영자는 해당 사업에서 성공하려면 무엇에 집중해야 하는지를 경험적 그리고 감각적으로 잘 판단합니다. 위로 올라갈 수록 세부적인 실무과업을 잘하는 것 보다 이 CSF를 잘 판단하는 것이 정말 중요해지죠. 경영자가 이것을 잘 판단해내지 못하면 회사는 덜 효과적인 부분에 에너지를 쏟게될테고, 그렇게 되면 더 효과적인 것에 집중하는 경쟁자에 뒤처질 수 밖에 없으니 말이지요.

그런데 처음에는 이것을 직관적으로 찾아내기가 힘듭니다. 이런 것들을 찾아내는 훈련이 되어 있지 않은 경우에는 잘 찾아지지 않습니다. 가령 학생이 좋은 성적이라는 성과를 만들어내는데 결정적인 영향을 미치는 요인인 CSF에는 어떤 것들이 있을까요? 한 번 생각해 보시기 바랍니다.

많은 경우 이러한 과제를 부여하게 되면 '집중력', '학습방법', '체력' 그리고 '친구'와 같은 요인들을 CSF로 많이 말씀하십니다. 아마 여러분들께서도 이러한 답들을 생각하셨을 것 같은데요, 혹시 이 요인 외에 더 결정적인 영향을 미치는 요인이 하나 있지 않을까요? 제가 생각했을 때는 가장 큰 영향을 미치는 요인일 것 같은데 말이지요.

제가 생각한 것은 바로 '학습량'입니다. 그러니까 일단 공부를 많이 하는 사람이 공부를 잘 할 가능성이 높다는 것이죠. (물론 효과적으로 공부하는 것도 중요하지만)보고 나면 당연한 것인데 이러한 각도로 생각을 많이 해보지 않은 사람들은 이 '학습량'이라는 CSF를 생각해내지 못합니다. 문제가 어려워서 그런 것이 아니라 이런 각도로 생각을 해본 경험이 많지 않기 때문이죠. (그렇다고 모두 '업무량'이라는 CSF를 설정하시면 안됩니다. 업무량이 성과의 결정적 영향요소는 아닌 것 같거든요…)

그래서 초심자분들께서도 비교적 접근하기 쉬운 CSF 도출의 방법을 안내해드리도록 하겠습니다. 조금 전에 CSF란 Factor라는 점을 말씀드렸는데 이것으로부터 착안한 방법입니다.

가. 먼저 핵심성과목표를 만들어내는데 영향을 미치는 요소들을 크건 작건 간에 상관 없이 생각나는 대로 포스트 잇 한 장에 하나씩 기록하시기 바랍니다.
나. 그리고 유사한 것들이 적힌 포스트 잇을 모아 Group을 만듭니다.

다음 페이지의 그림 46에서 빌딩, 돈, 대박, 쇼핑, 주가를, 그리고 가족, 친구, 모임, 회식, 인간관계를 묶어낸 것 처럼 말이죠.

[그림46] Factor의 개념

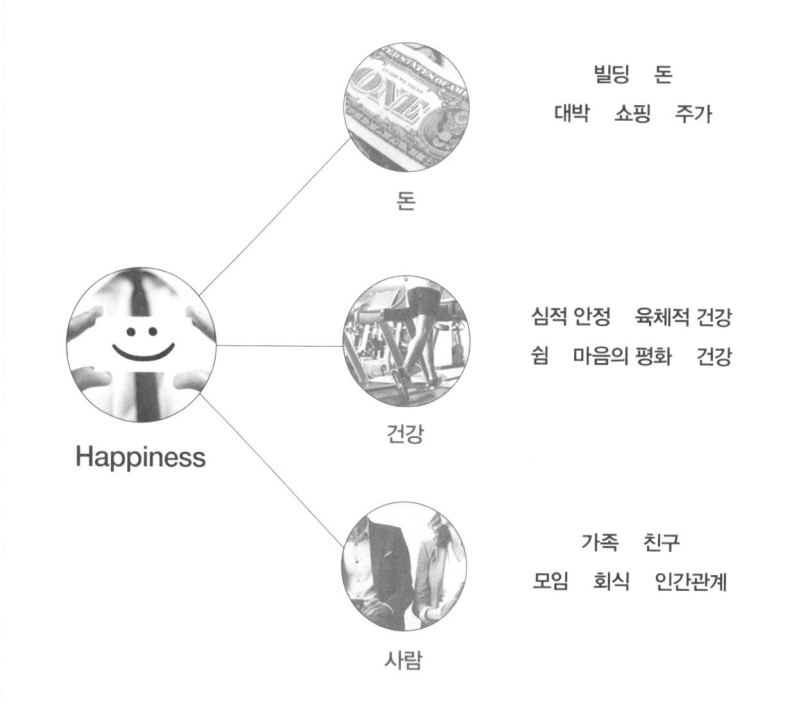

다. 이어서 해당 Group의 이름을 짓습니다.

위의 그림에서는 각각의 그룹을 돈, 건강, 사람으로 묶었지요. 그러면 돈, 건강 그리고 사람이라는 요인이 도출된 것입니다.

라. 이후 도출된 요인들 가운데 CSF의 조건에 맞지 않는 것들을 제외해줍니다. 그렇게 되면 남은 것들이 바로 CSF가 되는 것이지요.

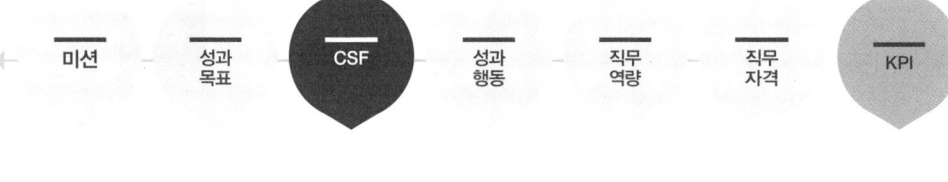

1. 핵심성과를 창출하는데 영향을 미치는 요소들을 찾아냄
   (포스트잇)

   ↓

2. 유사한 것들끼리 묶어서 요인화

   ↓

3. 그 가운데 내 통제 밖의 요인을 제외

   ↓

4. 남은 것 가운데 영향력의 정도가 적은 요인을 제외

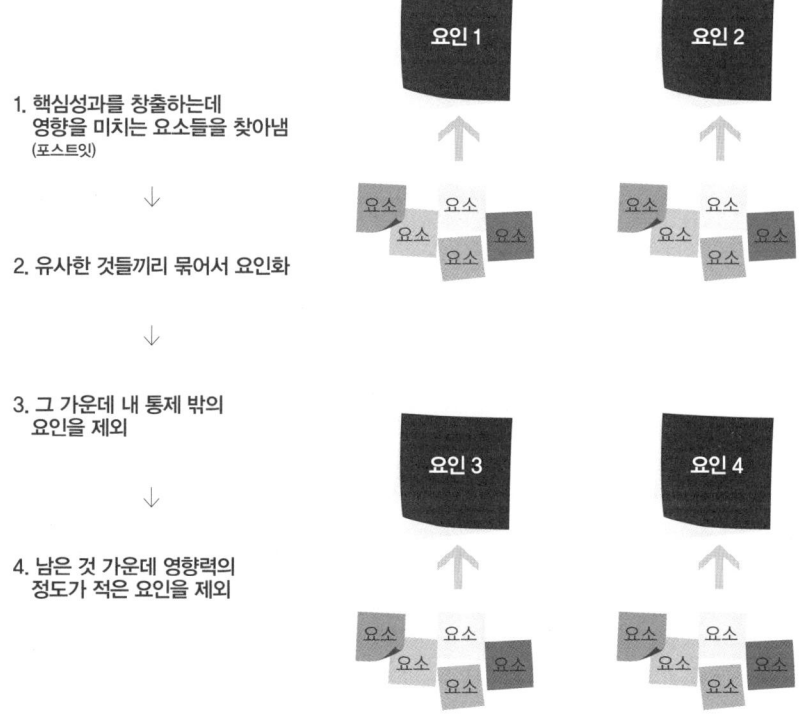

[그림47] CSF 도출 방법 1

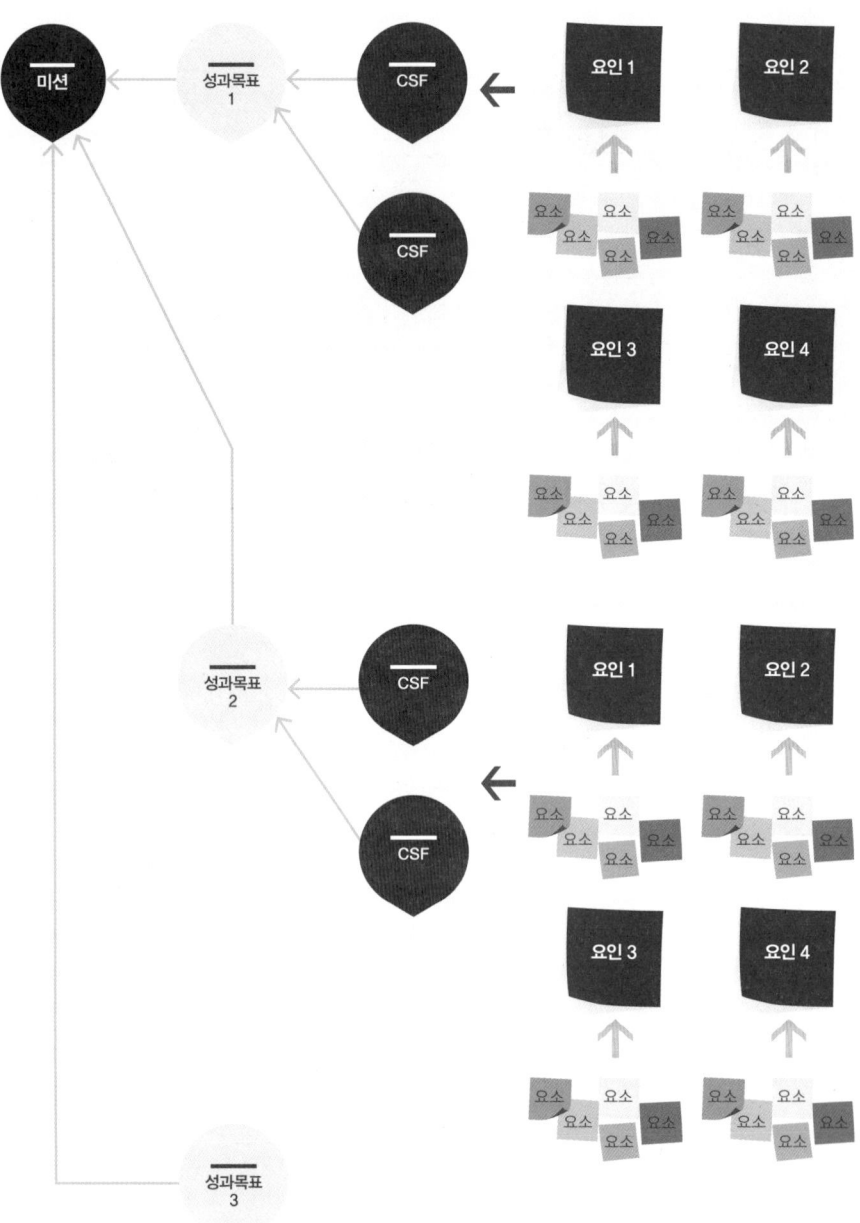

[그림47] CSF 도출 방법 2

이러한 방법으로 CSF를 도출하면 비교적 손쉽게 CSF를 도출할 수 있습니다.

이러한 과정을 거치면 하나의 성과목표에 대한 CSF들을 도출한 것이고 성과목표가 3개일 경우는 이 과정을 3번 진행해야 하는 것이죠.(옆의 그림 47)

하나의 핵심성과목표를 달성하는데 영향을 미치는 요소들을 포스트잇 하나에 하나씩 기록하여 이것들 중 유사한 것끼리 모아서 Grouping을 하고 이 그룹을 '요인'으로 설정한 후 제외할 것들은 제외하여 CSF로 설정하는 과정이 종료되면,

또 다음 핵심성과목표를 달성하는데 영향을 미치는 요소들을 포스트잇 하나에 하나씩 기록하여 이것들 중 유사한 것들끼리 모아서 Grouping을 하고 이 그룹을 '요인'으로 설정한 후 제외할 것들은 제외하여 CSF로 설정하고…

이 과정을 핵심성과목표의 수 만큼 반복하면 되는 것입니다.

시간이 적지 않게 소요되겠지요. 하지만 이것을 찾는 과정은 업무를 더 효과적으로 그리고 효율적으로 수행하는데 큰 도움을 주고 성과에 더 가까이 다가가는 과정이 됩니다. 쓸데없는 곳에 시간을 빼앗기지 않고 더 큰 영향을 미치는 요소들에 집중할 수 있게 도와 주기 때문에 더 큰 성과를 만들어내는데 가장 중요한 과정이라고 할 수 있습니다.

그럼 지금부터는 여러분들이 이전 챕터에서 설정한 여러분들의 핵심성과목표를 달성하는데 결정적인 영향을 미치는 요인들을 한 번 찾아보도록 하겠습니다. 포스트 잇 준비하시고, 지금부터 시작하시기 바랍니다! (물론 포스트잇 작업이 아닌 개인의 직관에 의지하는 것이 더 좋습니다. 요인이라는 점에만 유의해서 말이죠.)

4

핵심성공요인(CSF) 확보를 가능케하는 성과행동 도출하기

(1) 성과행동에 대한 구체적 개념 정립

이전에 설명 드린 바와 같이 성과행동 이라고 하는 것은 핵심성공요인(CSF)을 확보할 수 있도록 만들어주는 구체적 행동특성을 말합니다. 행복이라는 성과목표를 달성하기 위해 반드시 확보해야 하는 CSF로 '건강'이 있을 수 있지요. 그리고 이 건강을 확보하기 위해 실천해야 하는 '건강에 나쁜 음식은 피하고 좋은 음식을 만들어 먹는다' 라던가 '자신의 몸에 맞는 운동을 찾아 정기적으로 꾸준히 운동을 실시한다.'와 같은 행위들이 바로 '성과행동'이 되는 것입니다.

이 성과행동을 도출하는 단계는 직무분석 절차의 백미라고 할 수 있습니다. 직무분석을 통해 도출해야 하는 모든 결과물 가운데 조직과 개인의 성과관리에 가장 유용하고 파워풀하게 활용되기 때문입니다. 그리고 직무분

성과행동   성과에 결정적 영향을 미치는 CSF를 확보할 수 있도록 만들어주는 행동상의 특성

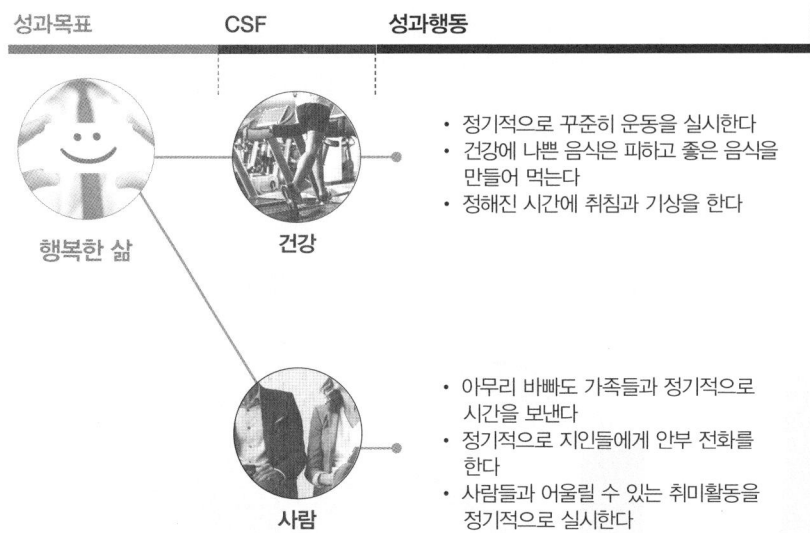

[그림7] 성과행동의 개념

석자의 분석력이 가장 빛을 발하는 단계이기도 하기 때문이죠.

그렇다면 성과행동은 조직관리에 어떻게 활용될까요? 이 성과행동이 어떻게 활용되는지 이해해야만 실제 그러한 용도로 활용이 잘 될 수 있는 적절한 성과행동을 만들어낼 수 있으니 좋은 성과행동 도출을 위해 성과행동의 활용은 잘 공부해 놓을 필요가 있습니다. 성과행동의 구체적 활용 방법은 책의 후반부에 직무분석 결과의 활용 부분에서 다루도록 하고 이번 챕터에서는 대표적이고 핵심적인 성과행동의 활용방법에 대해서 설명 드리도록 하겠습니다.

가. 먼저 성과행동은 직원들의 평가 기준으로 활용됩니다.

[그림48] 성과행동의 활용

일반적으로 직원들의 인사고과에서 평가의 기준으로 활용되는 '평가지표'는 크게 업적평가지표와 역량평가지표로 구분할 수 있습니다. 업적평가지표는 평가대상자가 자신이 수행하는 업무 가운데 어떤 성과를 회사에 안겨주었는지 그 정도와 수준을 평가하는 기준이고 역량평가지표는 특정 직무수행자가 좋은 성과를 내기 위해 갖춰야 하는 역량이 있는데 그 역량을 어느 정도 보유하고 있는 지를 평가하는 기준을 말합니다.(그림 48)

그렇다면 이 성과행동은 업적평가의 기준으로 활용될까요? 역량평가의 기준으로 활용될까요?

바로 역량평가의 기준으로 활용됩니다. 그러니까 직원의 역량 수준을 평가하는 방법으로 성과행동의 행동을 얼마나 잘하는 지를 성과행동으로 삼아서 평가를 실시한다는 것이죠. 왜 역량의 수준을 성과행동으로 평가를 할까요?

그 이유를 잘 이해하시기 위해서는 먼저 '역량'의 개념을 정확히 이해하시는 것이 선행되어야 합니다. 따라서 아직 직무역량에 대한 정확한 개념 설명을 드리지 않은 본 챕터에서는 왜 역량평가를 성과행동을 가지고 실시하는지 그 이유를 설명 드리지는 않고 뒤에서 역량에 대한 구체적 개념을 다룬 후 그 이유를 설명 드리도록 하겠습니다.

나. 성과행동은 관리자가 부하직원들을 구체적으로 관리할 때 아주 좋은 도구가 됩니다.

중간관리자들은 자신이 관리하는 부하직원들에 대해서 수시로 평가하고 그 평가 결과를 피드백 해주면서 부하직원들이 더 좋은 성과를 낼 수 있도록 도와주는 역할을 수행해야 합니다. 하지만 많은 관리자가 도대체 부하직원의 어떤 부분을 어떻게 관리를 해주어야 할 것인지 잘 모르는 경우가 많지요. 더구나 관리자가 부하직원의 업무를 잘 모를 경우에는 이 관리활동이 거의 불가능하게 됩니다. 이러한 경우라면, 관리자로서 부하직원이 더 좋은 성과를 낼 수 있도록 관리한다는 관리자 본연의 업무를 잘 수행할 수 있을까요? 그렇지 못할 겁니다. 그냥 간부회의 결과를 전달하는 역할에 머물 수도 있습니다.

이러한 경우일 때 직무기술서에 기록된 부하직원의 성과행동은 관리자들이 부하직원의 어떤 점을 어떤 식으로 관리해야 할 지를 알려주는 좋은 도구가 됩니다.

저희 집에는 2명의 자식 직무 담당자가 있습니다. (물론 자식은 직무가 아닙니다. 이해를 돕기 위한 설정일 뿐입니다.) 그렇다면 그 자식 직무를 관리하는 관리자는 누구일까요? 그렇습니다. 부모님이겠지요.

자식직무를 관리하는 관리자인 부모님께서 자식직무의 직무기술서를 갖고 계시다고 가정합시다. 그리고 이 자식 직무의 직무기술서를 활용하여 부모님께서 저희 두 자식들을 어떻게 관리할 수 있는지 한 번 살펴보겠습니다.

부모님이 자식직무의 직무기술서를 살펴보니, 자식직무 수행자는 행복한 삶이란 성과를 만들어 내기 위해 '건강', '사람', 그리고 '돈'이란 CSF를 반드시 확보해야 한다고 나와있습니다. 그리고 '건강'이란 CSF를 확보하기 위해 평상시 '자신에게 맞는 방법으로 정기적으로 빠지지않고 운동을 실시한다', '건강에 나쁜 음식은 피하고 좋은 음식을 만들어 먹는다' 그리고 '정해진 시간에 취침과 기상을 하는 등 규칙적인 생활을 한다'와 같은 행동들을 잘 해야 한다고 나와있네요.

[그림49] 성과행동을 활용한 부하직원 관리

자식직무에 대한 부모의 관리의 예

성과목표	CSF	성과행동
 행복한 삶	 건강	• 자신에게 맞는 방법으로, 정기적으로 빠지지 않고 운동을 실시한다 • 건강에 나쁜 음식은 금하고 좋은 음식을 만들어 먹는다. • 정해진 시간에 취침과 기상을 하는 규칙적 생활을 한다
	 사람	• 아무리 바빠도 가족들과 정기적으로 시간을 보낸다 • 지인들의 생일에 잊지 않고 전화한다 • 사람들과 어울릴 수 있는 취미활동을 꾸준히 실시한다
	 돈	• 현재 하고있는 일에서 우수한 인재가 되기 위해 꾸준히 역량을 개발한다 • 정기적으로 재무상태를 점검하고 경제상황을 체크하여 적절한 투자 포트폴리오를 구성한다

부모님은 먼저 두명의 자식직무 수행자 중 첫째 자식을 이 성과행동 상의 행동들을 기준으로 평가해봅니다. 첫째 자식은 건강에 나쁜 음식들은 잘 먹지 않고 좋은 음식을 찾아 먹고, 평상 시에 규칙적인 생활도 잘 할 뿐더러 '사람'과 '돈'이란 CSF를 확보하기 위한 나머지 성과행동 상의 행동도

참 잘 하는 것 같습니다. 그런데 유독 '자신에게 맞는 방법으로 정기적으로 빠지지 않고 운동을 실시한다'는 성과행동 상의 행동은 잘 안하고 있는 것 같네요.

부모님은 생각합니다. '아, 이 녀석이 이 행동만 조금 더 잘하면 '건강'이란 CSF를 지금보다 더 많이 확보함으로써 행복한 삶이란 성과를 더 잘 낼 수 있을텐데…. 내가 어떻게 하면 이 친구가 이 행동을 조금이라도 더 잘 할 수 있도록 도와줄 수 있을까?'

며칠간 고민 끝에 부모님은 방법을 찾아내셨습니다.

"아, 그래! 내가 헬스클럽 회원권을 끊어주고 앞으로 1주일에 2번은 첫째 자식과 함께 운동을 다녀야겠다. 그럼 첫째놈이 지금보다는 정기적으로 빠지지 않고 운동을 실시한다는 성과행동 상의 행동을 더 잘 할 수 있겠지? 야! 첫째야! 잠깐 좀 와봐라!"

부모님의 부르심을 받고 첫째가 달려옵니다.

"부르셨어요? 어머니"

"첫째야, 내가 네 직무기술서를 좀 살펴보니까 말이야… 자식 직무를 수행하는 사람은 '행복한 삶'이란 성과를 위해서 돈, 건강 및 사람이란 CSF를 확보해야 하고 그 중 건강이란 CSF를 확보하기 위해 건강에 나쁜 음식은 피하고 좋은 음식을 만들어 먹고~~등등 과 같은 성과행동 상의 행동을 잘 해야 한다고 나와있는데 말야. 너는 이런 행동들은 정말 잘 하고 있는 것 같아서 칭찬해주고 싶다."

"아, 감사합니다. 어머니. 하하하."

"그런데 너! 그 중에 '자신에게 맞는 방법으로 정기적으로 빠지지 않고 운동을 실시한다'라는 성과행동이 있는데 너 일주일에 운동 몇 번이나 하니?"

"아… 글쎄요. 한 달에 한 번? 아니… 두 달에 한 번 정도 하는 것 같습니다. 요새 너무 바빠서요… ^^;;"

"그래, 어쩐지 내가 평상 시에 옆에서 보니 운동을 거의 안하고 있는 것 같더구나. 그런데 말이야, 네 직무기술서를 보면 이 행동을 꾸준히 잘 해야만 건강이란 CSF를 잘 확보할 수 있고 이로 인해서 행복한 삶이란 성과목표를 더 잘 달성할 수 있을 것 같구나. 그래서 내가 네게 헬스클럽 회원권을 끊어 줄테니, 앞으로 1주일에 2번은 나와 같이 운동을 하자꾸나."

그래서 그 후부터 첫째 자식은 어머니와 1주일에 2번 헬스클럽에 가서 운동을 하기 시작했습니다. 그렇게 되면 그 전보다 정기적으로 빠지지 않고 운동을 실시한다 라는 성과행동 상의 행동을 더 잘 하게 되겠죠?

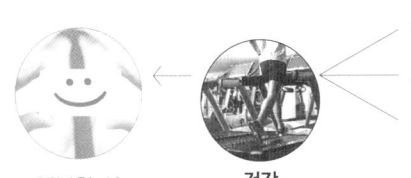

그래서 첫째가 그 행동을 예전보다 잘하게 되면 건강이란 CSF를 더 많이 확보하게 될 것이고 결국 행복한 삶이란 성과를 만들어낼 가능성이 높아지는 것이죠.

부하직원들을 평상 시에 관찰, 관리하면서 이러한 고민들을 함으로써 부하직원이 더 많은 성과를 낼 수 있도록 이처럼 도와주는 것이 관리자의 가장 중요한 역할이죠. 그리고 이렇게 부하직원을 관리하고 피드백을 하게 되면 막연하지 않고 구체적으로 피드백을 실시할 수 있을 뿐더러 최대한 감정을 배제하고 비교적 객관적 근거를 통해 부하직원의 잘못을 지적할 수 있게 되는 장점도 있습니다.

그런데 현재 여러분들 회사의 관리자들은 관리자의 가장 중요한 역할인 이러한 일들을 잘 수행하고 있습니까? 아마 많은 회사가 그렇지 못할 것입니다. 양질의 직무기술서가 없으면 관리자가 이러한 방식의 성과관리 활동을 하기가 힘들죠. 왜냐하면 부하직원의 '무엇을(어떤 행동을)' 관리해야 하는지, 관리자들이 잘 알 수 없기 때문입니다. 그런데 체계적 직무분석을 통해서 잘 만들어진 직무기술서가 있다면 그 직무기술서는 이처럼 관리자의 파워풀한 리더십 도구가 될 수 있는 것입니다.

그리고 이 직무기술서를 통해 첫째 자식의 성과를 관리했던 것 처럼 둘째 자식도 관리하는 것이죠. "둘째놈은 정기적으로 운동도 열심히 하고, 규칙적인 생활도 잘 하는데 이 녀석은 맨날 라면이나 햄버거만 먹는 것 같애. 둘째야… 잠시 이리 오너라. 너 오늘 점심 뭐먹었니?"

"오늘은 짜장면 먹었어요. 어머니. 아, 그 중국집 짜장면이 진짜 맛있거든요.하하하."

"그래? 그런데 내가 네 직무기술서를 보니까 말이야. 네 성과행동에 '건강에 나쁜 음식은 피하고 좋은 음식을 만들어 먹는다'라는 것이 있는데 짜장면이 건강에 좋지 않은 것은 알고 있지? 그래서 내가 네 와이프에게 앞으로 건강에 좋은 음식을 집중적으로 만들어서 도시락을 싸게 할 테니까 너는 앞으로 그 도시락을 먹도록 해라."

그리고 어머님께서는 며느리 직무 담당자를 부르시죠.

"너는 앞으로 몸에 좋은 음식이 뭐가 있는지를 좀 찾아서 그 음식으로 둘째놈 도시락을 싸거라. 내가 그만할 때까지는 계속 좀 부탁한다."

그래서 둘째가 그 도시락을 계속 먹게 되면 이전보다 '건강에 나쁜 음식은 피하고 좋은 음식을 만들어 먹는다' 라는 성과행동 상의 행동을 더 잘하게 되고..그래서 건강이란 CSF를 더 많이 확보함으로써 결국 행복한 삶이란 성과를 만들어낼 가능성이 높아지는 것이지요.

이 성과행동은 관리자가 부하직원들을 관리함에 있어 아주 유용한 정보들을 제공할 뿐 아니라 효과적으로 관리할 수 있도록 도와주는 재료가 됩니다.

자, 그렇다면 이 성과행동은 어떻게 도출해야 할까요? 이제부터는 성과행동을 도출하는 방법을 안내해드리도록 하겠습니다.

(2) 성과행동 도출 방법

지금부터는 성과행동을 도출하는 방법에 대해서 설명을 드리겠습니다.

가. 성과행동은 반드시 행동이어야 합니다.

지극히 당연한 말인 것 같지만 의외로 인사담당자들이 자주 오류를 범하는 포인트입니다. 성과행동은 반드시 '행동'으로 표현이 되어야 합니다. 예를 들어서 새로운 제품을 기획하는 '제품기획 담당자'의 성과행동을 도출하기 위한 SME인터뷰 장면을 살펴보겠습니다.

인사담당자가 "우리 제품기획 담당자의 중요한 성과 중 하나가 시장에서 먹힐만한 새로운 제품을 만드는 것인데요, 이러한 성과를 내려면 제품 기획 담당자는 어떤 '행동'을 잘 해야 할까요?"와 비슷한 맥락의 질문을 '성과행동' 을 도출하기 위해 SME에게 던졌다고 가정하겠습니다. 이러한 질문을 받고 SME는 다음과 같은 유형의 답변을 많이 하게 되는 것을 볼 수 있습니다.

SME) 우리 제품기획 직무 담당자가 시장에서 통할만한 혁신적인 제품들을 잘 만들어내려면 제품 기획자들은 새로운 것을 기획하는 기획력이 매우 뛰어나야 합니다. 그 기획력이 부족하면 혁신적 제품이 만들어지지 못해요.

그렇다면 인사담당자는 제품기획 담당자 직무의 성과행동으로 '새로운 것을 기획하는 기획력이 뛰어나다'라고 직무기술서에 기록하면 될까요?

안됩니다. 왜 안될까요?

'새로운 것을 기획하는 기획력이 뛰어나다'는 것은 과연 행동일까를 한 번 생각해 보시기 바랍니다. 새로운 것을 기획하는 기획력이 뛰어나다는 것은 문장으로 살펴보면 '뛰어나다'는 동사형으로 종결되었지만 동사형으로 종결되었다고 해서 다 행동은 아닙니다.

"잠시 후에 나 새로운 것을 기획하는 기획력이 좀 뛰어나야겠다." 생각하면 바로 행동으로 옮길 수 있겠습니까? 그렇지 않죠? 이것을 어떻게 행동으로 옮길 수 있겠습니까. 따라서 새로운 것을 기획하는 기획력이 뛰어나다는 것은 성과행동이 될 수 없습니다. 그런데 SME들은 성과행동의 정확한 개념과 특성에 대한 구체적 지식이 없으므로 여러분들의 질문에 생각나는 대로 이야기를 할 가능성이 매우 높습니다. 이 때 인사담당자는 SME의 말이라고 해서 무조건 다 수용하는 것이 아니라 걸러낼 것들은 걸러내고 수용할 것들만 수용하는 선별능력이 있어야 합니다.

우리가 성과행동을 도출할 때도 그렇지만 액션플랜을 수립할 때도 이와 비슷한 실수들을 많이 합니다. 예를 들어 영업사원이 많은 판매 실적을 올리기 위해 '사람'이라는 CSF가 결정적 영향을 미치겠죠. 주변에 아는 사람이 많으면 아무래도 판매실적을 올리는데 유리하기 때문입니다. 그래서 이 '사람'이라는 CSF를 확보하기 위한 성과행동으로 '우리 회사의 상품을 구입할 가능성이 높은 사람들로 양질의 인맥을 형성한다.'와 같은 액션플랜을 수립할 수 있겠죠. 보통 이런 유형의 액션플랜을 설정하면 이 액션플랜은 계속 뒤로 밀리는 특성이 있습니다. 왜냐하면 양질의 인맥을 형성한다는 것은 '액션(행동)'이 아니어서 실제 '행동'하는 것이 불가능하기 때문에 이 과제는 계속 미루게 되는 거죠. 빨리 해버리고 실행했다고 지워버려야 하는데 '나 오늘은 양질의 인맥을 좀 형성 해야겠다' 생각을 해도 이를 구체적으로 어떻게 행동을 해야 하는지가 막막한 겁니다. 그래서 실행을 하는게 중요한데 실행을 못하고 다음으로 미루고 또 미루고 하는 과업이 되는 것이죠.

다시 제품기획 직무의 사례로 돌아와서…

이렇듯 SME가 '행동'이 아닌 것을 자꾸 성과행동에 대한 질문의 답변으로 대답하는 경우가 많은데 이것을 그대로 직무기술서의 '성과행동'란에 기록하는 것은 잘못된 것입니다. 반드시 행동으로 성과행동을 만들어야 하는데요, 일단 위의 대답을 통해 SME가 해당 성과목표를 달성하는데 새로운 것을 기획하는 기획력이 정말 중요하다는 '단서'는 던져줬단 말이지요. 그것 그 자체로는 성과행동이 될 수는 없지만 일단 그 기획력이 성과목표를 달성하는데 정말 중요하다는 것은 그 대답으로부터 알 수 있게 되었습니다. 좋은 직무분석가는 여기서 또 다른 연관된 질문을 SME에게 던져서 '성과행동'을 도출해낼 수 있습니다.

"그렇다면 혹시 새로운 것을 기획하는 기획력이 뛰어난 사람들은 구체적으로 어떤 행동특성이 있는지 말씀해주시겠어요?"

그러면 SME는 이 질문에 대한 답변으로 이런 대답을 할 수 있겠지요.

"새로운 것을 기획하는 기획력이 뛰어난 사람들은요… 새로운 아이디어가 떠올랐을 때 이를 즉각 메모하고, 기회가 될 때마다 자신의 아이디어를 사람들과 공유해서 그 아이디어를 검증받는 특성이 있습니다."

그러면 우리는 이 답변으로부터 이러한 성과행동을 만들 수 있겠죠.

'새로운 아이디어가 떠올랐을 때 즉각 메모하고 이를 주변사람들과 수시로 공유한다'

이것은 행동이죠. 그러니 이것을 제품기획 담당자 직무의 성과행동으로 삼을 수 있습니다.

그런데 왜 성과행동은 이렇게 반드시 행동이어야 할까요? 제가 답을 드리기 전에 한 번 생각해 보시기 바랍니다. 왜 '새로운 것을 기획하는 기획력이 뛰어나다'와 같은 형태는 성과행동이 될 수 없는 것일까요?

이 성과행동은 직원들을 '평가'하는 기준으로도 작용을 하지요. 그리고 관리자가 부하직원들을 구체적으로 관리하고 피드백을 실시하는 기준이 되기도 합니다. 그런데 그러한 용도로 활용되는 성과행동이 '기획력이 뛰어나다'와 같은 형태라면 관리자가 이걸 눈으로 확인해서 부하직원을 평가하거나 평상 시 피드백을 주기가 불가능하죠.

반면 '새로운 아이디어가 떠올랐을 때 즉각 메모하고 이를 주변 사람들과 수시로 공유한다'와 같은 형태는 관리자가 눈으로도 확인 가능하고 부하직원에게 피드백을 주기도 좋죠.

 a) "너 요즘 기획력이 떨어지는 것 같애"
 b) "너 요즘 새로운 아이디어가 떠올랐을 때 즉각 메모하고 그걸 동료들하고 공유하는걸 잘 안하는 것 같애."

두개의 피드백은 받아들이는 사람으로서도 참 다릅니다.

a)는 웬지모르게 좀 기분 나쁘죠. 그리고 그 피드백으로 받고도 그래서 내가 뭘 어떻게 해야할 지도, 그리고 피드백을 주는 사람도 그래서 뭘 어떻게 하라고 말하기도 힘듭니다.

반면 b)의 경우는 그렇게 기분 나쁘지 않게 받아들일 수 있을 것 같습니다. 그리고 피드백을 받은 사람도 '아, 그럼 내가 앞으로는 더 자주 공유해야겠구나'라고 앞으로 어떻게 해야할 지도 구체적으로 그려질 뿐 아니라, 피드백을 주는 사람도 원하는 바를 구체적으로 전달할 수 있지요.

이러한 이유 때문에 성과행동을 가급적 구체적인 행동으로 도출하라고 요구하는 것입니다.

나. 성과행동에는 행동의 중요한 방향과 방식이 표현되어야 합니다.

우리가 건강이란 CSF를 확보하기 위해서는 무엇을 해야하죠?

'운동'을 해야 합니다.

그래서 성과행동을 그냥 '운동을 한다'로만 도출하면 안됩니다.

위에서 말씀드린 대로 성과행동은 직원들을 평가하는 용도로 활용이 됩니다.

우리가 '건강'이란 CSF를 도출하기 위해서 '운동을 한다'라는 성과행동을 도출했다고 가정합시다. 그리고 이를 기준으로 사람들을 평가하려고 합니다.

A라는 사람은 일주일에 3번, 한 번 할 때마다 30분씩 꾸준히 운동을 합니다.

그리고 B라는 사람은 너무 바빠 일년 중 하루를 몰아서 24시간 운동을 합니다.

이 둘은 '운동을 한다'라는 성과행동으로 평가를 하게 되면,

먼저 A, 일주일에 3번 운동을 하니까 이 '운동을 한다'라는 성과행동에 부합하겠죠. 좋은 평가를 받습니다.

그리고 B, 일년에 하루 24시간 운동을 하니까 이 '운동을 한다'라는 성과행동에 부합합니다. 이 사람도 좋은 평가를 받습니다.

그런데 우리가 일년에 하루를 몰아서 24시간 운동을 하면… '건강'이란 CSF를 확보할 수 있나요? 그렇지 않겠죠? 건강해지기는 커녕 오히려 건강을 망칠겁니다.

하지만 단지 '운동을 한다'는 성과행동을 가지고 사람들을 평가를 하게 되면, 이렇게 일년에 하루 24시간을 운동해서 건강을 망치는 사람도 '좋은

평가를 받게 되는 경우가 생기는 것이죠. 평가는 사람들에게 해당 행동을 '강화'함으로써 CSF를 잘 확보하고 나아가서 더 많은 성과를 낼 수 있도록 유도하는 활동인데, 성과행동을 잘못 설정하게 되면 이를 망쳐버리게 됩니다.

만약 성과행동을 '정기적으로 꾸준히 운동을 실시한다'로 바꾸면 어떻게 될까요?

일주일에 3일 꾸준히 운동을 실시하는 A는 이 성과행동에 부합하니 좋은 평가를 받을 것이고,

일년에 하루를 몰아서 운동을 하는 B는 이 성과행동에 부합하지 않아서 나쁜 평가를 받을 것입니다.

그렇게 되면 사람들은 '아, 내가 좋은 평가를 받기 위해서는 정기적으로 꾸준히 운동을 해야 하는 거구나'라는 시그널을 받아서 그 행동을 더욱 잘 하려고 노력할 것이고, 그 노력의 결과 많은 사람들이 건강이라는 CSF를 확보할 수가 있게 되는 것이지요.

이렇게 성과행동을 잘 도출해야만 올바른 관행들을 조직 내 직원들에게 스며들게 할 수 있는 것입니다.

다. 가급적 SME의 노하우가 담겨야 합니다.

여러분들의 회사의 SME분들은 그들의 노하우를 잘 공유하던가요? 잘 공유하지 않던가요? 대부분 잘 공유하지 않지요? 그 노하우가 자신이 회사에서 인정받을 수 있도록 만들어주는 무기이기 때문에 웬만해선 잘 공유하지 않습니다.

하지만 회사의 입장에서는 어떤가요? 그 사람의 머리속에만 있는 노하우를 그냥 그 SME의 머리속에만 놓아두어야 할까요? 아니면 최대한 형식지화 해서 회사의 자산으로 보유해야 할까요? 당연히 후자겠지요.

하지만 SME들은 노하우를 잘 공유하지 않습니다. 그래서 이것은 참 어려운 과정입니다.

그런데 경험상 보게 되면, 유독 이 직무분석 인터뷰를 실시할 때 만큼은 SME분들이 자신의 노하우를 적극적으로 공개하더라는 것입니다.

그 이유는 몇가지가 있는데 사람들은 누구든 자신이 도움이 되기를 바라는 마음이 있습니다. 더구나 SME라는 포지션은 회사가 공식적으로 우수성과자로 인정한 포지션입니다. 그래서 이들은 뭔가 자신이 조금이라도 남들과 다르게 일하는 점들을 어필하고 싶어합니다. 그리고 또 한편으로 자랑하고 싶은 마음도 생기는 자리가 바로 이 직무분석 인터뷰의 자리가 되는 것이지요.

그래서 인터뷰를 실시할 때 인사담당자가 "역시 SME는 다르시네요!!**" "아니 어떻게 그렇게 기발한 생각들을 하실 수가 있죠?!"와 같은 칭찬 섞인 감탄사들을 하게 되면 그들은 더 신이 나서 여러분들께 더 좋은 정보를 드리려고 할 겁니다. 이 시기에 SME의 노하우를 다른 사람도 따라할 수 있는 '성과행동'으로 만들어서 직무기술서라는 형식지에 정리해 놓음으로써 SME가 회사를 떠나더라도 그 노하우의 일부는 회사에 형식지 형태로 남을 수 있도록 할 수 있는 것이지요.

[그림50] 성과행동의 요건

1. 반드시 행동이어야 함

자주하는 실수
ex 잘못된 예: 새로운 것을 기획하는 기획력

'이러한 기획력을 갖춘 사람들은 어떤 행동을 잘하는가?'

새로운 아이디어가 떠올랐을 때 즉시 메모하고 사람들과 공유한다

2. 행동의 중요한 방향과 방식이 표현되어야 함

잘못된 예	잘된 예
운동	정기적으로 내 몸에 맞는 운동을 찾아 꾸준히 실행
채용	각 직무에 적합한 인재를 채용하기 위해 직무기술서를 활용
교육	직무별 필요 교육요소를 찾아 가장 효과적인 방법으로 교육

3. 가급적 SME의 노하우가 담겨야 함

산소 운동과 근력 운동을 균형 있게

사전 직무분석을 통해 /
적합한 채용의 방법을 기획하여

* SME(고성과자)와 일반성과자의 차별화된 행동특성이 가장 바람직

그래서 성과행동은 아주 단순한 것 보다는 조금 더 구체적인 것이 좋습니다.

이 성과행동은 나중에 '학습목표'로 연결되어서 교육의 내용을 구성하고 교안을 만드는 기준이 되기도 하는데요. 예를 들어 '운동을 한다'라고만 성과행동이 설정되고, 이 '운동을 한다'라는 행동을 잘 할 수 있도록 도움을 주는 교육과정을 만들려고 했을 때 그 교육 내용에 들어가는 내용은 어떤 운동들이 있는지 정도가 교육 내용으로 들어갈 수 있을 것입니다.

그런데 만약 성과행동을 '내 몸에 맞는 운동을 찾아서 정기적으로 꾸준히 운동을 실시한다'라고 설정이 되고 이러한 성과행동 상의 행동을 잘 할 수 있도록 도와주는 교육이 구성된다면, 그 내용으로 '어떤 운동들이 있는지' 뿐 아니라 '내 몸에 맞는 운동을 찾는 방법', '정기적으로 운동을 못하는 이유와 이를 극복하는 노하우' 등이 교육의 내용으로 담길 수 있겠지요. 실제 이러한 내용이 교육과정에 담기게 되면 '건강'을 확보하기에 더 좋은 교육이 제공될 수 있을 것입니다.

그런데 이 성과행동을 만드는 것이 어려운 점은 또 너무 구체적이면 안된다는 점입니다. 참 애매하죠.

너무 구체적인 성과행동은 좋지 않다는 것은 이러한 의미입니다.

건강이라는 CSF를 확보하기 위해 '자신의 몸에 맞는 운동을 정기적으로 꾸준히 실시한다' 정도의 성과행동은 좋습니다. 그런데 만약 '정기적으로 꾸준하게 사이클을 20분 타고 역기를 40회, 러닝머신을 30분 탄다'라고 성과행동을 설정하게 되면 정기적으로 운동을 하는 사람들 중에 자신의 몸에는 러닝머신이 맞지 않아서 다른 운동을 하는 사람들은 좋은 평가를 받지 못할 수도 있겠지요. 충분히 몸에 좋은 운동을 함에도 불구하고 단지 '러닝머신'을 안했기 때문에 불이익을 받는 것은 옳지 못합니다. 따라서 구체적이긴 구체적이되 어느정도 보편성을 가진 행동의 유형들이 도출되어야 한다는 점이 참 어렵습니다.

"자신의 몸에 맞는 운동을 찾아 정기적으로 꾸준히 운동을 실시한다"는 상당한 보편성을 가시고 있죠. 그 어떤 누구라도 이리한 행동을 잘 해야만 건강이라는 CSF를 확보할 수 있을테니까요.

자, 그러면 이러한 점들에 유의하면서 이전 도출한 여러분들 직무의 CSF를 확보하기 위해 어떤 성과행동 상의 행동들을 잘 해야 하는지, 한 번 도출해보시기 바랍니다.

5

성과행동 상의 행동을 촉진하는 지식, 기술, 태도(직무역량) 도출하기

(1) 직무역량에 대한 구체적 개념 정립

CSF를 확보하기 위한 다양한 성과행동이 도출되었으면 다음 단계는 그 성과행동 상의 행동을 잘 할 수 있도록 만들어주는 지식과 기술은 무엇인지 도출하는 '직무역량' 도출단계로 넘어갑니다. (일반적으로 지식, 기술, 태도를 말하지만 본 책에서는 태도는 제외하고 설명 드리도록 하겠습니다.)

  직무역량이라 함은 CSF를 확보하기 위해 잘 해야 하는 행동인 '성과행동' 상의 행동을 실제 잘 할 수 있도록 만들어주는 지식과 기술을 말합니다. 옆의 그림에서 '건강'이라는 CSF를 확보하기 위해서는 '건강에 나쁜 음식은 피하고 건강에 좋은 음식을 만들어 먹는다' 라는 행동을 잘 해야합니다. 그런데 건강에 나쁜 음식에는 어떤 것들을 있는지 알지 못하면 이 행동을 잘 할 수가 없겠지요. 그리고 건강에 좋은 음식을 만들어 먹으려면 건강에 좋은

직무역량 직무 수행자가 본인에게 부여된 성과행동의 행동을 잘하기 위해 갖춰야 하는 지식과 기술 및 성격특성

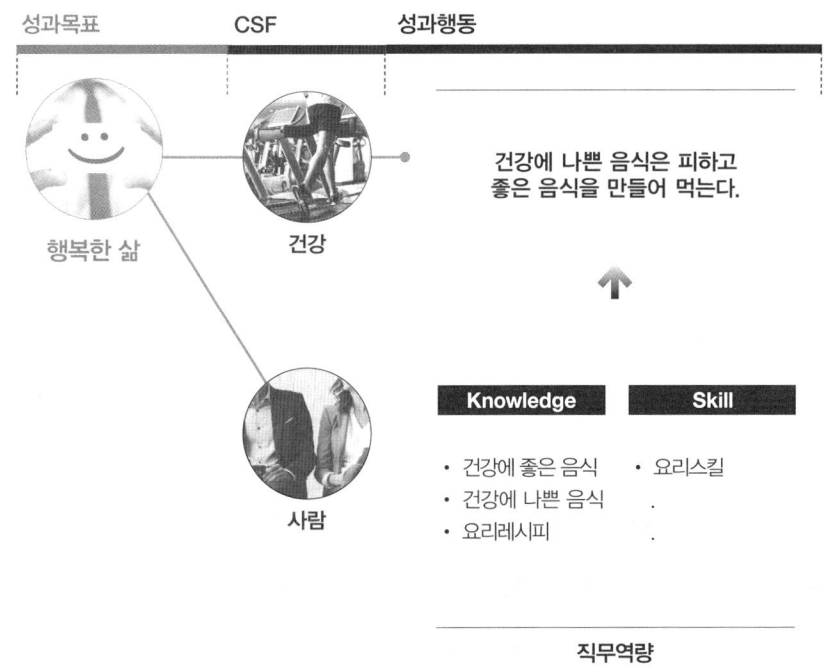

[그림8] 직무역량의 개념

음식에는 또 어떤 것들이 있는지를 알아야 하고 그 음식을 만드는 방법인 레시피도 알아야 하며 '만들어' 먹어야 하기 때문에 요리 재료들을 다듬는 등의 요리 스킬도 갖추고 있어야 합니다.

이때 건강에 나쁜 음식의 종류, 건강에 좋은 음식의 종류, 건강에 좋은 음식을 요리하는 레시피에 대한 지식과 요리스킬 같은 것들이 바로 직무역량이 되는 것이지요. 명명하기에 따라 다르겠지만 아마 이러한 지식과 기술들의 조합을 '음식관리 역량'이라 부를 수 있을 것 같습니다.

조금 전에 설명 드린 내용은 이 책의 서두에서 이미 한 번 말씀드린 내용이고 지금은 이것보다 더 구체적으로 직무역량에 대한 설명을 드리도록 하겠습니다. 이 역량이란 개념은 생각보다 설명이 쉽지 않습니다. 그래서 많은 책에서 이 역량에 대한 설명들을 하고 있는데 독자들이 그 설명을 보면서 역량의 개념을 잡는 것이 쉽지는 않습니다. 저도 그랬구요. 그래서 지금부터 3단계에 걸쳐서 역량의 구체적 이해를 돕기 위한 설명을 드리겠습니다.

먼저 1단계 설명입니다.

그림 51은 빙산을 통해 역량의 개념을 설명하는 그림입니다. 가장 보편적으로 사용하는 역량에 대한 설명 방법이죠.

빙산은 눈에 보이는 부분의 이면에 보이지 않는 어마어마한 부분이 있지요. 그 눈에 보이는 부분을 우리는 빙산의 일각이다… 이렇게 말하는데요, 역량이 이와 유사한 구조로 되어 있다는 것입니다. 우리가 외형적으로 확인 가능한 '성과'라고 하는 것이 만들어지려면 그 특정 성과를 만들어내는데 필요한 지식과 기술 그리고 태도라고 불리우는 성격적 특성이 갖춰져야만 해당 성과가 만들어진다는 것이지요. 이 때 이러한 특정 성과를 만들어내는데

[그림51] 역량의 개념 Step 1

Iceberg Model

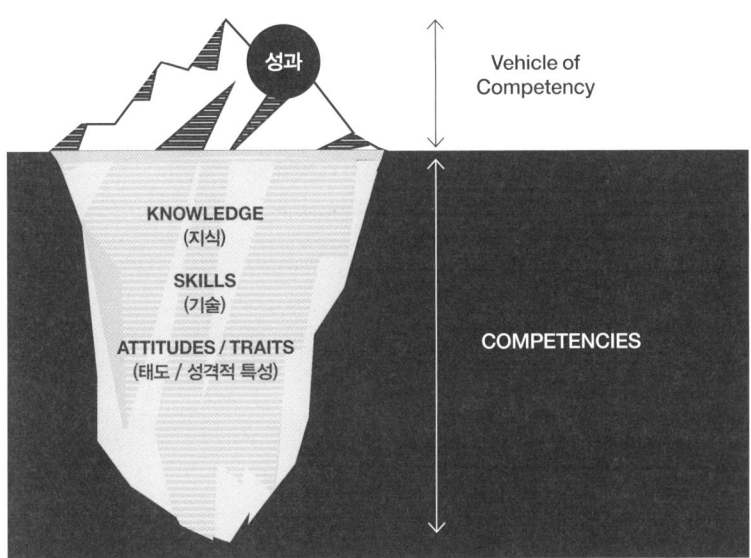

역량

- 역량(Competency)이란 우수한 성과를 내기 위해 필요한 직원들의 특성, 지식(knowledge), 기술(skills), 태도(attitude)들의 조합임

　＊ 출처 역량과 성과(Spencer & Spencer, 1993)

필요한 지식과 기술 그리고 태도의 '조합'을 '역량'이라고 부릅니다.

이 설명이 대부분의 역량관련 서적들에서 소개되는 전통적 역량 설명 방법이지만 사실 이 설명만으로는 뚜렷하게 이해가 되지 않습니다. 저도 그랬습니다. 그래서 2단계 설명을 통해서 조금 더 구체적인 설명을 드려보도록 하겠습니다.

[그림52] 역량의 개념 Step 2

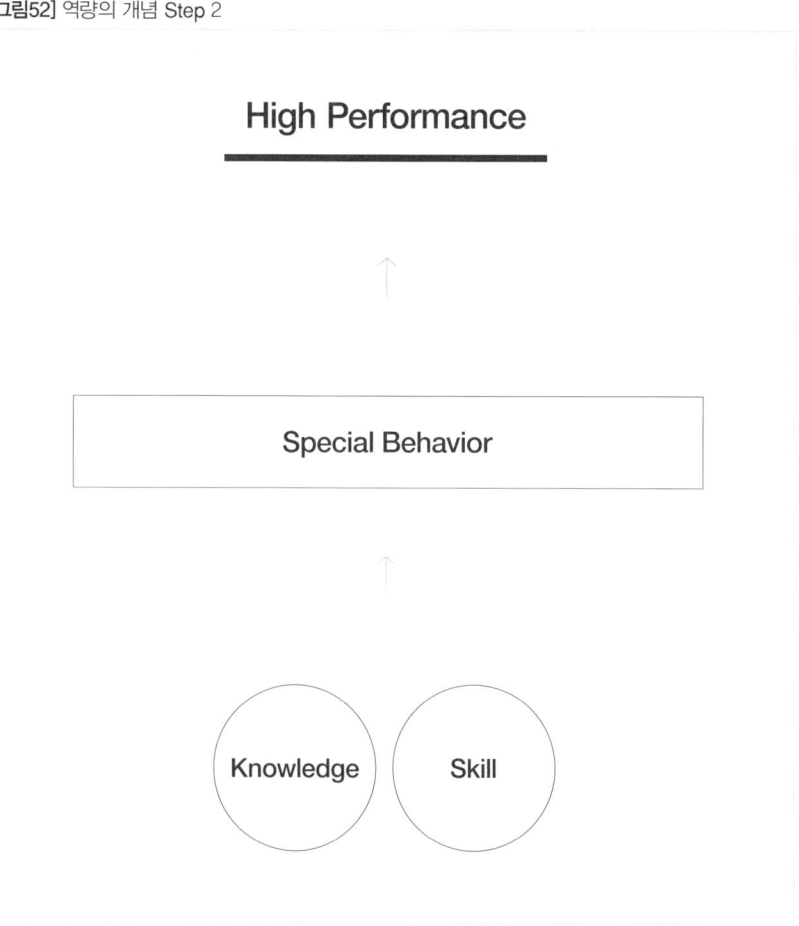

회사의 모든 일들에는 그 일을 수행하는 사람의 업무를 통해 만들어내야 하는 성과라는 것이 있습니다. 가능하면 해당 직무 수행자가 더 많은 성과를 만들어낼 수록 좋겠죠.

그런데 이 성과는 그냥 만들어지는 것이 아니라 그 성과를 만드는데 필요한 '행동'들을 잘 했을 때 비로소 성과가 만들어지는 것이지요. 이전 성과행동 부분에서 설명 드린 바와 같이 '행동 없는 성과는 없습니다.'

그렇다면 그 행동은 아무나 다 잘 할 수 있느냐, 그렇지 않고 그 행동을 잘 할 수 있도록 만들어주는 지식과 기술 그리고 옆의 그림에서는 별도로 표시하지 않았지만 태도를 갖추고 있을 때에만 그 행동을 잘 할 수 있게 되는 것이고 이 때 이 지식, 기술 그리고 태도의 조합을 우리는 직무역량이다… 라고 이야기합니다.

그럼 마지막으로 역량의 3단계 설명을 드리도록 하겠습니다. 조금 전 2단계 설명에서 보셨던 모형을 '변호사 직무'의 예를 통해서 설명 드리도록 하겠습니다.(그림 53)

변호사가 만들어내야 하는 가장 중요한 성과목표 중 하나는 자신이 맡은 소송에서 이기는 것(승소)입니다.

그렇다면 변호사가 법률에 대한 지식만 많다고 승소할 가능성이 높아지느냐, 그렇지 않다는 것이지요. 예를 들어 아무리 법률에 대한 지식이 많아도 변호사가 법정에서 자신의 생각을 잘 표현해내지 못한다면 승소라는 성과를 만들어낼 가능성은 낮아질 수도 있습니다.

변호사가 자신의 맡은 사건에서 이기는 승소라는 성과를 만들기 위해서는 일단 자신이 맡은 사건에 대해 철저하게 정보를 수집해야 합니다. 이 사

[그림53] 역량의 개념 Step 3

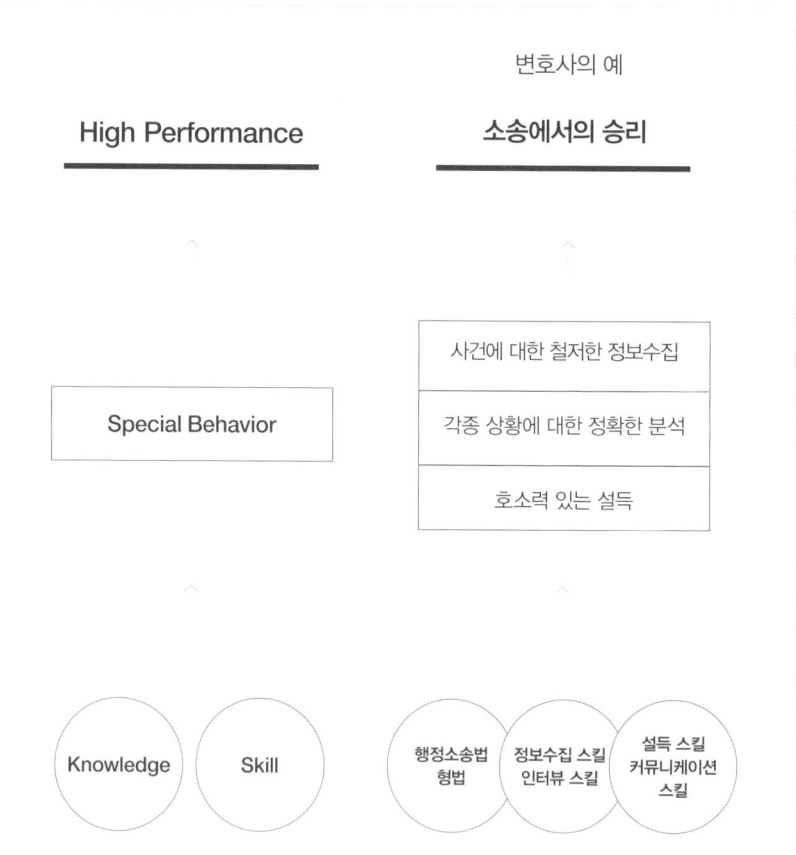

건의 주변에 어떤 인물들이 있는지, 그들 간의 관계는 어떤지, 금전관계나 치정관계는 있는 지 등… 사건과 관계된 이슈들을 꼼꼼히 파악하는 것이 중요합니다.

그리고 이 사건의 상황을 본인이 수집한 정보들을 토대로 법률적으로 분석하는 일을 잘 해야 하겠지요. 마지막으로 자신이 분석한 바에 의해 변호사로서 주장하는 것을 법정에 나가서 판사와 배심원들에게 잘 설득해야 합니다. 이러한 일련의 '행동'들을 잘 수행해야만 소송에서 승리할 가능성이 높아지시겠죠.

사건에 대해 철저한 정보수집을 잘 하기 위해서는 정보수집스킬 또는 사람들이 솔직하고 정확한 정보들을 말할 수 있도록 유도하는 인터뷰 스킬 등을 갖춰야 합니다. 그리고 사건 상황을 '법률적'으로 분석하기 위해서는 상법, 민법, 형사소송법 등 이 사건과 관련된 법률을 알고 있어야만 법률적 분석을 할 수 있겠지요. 만약 법을 모른다면 상식적 분석은 가능하겠지만 법률적 분석은 완전 불가능합니다. 마지막으로 법정에 나가서 판사와 배심원들을 잘 설득하기 위해서는 설득스킬, 커뮤니케이션 스킬 등을 갖췄을 때 그러한 설득행위를 더 잘 할 수 있을 것입니다.

이때 이 정보수집스킬, 인터뷰스킬, 형사소송법 등 (관련법률)에 대한 지식, 설득력 및 커뮤니케이션 스킬 등을 우리는 변호사 직무가 소송에서의 승리라는 성과를 만들어 내기 위해 필요한 '역량'이라고 부르는 것입니다.

만약 변호사의 성과목표를 승소가 아닌 '많은 사건 수임(영업)'이라고 설정하면 필요한 역량은 동일할까요 아니면 달라질까요?

달라지겠죠. 성과가 달라지니까 성과행동도 조금 차이가 있을 수 있고 성과행동이 달라지면 그 행동을 잘 하기 위해 갖춰야 하는 역량도 달라집니다.

설명 드린 것이 바로 '역량중심 교육체계'의 가장 기반이 되는 설명이자 '저성과자 관리'의 핵심이라고 볼 수 있습니다.

그러니까 승소율이 높은 변호사(고성과자)가 어떤 역량을 보유하고 있는지를 '직무분석'을 통해 도출하고 이 '직무역량'을 교육의 형태로 저성과자들에게 주사를 놓음으로써 저성과자들의 몸에 이러한 직무역량이 투입되면 어떤 결과가 나타날 가능성이 높아지겠습니까? 저 그림에서 중간에 위치한 '행동'들을 그 전보다 더 잘 할 수 있게 되겠죠? 그래서 저성과자들이 그 행동들을 이전보다 더 잘 수행하게 되면 더 좋은 성과가 만들어질 가능성이 높아집니다. 우리가 보통 저성과자관리의 한 방법으로 해병대 캠프 같은 것들을 많이 떠올리는데 해병대를 아무리 많이 다녀와도 저 지식과 기술이 없다면 절대 성과는 개선되지 않죠. 해병대를 보내더라도 필요한 역량에 대한 교육과 병행해서 이루어져야 실질적으로 성과를 견인할 수가 있는 것이지요.

이 직무역량은 인사관리의 어느 분야에 주로 활용될까요? 다양한 활용 분야가 있지만 가장 대표적인 활용 분야는 역시 교육입니다.

예를 들어 인사관리 직무에게 필요한 지식으로 근로기준법에 대한 지식이 필요하다고 도출되었으면 인사관리 직무를 담당하고 있는 사람들에게는 근로기준법에 대한 교육을 받을 수 있도록 회사는 관리를 해야 하겠죠. 근로기준법에 대한 지식이 없으면 인사관리 직무 담당자가 수행해야 하는 '성과행동' 상의 행동을 하지 못해서 창출해야 하는 성과를 제대로 만들어낼 수 없으니까요.

그리고 이 직무역량은 직원들을 채용할 때 후보자들이 채용 직무에 얼마나 적합한 지를 판단하는 기준으로도 활용됩니다. 그러니까 인사관리 직무 담당자에게 필요한 역량이 옆의 그림 54와 같이 근로기준법, 평가구조에 대

[그림54] 직무역량의 활용

1. 직원 교육에 활용

- 성과를 높이기 위해 직무수행자에게 어떤 교육을 제공해주어야 하는지 알 수 있음 (스스로 부족한 역량을 찾을 수 있음)

인사관리직무	
Knowledge	Skill
• 근로기준법 • 평가구조 • 엑셀기본	• 기획력 • 문서작성 • 분석력 • 의사소통

이러한 지식과 기술을 우선적으로 교육

2. 직원 채용에 활용

- 많은 후보자 중 어떤 역량을 보유한 사람을 채용해야 하는지의 기준으로 삼을 수 있음

A	B
중점 검증대상	검증방법
• 근로기준법 • 평가구조	• 이론시험 • 구술시험
• 문서작성 • 기획력	• 실기시험 (기획서 작성)

한 지식 그리고 문서작성 및 기획력과 같은 스킬이 있다고 하면 가급적 인사관리 직무 담당자로 이러한 지식과 스킬을 갖춘 사람들이 채용되는 것이 좋겠지요. 그런데 채용 후보자들이 이 역량을 실제 보유하고 있는지 없는지, 보유하고 있다면 어느정도 수준으로 보유하고 있는지는 서류전형을 통해서 제대로 검증할 수가 없을 것입니다. 따라서 면접 전형에서 후보자들이 이러한 역량을 어느정도 보유하고 있는지를 검증하는 면접 절차를 인사담당자는 기획해서 실시해야 그 직무에 가장 적합한 인재를 채용할 가능성이 높아질 것입니다.

자, 그러면 이제부터 여러분들이 이전에 도출하셨던 성과행동 상의 행동을 잘 할 수 있도록 하기 위해 어떤 지식과 기술이 필요한 지, 여러분들 직무가 갖춰야 하는 직무역량을 한 번 도출해보도록 하겠습니다. 이번에는 조금 특별하게 직무역량 도출 방법을 설명 드리기 전에 먼저 도출하는 실습을 해보도록 하겠습니다. 왜냐하면 이 직무역량은, 직무역량을 도출할 때 어떤 어려움이 느껴지는 지를 먼저 경험한 후 도출하는 방법을 설명 드리는 것이 더욱 효과적일 것 같아서 설명 전 실습을 먼저 해보도록 하겠습니다.

이전 챕터에서 도출하셨던 '성과행동' 상의 행동을 잘 할 수 있도록 만들어주는 지식과 기술에는 어떤 것들이 있는지 찾아보세요.

(2) 직무역량 도출방법

직무역량을 도출하는 방법에 대해 설명을 듣지 않으신 상태에서 직무역량을 도출해 보시니… 어떠신가요? 하실만 하신가요? 아마 많은 분들께서 조금 어려움을 느끼신 부분이 있을 것입니다. 대체적으로 어떤 부분에서 어려움들을 느끼시냐면,

과연 뭐가 지식이고 뭐가 기술인지… 이 둘을 구분하는 것을 어려워하십니다. 지식과 기술을 구분짓는 기준말입니다.

질문을 드려보겠습니다. 엑셀함수 다루는 방법은 지식에 해당될까요? 기술에 해당될까요? 대부분 이 질문에 사람들마다 다른 답변을 하십니다. 어떤 분들은 엑셀함수 다루는 방법의 경우는 지식이다. 아니다, 이것은 기술

이다.

답을 말씀드리면 '엑셀함수 다루는 방법'은 지식에 해당됩니다. 그러면 수채화 그림을 그리는 방법은 지식일까요? 기술일까요? 둘 다 '방법'이니 마찬가지로 지식일까요? 그렇지 않습니다. 수채화 그리는 방법은 기술입니다. 과연 지식과 기술을 구분 짓는 기준은 무엇일까요?

제가 컨설턴트 한 3~4년차 정도 되었을 무렵, 한 회사의 역량모델링이라는 프로젝트를 진행하고 있었습니다. 역량모델링이란 쉽게 말씀드리면 특정 기업의 각 구성원들에게 필요한 역량을 도출하고 이 역량 수준을 측정하기 위한 판단기준인 성과행동 등을 도출하는 과정인데요, 그 프로젝트를 진행하면서 질문을 하나 받게 되었습니다.

"컨설턴트님. 뭐가 지식이고 뭐가 기술인가요? 이 둘을 구분 짓는 기준은 뭔가요?"

그 질문에 저는 대답하지 못했습니다. 그때까지 '감(느낌)'으로 그 둘을 구분해왔던 것이죠. 그런데 막상 그 둘을 구분 짓는 기준을 물어보니 답변이 막막한 겁니다.

회사로 돌아가서 다른 컨설턴트 분들께 물어봤습니다. 지식과 기술을 구분 짓는 기준이 무엇인지… 다양한 의견들이 나왔지만 모두 다 석연치 않았습니다. 책을 찾아봐도 이 둘을 구분 짓는 기준은 그 어디에도 나와있지 않았습니다. 그래서 그 때부터 연구하기 시작했고 그때 깨닫게 된 지식과 기술을 구분 짓는 기준을 지금부터 설명 드리겠습니다.

그런데 그 어느 책에도 이 둘을 구분 짓는 기준이 설명되어 있지 않고 그 누구도 이 둘을 구분 짓는 기준을 자신 있게 설명하지 못했던 데에는 나름의 이유가 있습니다. 이 둘을 구분 짓는 기준이 상당히 추상적입니다. 단순한 설명으로 정확히 그 기준을 이해하는 데에는 한계가 있습니다. 그래서 지금부터 지식과 기술을 구분 짓는 기준에 대해 조금 추상적으로 설명을 드릴테니 집중해서 이해해주시기 바랍니다.

개그맨에게 가장 중요한 성과는 무엇이겠습니까?

[그림55] 지식/기술의 구분 기준

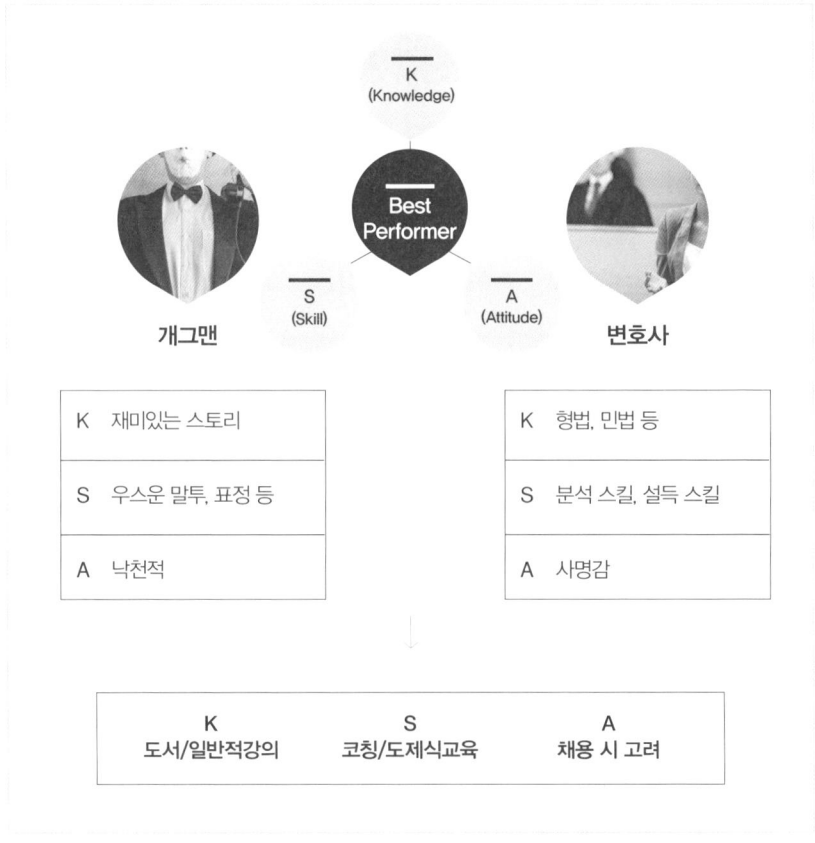

개그맨의 가장 중요한 성과는 사람을 웃기는 것이죠.

그렇다면 개그맨이 사람을 웃기려면 일단 어떤 조건이 필요하겠습니까?

개그의 스토리 그러니까 개그 소재 자체가 좀 웃겨야겠죠. 아무리 뛰어난 개그맨이라도 개그 소재 자체가 재미 없으면 사람들을 웃기기 힘듭니다.

그런데 개그 소재가 재미있으면 어떤 개그맨이라도 사람들을 다 웃길 수 있을까요?

그렇지 않습니다. 우리 주변에도 어떤 친구가 이야기를 하면 빵빵 터지는데, 어떤 친구가 이야기하면 똑같은 이야기를 가지고도 분위기를 썰렁하게 만드는 친구들이 있지요. 토씨하나 다르지 않게 이야기를 하더라도 말입니다.

왜 그런 차이가 발생되는 걸까요? 이야기가 똑같더라도 그 이야기를 전달할 때의 말투, 억양, 제스쳐 및 표정 등의 차이로 인해서 웃기는 정도가 달라지는 것이죠. 이때 개그 스토리, 개그 소재는 일종의 지식이고 말투, 억양, 제스쳐 등은 스킬의 영역입니다. 지식이란 것은 누가 하든지 간에 똑같고 스킬이란 것은 하는 사람마다 다 다릅니다. 이것이 지식과 기술을 구분 짓는 핵심 기준입니다. 하지만 단지 이 설명만으로는 지식과 기술을 구분 짓는 기준이 명확하게 와 닿지 않습니다. 하여 추가적으로 몇개의 예를 더 들어드리겠습니다.

여러분들에게 된장찌개를 끓이는데 필요한 재료를 드리고 그 재료를 가지고 된장찌개를 끓여 달라고 부탁을 드립니다. 그리고 우리나라에서 된장찌개를 가장 잘 끓이는 요리사에게 똑같은 재료를 주고 된장찌개를 끓여 달라고 부탁을 합니다. 그럼 재료가 똑같으니 된장찌개의 맛이 똑같을까요? 다르겠죠? 아무리 똑같은 재료를 가지고 된장찌개를 끓여도 누가 끓였느냐에 따라 맛이 달라집니다.

이때 된장찌개 재료는 '일종의' 지식이구요, 우리가 보통 '손맛'이라고 표현하는 그것은 일종의 '스킬'입니다. 여기에 '정성'이라고 하는 '태도'가 들어가서 더욱 맛있는 된장찌개가 만들어지는 것이지요.

제가 여러분들께 이승철의 '네버앤딩 스토리'라는 노래를 불러드립니다. 그 때 제 노래를 들으시면서 느끼는 감동과 이승철이 직접 똑같은 노래를 부를 때 여러분들이 이승철의 노래를 들으면서 느끼는 감동이 '노래'가 똑같으니까 감동이 똑같을까요? 다르겠죠? 그때 그 악보에 적힌 노래 자체는 일종의 '지식'이구요, 가창력이라고 표현하는 그것은 스킬이 되는 것입니다.

마지막으로 어떤 시나리오를 가지고 제가 연기를 하는 모습을 여러분들이 보면서 느끼게 되는 감동과 똑같은 시나리오를 가지고 송강호나 최민식 같은 배우가 연기를 하는 모습을 보면서 느끼게 되는 감동이 똑같겠습니까? 다르겠지요. 이 때 이 시나리오라는 것은 일종의 '지식'이 되고 '연기력'이라고 하는 것은 스킬이 되겠습니다.

이게 바로 지식과 기술(스킬)을 구분 짓는 기준이죠.

여기에 태도라고 하는 것이 하나 더 있는데 이것은 지식도 아니고 스킬도 아닌, 어떤 성격적 특성 또는 정신적 특성을 말합니다. 이것은 지식과 스킬과는 확연히 구분되는 개념이죠. 보통 꼼꼼함, 승부욕, 정의감, 창의성 등과 같은 멘탈의 영역입니다.

우리가 성과를 만들어내는 것은 우리가 하는 일에 필요한 지식을 바람직한 태도를 가지고 스킬에 잘 태워 보냈을 때 성과가 만들어지는 것입니다.

예를 들어 직무분석 강의를 하는 것을 통해 설명하자면, 직무분석에 관한 다양한 지식들을 효과적 강의스킬에 태워서 수강생들에게 잘 전달했을 때 학습효과가 높아지는 것이지요. 여기에 자신감이라는 태도가 더해지면 교육효과는 더욱 좋아질 수 있겠지요.

이제 어느정도 이 지식과 기술을 구분 짓는 기준에 대해 이해하셨으리라 생각합니다. 그런데 직무분석을 통해서 이 지식과 기술을 구분 짓는 것이 왜 중요할까요?

지식이란 것은 책이나 강사의 설명을 들으면서 향상될 수 있는 영역입니다. 대표적 지식의 형태인 법률과 같은 것은 책을 보면서 독학하거나 강사의 설명을 들으면서 키워질 수 있죠. 하지만 기술이란 것은 책을 읽는다고, 또는 강사한테 설명을 듣는 것 만으로 향상이 되기 어렵습니다. 예를 들어 이승철이 노래 잘하는 방법에 대한 책을 쓰고 여러분들이 그것을 몽땅 외우면 책을 다 독파하는 순간 갑자기 노래를 잘 하게 될까요? 그렇지 않겠죠?

이 기술의 영역은 머리에 넣는다고 향상되는 것이 아니라 몸이 익혀야 합니다. 그래서 도제식이나 코칭 등의 방법으로 교육을 했을 때 효과를 볼 수 있는 개념이죠. 그래서 직무분석을 통해 이 지식과 기술을 구분해서 직무기술서에 기록을 해 놓아야 교육담당자나 그 직무수행자의 관리자가, '아, 이건 책을 좀 사서 비치를 해야 겠구나.' 아니면 '이 부분은 강사를 좀 섭외해서 설명을 들도록 해야겠구나.' 손쉽게 판단을 함으로써 효과적인 역량향상계획을 수립할 수 있는 것입니다. 기술의 경우는 '아, 이것은 우리 회사에서 이 기술이 제일 좋은 사람을 코치로 임명해서 수시로 부하/동료직원들에게 코칭을 할 수 있도록 제도를 만들어 봐야겠다.' 라고 교육담당자가 교육계획을 수립할 때 효과적 교육이 이루어질 수 있도록 참고할 수 있는 것입니다.

마지막으로 태도의 경우는 책이 되었든, 강사를 통해서든, 코칭을 실시하든 잘 향상되지 않습니다. 도덕성 없는 사람이 교육 몇차례 받는다고 갑자기 도덕적인 사람으로 변화하겠습니까? 정의감없는 정치인이 코칭 좀 받는다고 갑자기 정의로운 사람으로 변화되겠습니까? 이 태도의 경우는 교육이나 훈련이 잘 되지 않기 때문에 채용할 때 집중적으로 검증을 해야 하는 주제입니다. 지식과 기술은 입사 후 교육을 시키면 되는데 태도는 교육이 안되기 때문에 가능하면 '처음부터 그런 사람'을 선발하는 것이 가장 좋겠지요.

축구에 대한 지식과 스킬이 똑같은 수준인 축구선수들이 있다면 그 선수들 중 승부욕, 투지가 강한 사람이 축구를 더 잘할 가능성이 높습니다. 이 승부욕, 투지가 바로 태도에 해당되는 것들인데 이런 것들은 보통 타고 난다고 이야기하는 것들이죠. 물론 트레이닝이 아주 안되는 것은 아니지만 타고난 사람들을 당해내기는 쉽지 않습니다. 그래서 처음부터 승부욕이 남다르고 투지가 강한 사람을 선발하는 것이 좋죠.

태도 뿐 아니라 그 직무를 수행하는 사람들이 갖춰야 하는 지식과 기술도 입사 전 미리 보유한 사람을 선발하면 업무 적응 시간을 훨씬 단축시킬 수 있습니다. 이 지식, 기술 그리고 태도를 보유할 가능성이 높은 사람들의 특성을 정리한 것을 우리는 '직무자격'이라 부릅니다.

직무자격은 특별한 해설이 없다고 해도 무리 없이 도출하실 수 있으므로 간단히 설명 드리도록 하겠습니다.

6

직무역량을 보유할 가능성이 높은 사람들의 특성, 직무자격 설정하기

우리가 배우자를 찾을 때 '이러이러한 유형의 사람이면 나와 참 잘 맞겠다' 싶은 사람이 있지요. 내가 내성적이니까 배우자는 조금은 사교적이었으면 좋겠고 종교는 나와 같으면 좋겠고 등등… 이런 사람이 내 배우자가 된다면 가정이 화목하고 원만할 것 같은, 그런 이상적인 배우자의 상이 있을 것입니다.

직무도 마찬가지죠. '이러이러한 특성을 가진 사람이면 이 직무와 참 잘 맞겠다' 싶은 사람이 있습니다. 이것이 직무자격이죠. 그러니까 이 것을 직무분석적 표현으로 말하자면 '특정 직무수행 중 요구되는 성과창출을 위해 해당 직무수행자가 갖춰야 하는 요건'을 바로 직무자격이라고 하는 것이죠. '이러한 요건을 갖춘 사람이 이 직무를 수행하게 되면 그 직무가 만들어야 하는 성과를 잘 만들 수 있을텐데… '에 해당하는 요건을 말하는 것입니다.

그런데 지금까지 성과에 영향을 미치는 요소들을 학습하셔서 아시겠지만, 특정 성과를 만들어 내기 위해서는 반드시 CSF를 확보해야 하고, 더 많은 CSF를 보유할 수 있도록 만들어주는 성과행동 상의 행동을 잘 해야하며 성과행동 상의 행동을 잘 할 수 있도록 만들어주는 직무역량을 보유해야 합니다. 따라서 성과를 잘 만들어내는 사람들은 기본적으로 많은 '직무역량'을 보유하고 있는 사람들이며 직무자격은 이 직무역량을 보유한 사람들의 특성이 되는 것이죠.

그러니까 이러한 직무자격을 보유한 사람들은 그렇지 못한 사람들보다 더 많은 직무역량을 보유하고 있을 것이며, 이러한 직무역량을 많이 보유한 사람들은 성과행동 상의 행동을 잘 할 것이고 결국 더 많은 CSF를 확보함으로써 더 많은 성과를 만들어낼 가능성이 높은 것입니다.

반복해서 설명을 드리는 것이지만 어떤 직무를 분석하였더니 그 직무에 필요한 직무역량으로 재무제표 작성방법/ 결산방법 및 부가세 신고 및 환급방법에 대한 지식이 필요하다고 도출되었습니다. 그렇다면 학교에서 어떤 전공을 한 사람이 이런 지식을 갖출 가능성이 높을까요? 그렇습니다. 회계학이나 경영학 등을 전공한 사람이 다른 사람들보다 이런 지식을 보유할 가능성이 높겠죠. 그리고 공인회계사나 FRM 등의 자격증을 보유한 사람이 이러한 지식을 보유할 가능성이 높을 것이고 경력사원의 경우에는 과거 직장에서 부가세 신고 업무나 재무제표 작성업무 그리고 경영공시 업무를 담당한 경험이 있는 사람이 이러한 지식을 갖출 가능성이 높을 것입니다. 이러한 요건들이 바로 직무자격이 되는 것이지요.

이러한 직무자격은 인사관리의 어떤 분야에 활용이 될까요?

여러가지 다양한 분야에 활용이 되겠지만 특히 채용, 배치, 인적자원 개

성과목표 — CSF — 성과행동 — 직무역량 — **직무자격** — KPI

직무자격	해당 직무역량을 보유할 가능성이 높은 사람들의 특성

필요지식 재무제표 작성방법 / 결산방법 / 부가가치세 신고 및 환급방법

직무 자격요건 (Job Requirement)

요구 학력	☐ 고졸 ☐ 전문대졸 ☐ 대졸 ■ 대학원졸이상	
선호전공	회계/경영	
요구 경력	☐ 무 ☐ 1년이상 ☐ 3년이상 ■ 5년이상 ☐ 10년이상	
업무수행 경험	부가세 신고 재무제표작성 경영공시	
유사직무	자금	
추천 교육과정	IFRS 중급회계 법인세 조정과 신고실무 부가가치세 교육	
권장 자격증	재경관리사 공인회계사 FRM	

[그림10] 직무자격의 개념

발 분야의 기준으로 많이 활용 됩니다.

먼저 채용을 보겠습니다. 채용의 절차는 크게 서류전형과 면접전형으로 구분할 수 있을 것입니다. (회사에 따라 다양한 절차가 있지만) 그렇다면 이 직무자격의 경우는 채용의 어느 전형에서 활용될 수 있겠습니까?

그렇죠. 서류전형의 기준이 되는 것입니다. 이력서 및 자기소개서를 통해 면접 대상자들을 선별하는 과정을 진행하면서 누가 글을 잘 쓰는지 단지 누가 학벌이 좋고 토익 점수가 높은지 등을 통해 면접 대상자들을 선별하는 것이 아니라 이러한 직무자격에 누가 가장 부합하는 지를 통해 서류전형을 실시하는 것입니다. 이 직무자격의 내용들은 서류를 통해서 대부분 검증할 수가 있는 내용들이니 서류전형을 실시할 때 활용하는 것이지요.

그런데 해당 직무의 성과를 만들어 내기 위해 갖춰야 하는 직무역량의 경우는 서류로 걸러내기 쉬울까요? 어려울까요? 예를 들어 영어 커뮤니케이션 스킬의 경우는 서류전형에서 판단할 수 있겠습니까? 물론 토익 점수로 대략 파악할 수는 있겠지만 토익점수는 높은데 말은 못하는 사람들도 엄청 많으니 토익점수만 가지고 판단 했다가는 선발 후에 곤혹스러운 경우를 만날 수도 있을 것입니다. 이러한 역량은 서류를 가지고 판단하기가 어려우니 면접전형에서 검증을 하는 것이죠. 인사담당자는 특정 직무의 채용 절차를 진행하기 전, 그 직무의 직무기술서(명세서)를 면밀히 연구하여 면접 전형에서는 '어떤 사항'을 '어떤 방법'으로 검증할 것인지를 미리 연구함으로써 적합 인재를 채용하기 위한 면접 절차를 기획해야 합니다. 그러한 일들이 바로 인사담당자의 본질적인 업무가 되는 것이죠. 하지만 이러한 직무분석을 통해 제작한 직무기술서가 없다면 인사담당자가 그러한 업무를 수행하기는 현실적으로 어렵습니다.

그리고 직무자격은 직무에 적합한 인원을 '배치'할 때도 기준으로 작용하겠죠. 기왕이면 그 직무자격에 부합하는 사람을 그 직무로 배치하게 되면 조금이라도 더 성과가 만들어질 가능성이 높을 뿐 아니라 팀과 회사 전체에도 기여할 수 있을 가능성도 높아지니 직원도 좋고 회사도 좋을 수 있습니다. 물론 '어떤 직무이던간에 다양한 직무를 경험하라'는 철학을 가진 회사에서는 해당되지 않을 수 있겠지만 말이죠. (그러한 경우에는 적합하지 않은 사람이라고 하더라도 경험 차원에서 특정 직무에 배치하여 경험을 쌓게 할 테니 말이죠.)

마지막으로 특정 직무를 수행하고 있는 사람들에게 이러한 자격요건들을 갖추도록 경력개발 차원에서 회사가 지원해줄 필요도 있습니다. 회계업무를 수행하고 있는 사람들에게는 공인회계사, FRM 등의 자격증을 보유하도록 지원하고 관련된 교육을 이수할 수 있도록 도와주고 학위를 딸 수 있도록 권장해주는 여러가지 인적자원개발 과정에도 활용될 수 있는 것이지요. 그래서 기업들은 자격증을 딴 사람은 승진 인센티브를 주거나 교육이수를 한 사람에 한하여 승진 기회를 부여하거나 하는 방법들을 사용하는 것입니다.

그렇다면 이 직무자격은 어떻게 도출하면 될까요?

이 직무자격을 도출하는 가장 간단한 방법은 이전 단계에서 직무역량까지 도출되었으면 도출된 직무역량을 SME에게 보여줍니다. 그리고 아래와 같은 질문을 SME에게 하는 것이죠.

[그림56] 직무자격 도출방법

요구 학력	□ 고졸 □ 전문대졸 □ 대졸 ■ 대학원졸이상
선호전공	어떤 전공을 한 사람이 해당 지식과 기술을 많이 보유할 가능성이 높은가?
요구 경력	□ 무 □ 1년이상 □ 3년이상 ■ 5년이상 □ 10년이상
업무수행 경험	어떤 업무를 수행한 사람이 해당 지식과 기술을 보유할 가능성이 높은가?
유사직무	어떤 직무경험을 가진 사람이 해당 지식과 기술을 많이 보유할 가능성이 높은가?
추천 교육과정	어떤 교육을 받은 사람이 해당 지식과 기술을 보유할 가능성이 높은가?
권장 자격증	어떤 자격증을 보유한 사람이 해당 지식과 기술을 많이 보유할 가능성이 높은가?

보시는 바와 같이 다 동일한 유형의 질문이기 때문에 굳이 SME한테 일일이 질문할 것까지는 없을 것 같구요. 직무역량에 해당되는 지식과 기술을 SME에게 알려준 후 이런 지식과 기술을 갖출 가능성이 높은 사람들의 요

건에 대해서 위의 각 항목별(전공, 자격증, 업무경험..)로 정리해서 제출해 달라고 하면 어렵지 않게 작성해서 제출합니다. 이 내용들에 대해 SME만큼 잘 아는 사람은 없기에 이 내용은 SME의 의견을 전적으로 수용해서 직무기술서에 반영합니다.

7

성과영향요소들의 수준을 객관적으로 알려주는 수치적 지표, KPI 도출하기

미션으로부터 시작해서 성과목표-CSF-성과행동-직무역량을 도출하는 과정까지 진행이 되었으면 이제야 비로소 KPI를 도출할 수 있습니다. 많은 경우 단지 직관에 의해서 KPI를 도출하는 경우가 있는데 좋은 KPI를 도출하기 위해서는 반드시 위의 과정(미션~직무역량)을 거치는 것이 좋습니다. 예를 들어 영업직무라고 하면 회사의 제품을 '판매'하거나 '수주' 하는 일을 하기 때문에 단순하게 얼마를 팔았는지(개인 매출액) 얼마의 수주를 하였는지(개인 수주금액)로 KPI를 단순하게 설정해버리는 경우가 있습니다.

하지만 이렇게 단편적이고 직관적인 KPI를 설정하면 이 KPI가 내가 담당하고 있는 직무의 '역할'을 제대로 수행하는데 그리고 '성과'를 만들어 내는데 왜 중요한지 그 '흐름'이 전혀 파악이 안되므로 '의미를 상실한 KPI'가 되어 버리기 쉽습니다. 따라서 직무 수행자들이 이 KPI가 갖는 중요성에 대해 깊은 인식을 하지 못한 상태에서 수치만 맞추려 하기 때문에 다양한 부작용들도 일어나기 쉽지요. 뿐만 아니라 영업과 같이 수치화하기 용이한 성과를 가진 직무의 경우에는 그나마 직관적으로 KPI를 도출하기가 용이하지만 그렇지 않은 직무의 경우에는 마땅한 KPI를 찾을 수도 없습니다.

이러한 여러가지 이유들 때문에 잘못된 KPI를 가지고 직원들을 평가하는 경우들이 참 많은데 이렇게 잘못된 KPI를 통해 직원들을 평가하고 성과를 관리하게 되면 어떤 부작용들이 있을 수 있는지 한 번 살펴보겠습니다.

얼마 전 기사를 통해 우리나라 자선단체들에서 캄보디아에 우물을 파주는 활동이 붐을 이루었다는 기사를 보았습니다. 그런데 이렇게 해외 단체에서 파준 우물이 캄보디아 내에 수만개가 넘는데 그 중 실제 마실 수 있는 우물은 얼마 되지 않는다고 하더군요. 우물들이 모두 오염이 되어서 마실 수 없는 경우가 넘쳐난다는 기사였습니다.

캄보디아에 기증한 우물, 어쩌다 이렇게 됐을까
[해외리포트] NGO 단체들의 '우물파주기', 우리가 몰랐던 불편한 진실

캄보디아는 물의 나라다. 연중 절반인 우기가 되면 국토의 상당수가 물에 잠길 정도다. 비행기를 타고 캄보디아 땅을 내려다보면 거대한 메콩강 지류가 무려 400km를 휘돌아 캄보디아 전국토를 감싼다. 그야말로 장관이다. 그리고 이 메콩강과 연결된 '톤레삽'이라 불리는 호수는 동남아에서 가장 큰 담수호로 우리나라 경상북도만큼이나 크다. 호수라는 사실이 믿기지 않을 정도다.

이렇듯 캄보디아는 수자원이 풍부한 나라인데도 불구하고, 사실상 '물부족 국가'나 다름 없다. 농사에 필요한 농업용수는 풍부하지만, 정작 사람이 마실 수 있는 물은 턱없이 부족하다. 주변에 흐르는 개천이나 연못물에 마시기에 부적합한 석

회질 성분이 많은 탓도 있다. 하지만 가장 큰 원인은 식수를 제공해줄 우물 수가 전국에 턱없이 부족하기 때문이다.
시골에 가보면 수십여 가구가 사는데도 우물이 달랑 1~2개 정도만 있는 마을도 적지 않다. 1월 중순 가본 깜퐁톰주 훈센 따잉콕 고등학교는 학생수가 1063명이 되는데도 우물은 단 한 개밖에 없었다. 그나마 수도 프놈펜을 비롯한 대도시는 사정이 나은 편이다. 시골로 들어갈수록 상황은 더욱 심각하다.

30년 넘게 지속된 '우물 파주기 캠페인'

▲ 캄보디아 전역에서 흔히 목격되는 말라버린 우물의 모습　　ⓒ 박정연

이러한 열악한 현실을 개선하기 위해 국제구호재단들과 NGO 단체들이 지난 1990년대초 내전이 종식된 후부터 지금까지 30년 넘게 캄보디아 전역에 걸쳐 우물 파주기 캠페인을 지속적으로 전개해왔다. 거기에는 우리나라의 여러 사회복지단체나 기업들도 포함되어 있다.

인터넷 검색창에 '캄보디아 우물'이라고 치면, 한달에 최소 2~3번 꼴로 우리나라 봉사단체나 후원기업 등이 이 나라 시골마을에 우물을 파주었다는 미담기사가 올라와 있을 정도다.
심지어 요즘에는 우물을 파러 캄보디아를 방문하는 우리나라 연예인들도 많다. 일부 연예인의 경우 팬클럽 회원들이 자신들이 좋아하는 연예인의 이름으로 우물을 기증하는 경우도 있다.

〈중략〉

한 NGO관계자는 "우물처럼 사후관리가 필요한 사업은 우선 지하수를 파기에 적당한 토양인지 오염물질이나 석회질 성분은 없는지 사전에 충분한 조사를 마친 후 추진할 필요가 있다"고 조언했다. 위생관념이 부족한 마을주민들을 대상으로 우물관리 및 위생에 관한 철저한 교육도 해야 하고, 지속적인 사후관리와 수질관리개선을 위한 노력도 해야한다는 점은 두말할 것도 없다.

그런 점에서 최근 만난 어느 현지 전문가의 조언은 한번쯤 귀 기울일만하다.

"우물 파주기는 캄보디아를 위해서 정말 좋은 사업인 것은 분명한 사실이다. 하지만 이런 식으로 우물을 파게 될 경우 생길 수 있는 문제점에 대해 아는 후원자들은 거의 없다. 앞에서 사진을 찍는 데 더 관심을 보일 뿐이다. 앞으로는 몇 개 우물을 더 파느냐보다 하나라도 제대로 된 우물을 파주는 게 훨씬 더 중요하다는 생각이다. 물은 사람의 생명과도 직결된 매우 문제니까 말이다."

박정연 기자 *출처 오마이뉴스 2016-1-30 12:14

이 기사에 등장하는 많은 NGO 단체들이 캄보디아 우물파기 운동을 진행면서 설정한 KPI는 '얼마나 많은 우물 파주었는지'를 측정하는 성과지표, 그러니까 '우물의 개수'였을 가능성이 높겠죠.(아마 꼭 그 NGO 단체 뿐 아니라 여러분들의 회사가 그 일을 했다고 하더라도 이 KPI를 채택했을 가능성이 매우 높을 것 같지 않습니까?) 공식적 KPI이든 비공식적인 잠재적 의식 가운데의 KPI였든 말이지요. 그래서 이 KPI에서 높은 달성율을 만들기 위한(많은 우물을 파기 위한) 다양한 Action Plan들이 수립되었을 것입니다.

'우물의 개수'라는 KPI를 달성하기 위한 액션플랜의 각종 실행계획들은 분명히 더 많은 우물을 파는데 필요한 활동들로 채워졌을 것입니다. (당연하죠. 목표가 많은 우물을 파내는 것인데) 그러다보니 더 많은 우물을 파낼 수 있는 방편으로 공사 기간을 단축하기 위해 깊게 파지 않고 우물을 얕게 파냈을 것이고 결국은 힘들게 파낸 우물들이 각종 오염물질에 쉽게 노출되어 오염됨으로써 사람들이 마실 수 없는 우물이 되어버렸다는 것이 기사의 내용이었습니다. 이 '우물 개수'라는 KPI로 목표를 삼고 성과를 판단(측정)하는 바람에 원래 우물을 파려고 했던 근본 취지(캄보디아 주민에게 마실 수 있는 물을 공급)를 전혀 달성하지 못하는, 시간과 돈만 낭비하는 보여주기 식 사업으로 전락해버리게 된 것 같습니다.

그렇다면 이러한 문제들이 과연 캄보디아 우물파기 사업에서만 나타나겠습니까?

아마 여러분들의 회사에도 KPI와 관련하여 비슷한 문제들이 엄청나게 많을 것입니다. 보통 회사들이 개인의 KPI를 3~5개 가량 선정하여 이를 통해 개인의 업적을 평가하는 방식을 취하고 있을텐데요, 그렇게 되면 위의 캄보디아 우물파기의 문제와 비슷한 문제들이 나타날 가능성이 매우 높습니다. 성과라고 하는 것이 그렇게 단순한 몇 개의 성과지표로 측정하고 평가할 수 있을 정도로 간단한 것이 아니기 때문이죠.

우리가 건강이라는 성과를 어느정도 만들어냈는지 측정(평가)해보기 위해 무엇을 합니까? 건강검진을 하죠?

건강검진을 하면 얼마나 건강이라는 성과를 잘 만들어냈는지(얼마나 건강한지) 평가하기 위해서 수많은 (K)PI들을 통해 평가를 합니다. 혈압, 혈중 콜레스테롤수치(LDL,HDL), 혈당수치, 간수치, 체지방비율, 심박수 등등… 엄청나게 많은 일종의 PI(Performance Indicator)들을 통해 건강의 수준을 알아볼 수 있습니다.

　만약 3~5개의 KPI를 가지고 건강이라는 목표를 어느정도 달성했는지 파악할 수 있다면 굳이 우리는 왜 이 건강검진을 하는데 수많은 검사를 엄청난 고생을 해가면서 하겠습니까? 3~5개의 KPI로는 도저히 건강한지 아닌지를 판단할 수 없기 때문에 그 힘든 검사들을 오랜 시간동안 실시해서 수많은 PI들을 종합적으로 판단하여 건강의 정도를 평가하는 것 아니겠습니까? 이 수백개의 PI들이 완벽히 좋은 수치가 나왔다고 해도 무조건 건강을 장담할 수 없는데, 고작 3~5개의 KPI를 가지고 성과를 측정할 수 있는 방법이 있을 수 있을까요?

　어떤 분께서는 '성적은 등수 또는 평균점수와 같은 KPI 하나로 성과의 정도를 측정할 수 있지 않습니까?' 라고 물어보시기도 하는데 평균이나 등수 같은 경우도 보이는 KPI는 하나지만 수 많은 PI(Performance Indicator) 또는 KPI들을 도출한 후 이를 집계하여 만들어낸 KPI이기 때문에 하나의 KPI라고 보기는 힘들죠. (국어점수+영어점수+수학점수+과학점수… ./과목수=평균)

　그래서 이 KPI는 건강검진과 같이 내 성과의 현재 상태를 '모니터링'하는 용도로 사용하는 것이 바람직합니다. 건강검진 결과로 나오는 수많은 수치들을 통해서 내 건강의 상태를 정기적으로 모니터링하는 것 처럼 가급적 성과행동으로부터 도출되는 다양한 KPI 또는 PI들을 통해서 내 성과의 현 주소를 모니터링하는 용도로 사용하는 것이 가장 바람직할 것 같습니다.

　하지만 많은 회사에서 KPI를 단지 관리의 도구로 활용하는 것이 아니라 이것 자체를 지상과제로 삼아버리는 경우들을 많이 보게 됩니다. KPI를 모니터링 수단으로 사용하는 것이 아니라 KPI 그 자체를 목적으로 삼아버리면 심각한 문제가 나타날 수 있습니다. 가령 정치인의 경우 '지지율'이라는 것을 KPI로 삼아서 평가하는 경우들이 있죠. 그 정치인이 국정을 잘 운영하면 그 결과로 지지율이 올라가기 때문입니다. 그런데 국정을 잘 운영하는데 필요한 과업들과 지지율을 높이기 위해 필요한 과업들은 꼭 일치할까요?

그렇지 않습니다. 정치인이 국정을 잘 운영하는데 필요한 과업들을 적극적으로 잘 수행하면 사람들에게는 엄청난 득이 됩니다. 하지만 정치인이 지지율을 높이는데 필요한 과업들을 적극적으로 수행하면 사람들에게 득이 되는 것도 있지만 분명 독이 되는 것들도 있을 겁니다. 예를 들어 지지율을 더 높이기 위해 자신이 하는 일에 반대하는 사람들을 숙청하고, 포퓰리즘 정책들을 남발하며 언론을 통제하게 되면 지지율을 올릴 수 있어도 장기적으로 국민들에게는 독이 되겠죠.

정치인들이 존재하는 이유는 지지율을 높이기 위해 존재하는 것이 아니라 국민들을 살기 좋게 만들어주기 위해 존재하는 것인데 지지율 자체를 목표로 삼아버리게 되면 국민들이 살기 좋기는 커녕 국민들에게 치명적인 독이 되는 결과가 만들어지듯이 KPI 자체를 목적으로 삼아버리고 이를 가지고 직원들의 성과를 평가하는 것은 객관적으로 성과를 평가할 수 있다는 장점이 있으나 이처럼 본말이 전도된다는 치명적인 약점도 있음에 유의하시기 바랍니다. 따라서 몇 개의 KPI를 그 직무수행자들의 목표로 설정하는 방법보다 '미션-성과목표-CSF-성과행동'의 과정을 거쳐서 도출된 각종 Performance Indicator들을 이 직무의 역할을 얼마나 잘 하고 있는지를 모니터링하는 용도로 사용하는 것을 적극 권해드립니다. 마치 다음의 그림 12와 같이 말이죠.

성과목표 — CSF — 성과행동 — 직무역량 — 직무자격 — **KPI**

성과목표

행복한 삶
삶에 대한 만족도, 행복지수

↑
CSF

건강
병원비, 진료횟수

성과행동 A	성과행동 B	성과행동 C
• 정기적으로 꾸준히 운동을 실시한다	• 건강에 나쁜 음식은 피하고 좋은 음식을 만들어 먹는다	• 정해진 시간에 취침과 기상을 한다
• **운동횟수, 체중, 근육량**	• **체지방비율, 콜레스테롤수치**	• **기상시간, 출근시간 준수율**

Performance Indicator

[그림12] KPI 사례

위의 그림 12에서 도출된 Performance Indicator들 중에 체지방비율이나 혈중 콜레스테롤 수치가 갑자기 치솟았다면 이전보다 '건강에 나쁜 음식은 피하고 좋은 음식을 만들어 먹는다'는 성과행동 상의 행동을 게을리 했을 가능성이 높으니 이 수치가 상승한 것을 보고 건강에 나쁜 음식은 가급적 피하고 좋은 음식을 만들어 먹는 활동을 이전보다 더 열심히 하는 방식으로 현재 상태를 모니터링함으로써 상태가 더 나빠지지 않도록 사전에 조치를 취할 수 있습니다. 이 수치를 가지고 성과행동 상의 행동을 더 열심히 그리고 체계적으로 관리하는 방편으로 사용하는 것이 좋을 것 같다는 말씀이죠.

물론 여기에는 다양한 이유로 이견들이 있음을 잘 알고 있습니다. 대표적으로 현실적으로 저 성과행동들에서 도출되는 수많은 Performance Indicator들을 다 관리할 수가 없다는 것인데요, 만약 이러한 이유 때문에 KPI관리를 도저히 할 수 없고 포기해야 한다면 어쩔 수 없이 위의 Performance Indicator 가운데 '건강이라는 CSF'와 상관관계가 가장 높거나 '행복이라는 성과목표'와 상관관계가 가장 높은 Performance Indicator들을 몇 개 선별해서 Key Performance Indicator로 삼아서 관리하고 평가하는 방법을 취할 수 밖에 없겠지요.

양질의 KPI를 도출하기 위해서는 '성과행동'을 잘 도출해야 합니다. 성과행동이 제대로 도출되지 않으면 KPI의 퀄리티도 떨어질 수 밖에 없습니다. 예를 들어서 건강이라는 CSF를 확보하기 위한 성과행동을 '운동을 한다'로 도출을 했다면 이를 통해서 도출될 수 있는 KPI는 총운동횟수 또는 총운동시간 등이 있을 수 있을 것입니다. 1년간 실시한 총운동 횟수나 총운동시간이 많으면 '운동을 한다'는 성과행동을 충실히 이행했다고 볼 수 있겠죠.

그런데 앞의 성과행동 부분에서 설명을 할 때 성과행동이 '운동을 한다'로 만들어지게 되면 1주일에 3일 정기적으로 운동을 하는 사람이나 1년에 하루 24시간 운동을 하는 사람이나 모두 '운동을 한다'라는 성과행동에 부합하여 둘 다 좋은 평가를 받게 되는 문제가 발생한다는 예를 들어 드렸습니다. 따라서 '운동을 한다'라는 성과행동 보다는 '정기적으로 꾸준히 운동을 실시한다'는 성과행동이 더 적합하다는 말씀을 드렸지요.

성과행동이 '운동을 한다'로만 설정이 되어 있다면 총운동횟수 또는 총운동시간이 해당 성과행동 상의 행동을 반영하는 KPI로 적합하지만 '정기적으로 운동을 한다'로 성과행동이 만들어지면 '월평균 운동횟수의 편차'등 정기적 운동 여부를 측정할 수 있는 KPI가 도출되어야 할 것입니다. 총운동횟수 또는 총운동시간으로는 과연 이 사람이 정기적으로 꾸준하게 운동을 했는지 안했는지를 판단할 수가 없으니까 말이죠.

그리고 역으로 설명 드리자면 성과행동을 '운동을 한다' 정도로 도출을 해서 KPI가 총운동횟수로 설정이 되어 버리면, 이 KPI로 평가받는 사람들은 1년에 하루를 몰아서 운동을 해도 좋은 평가를 받을 수 있을 것입니다. 그런데 그렇게 되면 정작 중요한 '건강'이라는 CSF를 확보하지 못해서 '행복'이라는 성과목표를 달성하는데 도움이 되지 않는 평가가 실시되는 것이기 때문에 이 성과행동을 각별히 신경 써서 양질의 성과행동을 도출하는 것이 이 KPI를 도출하는데 있어 가장 중요한 것이지요.

8

직무분석 본단계에 대한 설명을 마치며…

지금까지 각 직무의 성과영향요소(미션, 성과목표, CSF, 성과행동, 직무역량, 직무자격, KPI)에 대한 상세한 이해와 함께 도출방법에 관하여 설명을 드렸습니다.

그런데 이 성과영향요소도출에 대한 내용이 너무 길었던 나머지 전체적인 흐름을 잊으셨을 것 같아 다시 한 번 상기시켜드리자면 지금 우리는 직무분석의 전반적인 프로세스를 직무분석 사전 단계(챕터 II. 직무분석 사전준비)-직무분석 실시 단계(III. 직무분석 실시)-직무분석 후 단계(IV. 직무기술서 작성 및 사후관리)의 순서로 각 단계의 세부적인 내용들을 살펴보고 있고 이 성과영향요소에 대한 설명은 그 중 두번째 단계인 직무분석 실시단계에 대한 설명이었음을 말씀드립니다.

직무분석을 실시하면서 이 성과영향요소들을 도출하였으면 도출한 내용들을 '직무기술서(직무명세서)'에 기록을 해두고 이를 조직과 개인의 성과관리를 위해 활용해야 합니다.

사실 직무기술서와 직무명세서는 기존에는 다른 것으로 설명되어 왔습니다. 직무기술서는 말 그대로 각자 개인의 직무 상에서 수행하는 과업들을 디테일하게 기술해 놓는 양식이죠. 그러니까 이 직무기술서는 개인마다 조금씩 다릅니다. 예를 들어 같은 '인사관리 직무' 담당자라 하더라도 세부적인 업무는 개인마다 조금씩 다를 수 있으니까요. (ex. A-공채전형, 성과평가, 보상기획과 관련된 과업들 / B-특채 및 수시채용 전형, 역량평가, 급여관리와 관련된 과업들)

그리고 직무명세서는 이 직무분석을 통해서 도출된 각 성과영향요소들을 기록하는 양식입니다. 그러니까 과거에 사용하던 용어로 말하자면 직무분석을 통해서 만들어지는 문서는 직무기술서가 아니라 직무명세서가 되어야 합니다. 그런데 요즘은 굳이 이 직무기술서와 직무명세서를 구분하여 관리할 필요를 느끼지 못하기 때문에 (통합)직무기술서로 많이 활용하고 있고 그냥 직무기술서라고 하면 과거의 직무기술서와 직무명세서를 혼합한 개념으로 사용하고 있으므로 이 책에서도 그냥 직무기술서라는 용어로 이 둘을 통칭하고 있습니다. 하지만 기존의 개념대로 하자면 직무명세서라는 표현을 쓰는 것이 맞다는 점을 말씀드립니다.

그리고 이 직무기술서에 기록되는 성과영향요소는 답이 있는 것이 아닙니다. 예를 들어 아래의 표를 보시면 오타니쇼헤이가 도출한 위와 같은 성과영향요소가 '정답'이기 때문에 이와 동일한 요소들을 도출하여 꾸준하게 관리한 투수들은 좋은 성과를 내는데 반하여 이와 조금 다른 요소들을 도출하는 투수들은 성과를 만들어 내지 못하는 것이 아니라는 말씀입니다. 단지 더 좋은 요소들이 있고 조금 덜 좋은 요소들이 있을 뿐이죠. 더 좋은 요소

몸관리	영양제 먹기	FSQ 90kg	인스탭 개선	몸통강화	축을 흔들리지 않기	각도를 만든다	공을 위에서 던진다	손목강화
유연성	**몸 만들기**	RSQ 130kg	릴리즈 포인트 안정	**제구**	불안정함을 없애기	힘 모으기	**구위**	하반신 주도
스태미너	가동역	식사 저녁 7숟갈 아침 3숟갈	하체강화	몸을 열지않기	멘탈 컨트롤하기	볼을 앞에서 릴리즈	회전수 증가	가동력
뚜렷한 목표, 목적	일희일비 하지 않기	머리는 차갑게 심장은 뜨겁게	몸만들기	제구	구위	축을 돌리기	하체강화	체중증가
펀치에 강하게	**멘탈**	분위기에 쉽쓸리지 않기	멘탈	**8구단 드래프트 1순위**	스피드 160km/h	운동강화	**스피드 160km/h**	어깨주위 강화
마음의 파도를 안만들기	승리에 대한 집념	동료를 배려하는 마음	인간성	운	변화구	가동력	라이너 캐치볼	피칭을 늘리기
감성	사랑받는 사람	계획성	인사하기	쓰레기줍기	부실청소	카운트볼 늘리기	포크볼 완성	슬라이더의 구위
배려	**인간성**	감사	물건을 소중히 쓰자	**운**	심판분을 대하는 태도	늦게 낙차 있는 커브	**변화구**	좌타자 결정구
예의	신뢰받는 사람	지속력	긍정적 사고	응원 받는 사람이 되자	책읽기	직구와 같은 폼으로 던지기	스트라이크 에서 볼을 던지는 제구	거리를 상상하기

[그림1] 오타니 쇼헤이의 목표관리표 (만다라트)
* 출처 새해 계획은 괴물 투수 오타니의 '만다라트' 따라잡기로 (중앙일보, 2016.2.3 박정경기자)

들을 도출해서 꾸준히 관리한 사람은 조금 덜 좋은 요소들을 도출해서 꾸준히 관리하는 사람보다는 더 좋은 성과를 낼 수 있을 것입니다. 그리고 또 그보다도 더 좋은 요소들을 도출해서 관리하는 사람은 또 더 좋은 성과를 낼 수 있는, 더 좋고 덜 좋고의 차원이라는 뜻입니다.

그렇기 때문에 이 직무기술서는 누구를 SME로 하여 분석한 것인지에 따라서도 조금 다를 수 있고, 동일한 SME를 대상으로 분석을 했다고 해도 시간이 흐르면서 그 SME의 업무에 대한 이해수준이 높아지면 다른 분석결과들이 만들어질 수 있습니다. (그리고 SME가 직무분석을 이해하는 수준이 높아지면서도 결과물이 달라집니다.) 그래서 이 직무기술서는 한 번 만들면 영구히 사용되는 것이냐, 그렇지 않고 업그레이드시키고 업데이트 시키는 것이 조직 구성원들의 성과를 높이는데 매우 중요한 것입니다. 업그레이드 시킬 수록 직무기술서는 성과를 만들어내는데 더욱 필요한 것들, 더욱 큰 효과를 미치는 것들로 채워지고 이전과는 달라진 업무환경을 고려한 내용들로 채워지니 관리의 효과도 높아지면서 이 직무기술서로 관리 받는 직무수행자들의 성과가 더 높아질 수 있는 것입니다.

그런데 직무분석을 처음 실시하고 이 직무기술서를 처음 만드는데도 그렇게 힘들었는데 이것을 1년에 한 번 정기적으로 업그레이드, 업데이트를 해야 한다고 생각하니 엄두가 나지 않아서 포기하는 경우를 많이 보게 됩니다. 그리고 충분히 이해합니다. 이런 어마어마한 작업을 인사팀이 1년에 한 번 진행한다고 하면 저라도 하기 싫어질 것 같습니다. 그런데 이 업그레이드, 업데이트 작업을 비교적 손쉽게 진행하는 방법이 있습니다. 그리고 중요한 것은 그러한 방법으로 업그레이드, 업데이트를 하는 것이 직무기술서 업그레이드/업데이트를 손쉽게 진행할 수 있게도 하지만 제작된 직무기술서를 훨씬 더 강력하게 성과를 견인할 수 있도록 만들어준다는 데 있습니다. (직무기술서의 효과를 증폭시켜준다는 말이죠.)

그러면 지금부터는 이 직무기술서를 통해서 도출된 각종 성과영향요소들을 어떻게 직무기술서로 제작하고 그 후 업그레이드, 업데이트까지 실시해야 하는지에 대해서 살펴보도록 하겠습니다.

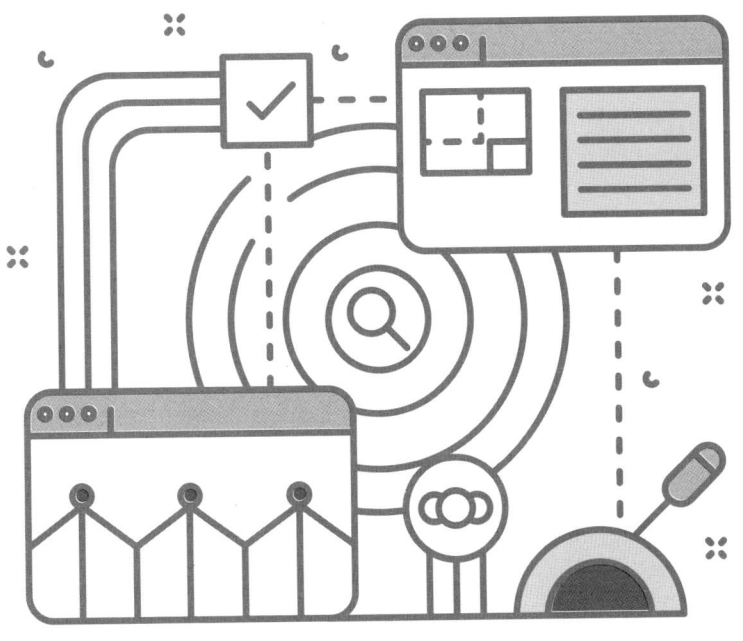

IV

직무기술서 작성 및 사후관리

1 직무기술서의 작성 및 검토
    (1) **바람직한 직무기술서 포멧의 구성**
    (2) **직무기술서 작성, 검토 및 피드백 실시**

2 직무기술서의 업그레이드 & 업데이트

1

직무기술서의 작성 및 검토

(1) 바람직한 직무기술서 포멧의 구성

각 SME들로부터 해당 직무의 성과영향요소들을 도출하면 이를 직무기술서에 기록함으로써 이를 필요로 하는 사람들에게 문서 형태로 제공될 수 있습니다. SME가 다른 사람들보다 더 많은 성과를 만들어내는데 영향을 미치는 요소들을 동일 직무수행자들과 공유하고, 또 해당 직무수행자들을 관리하는 관리자들이 부하직원들의 성과를 더욱 체계적으로 관리할 수 있도록 도움을 주며 성과를 향상시키는 체계적 인사관리 활동들을 기획할 때 이 직무기술서가 활용하게 됩니다. 이러한 활용이 잘 되기 위해서는 직무기술서에 이 성과영향요인들을 정리할 때 다음과 같은 구성으로 정리하는 것이 좋습니다. 여러분들의 회사에서 갖고 있는 직무기술서가 이러한 구성으로 되어 있는지 한 번 점검 해보시기 바랍니다.

1. 직무 개요(Identificationg)

직군명 | 직무명 |

2. 현재 직무 수행자

소속 | 성명 |

❻ 3. 직무 목적(Mission)

**의 성장을 지원하기 위한 각종 R&D 활동을 수행하여 **관련 ****의 기술력을 향상시키고 이를 통해 ***의 전입 수입을 높임으로써 재원 안정화에 기여한다.

4. 직무 핵심 성과 및 주요 KPI

핵심성과목표 ❺	CSF ❹	주요 KPI
*** 재원 확보 차별화되는 ** *** 개발 ***** 확보(논문, ****, **, ***출원 등)	*** 아이디어 ***개발 동향 및 트렌드 파악 정부정책방향	각종 요청사항 처리실적(처리지연건수 등) 신규사업 ** 실적 신규사업 ** 및 수익창출실적

5. 집중관리 성과행동

비고

***개발 과제에 대한 공고를 수시로 모니터링하여 ***이 수행하기에 적합한 과제를 찾아 해당 과제의 수주 가능성을 높일 수 있도록 내외부 컨소시엄을 구성하는 등의 최적의 계획을 수립하여 효과적인 수주활동을 진행한다.
창의적인 아이디어를 개발하고 이를 팀 구성원들과 공유하여 시너지를 높이되
**에 대해 **지원마인드를 바탕으로 그들의 각종 요청사항을 수용적으로 받아들이고 좋은 관계를 유지할 수 있도록 노력한다.

❸

6. 업무전문성 요인(Knowledge & Skill)

❷

Knowledge	Skill
사업(및 ***개발)관련용어 아이템별 거래**	갈등관리스킬 **활동추진스킬

7. 직무 요건(Job Requirement) ❶

요구 학력	□ 고졸 □ 전문대졸 □ 대졸 ■ 대학원졸이상	선호전공	**학(**설계, **소재)
요구 경력	**관련 연구개발 5년 이상 또는 사업관리 7년 이상		
유사업무경험	** R&D 수행 및 수주 유경험자 초임***의 경우 대학원에서 ***과제 수행 유경험자 **관련 연구개발활동 경험자	유사직무	사업관리
추천 교육과정	****과정 ****교육 **** 및 ****연수	권장자격증	**활용 능력 포토샵, 일러스트, CAD 등 프로젝트매니지먼트

[그림57] 직무기술서의 구성

(먼저 옆의 그림 57은 실제로는 매우 다양한 내용들이 기록되어 있었으나 한 장에 보이기 쉽도록 내용 상당수를 삭제하였으며 회사의 보안에 중요한 내용들은 **표 처리하였음을 양해해주시기 바랍니다.)

❶ 이 직무를 수행하는 사람들을 채용/배치할 때는 가급적 '직무요건(직무자격)'에 잘 부합하는 사람을 채용/배치하는 것이 좋습니다.
❷ 왜냐하면 이런 자격요건을 충족하는 사람들은 그렇지 않은 사람들보다 이러한 직무역량을 보유할 가능성이 높거든요.
❸ 그러한 역량을 보유한 사람들은 성과행동 상의 행동을 잘 할 가능성이 매우 높습니다.
❹ 그래서 결국 다른 사람들보다 더 많은 CSF를 확보할 가능성이 높죠.
❺ 다른 사람들보다 더 많은 CSF를 보유하면 성과목표를 달성할 가능성 또한 높아지고
❻ 결국 이 직무가 우리 회사에 존재해야 하는 이유인 미션을 잘 이행하게 될 겁니다.

이렇게 일련의 흐름이 보여지는 구성이 직무기술서의 구성으로 가장 좋습니다. 그래야 각 요소들의 흐름을 원활하게 파악하여 왜 이러한 CSF를 확보해야 하는지, 왜 이런 역량들을 보유해야 하는지 더 쉽게 이해할 수 있기 때문이죠.

물론 가장 좋은 것은 성과-CSF-성과행동-직무역량-직무자격-KPI를 실제 연결되는 것들을 칸을 맞춰서 직무기술서를 작성하면 실제 성과가 만들어

지는 흐름을 볼 수 있기 때문에 가장 좋기는 하지만 워낙 중복되는 내용들이 많아서 직무기술서가 엄청 지저분해집니다. 이것이 무슨 말인지 사례를 통해 조금 더 구체적으로 설명을 드리도록 하겠습니다.

[그림58] 직무기술서 작성 사례 1

핵심성과목표	CSF	성과행동
행복한 삶	건강	정기적으로 꾸준히 운동을 실시한다. 건강에 나쁜 음식은 피하고 좋은 음식을 만들어 먹는다. 정해진 시간에 취침과 기상을 한다.
	좋은 사람	아무리 바빠도 가족들과 정기적 시간을 보낸다. 정기적으로 부모님께 안부 전화를 한다. 사람들과 어울릴 수 있는 취미활동을 정기적으로 실시한다.
우수한 성적	학습량	최소학습시간을 설정하여 무슨 일이 있어도 그 시간을 공부한다. 단순 암기는 자투리 시간을 이용하여 학습한다.(EX. 이동 중)

위의 그림 58은 행복한 삶에 '건강'과 '사람'이란 CSF가 결정적인 영향을 미치고 건강이란 CSF를 확보하기 위해 '정기적으로 꾸준히 운동을 실시한다', '건강에 나쁜 음식은 피하고 좋은 음식을 만들어 먹는다', '정해진 시간에 취침과 기상을 한다'와 같은 성과행동이 영향을 미친다는 것을 보여줍니다. 그리고 좋은 사람이란 CSF를 확보하기 위해 '아무리 바빠도 가족들과 정기적으로 시간을 보낸다', '정기적으로 부모님께 안부 전화를 한다'와 같은 성과행동이 영향을 미친다는 실제 흐름을 볼 수 있습니다. 반면,

[그림59] 직무기술서 작성 사례 2

핵심성과목표	CSF	성과행동
행복한 삶	건강	정기적으로 꾸준히 운동을 실시한다.
우수한 성적	좋은 사람	건강에 나쁜 음식은 피하고 좋은 음식을 만들어 먹는다.
	학습량	정해진 시간에 취침과 기상을 한다.
		아무리 바빠도 가족들과 정기적 시간을 보낸다.
		정기적으로 부모님께 안부 전화를 한다.
		사람들과 어울릴 수 있는 취미활동을 정기적으로 실시한다.
		최소학습시간을 설정하여 무슨 일이 있어도 그 시간을 공부한다.
		단순 암기는 자투리 시간을 이용하여 학습한다.(EX. 이동 중)

위 그림 59의 경우에는 '행복한 삶'이란 성과목표를 달성하는데 실제 어떤 CSF가 영향을 미치는지, '우수한 성적'이란 성과목표를 달성하기 위해 어떤 CSF가 영향을 미치는지 볼 수 없을 뿐 아니라 각 CSF를 확보하기 위해 어떤 성과행동이 연결되어야 하는지 구분되어 있지 않고 그냥 위칸부터 차례대로 기록하는 형태로 작성된 것이죠.

가장 좋은 형태는 앞의 그림 58처럼 각각의 연결을 확인할 수 있는 형태로 직무기술서가 작성되는 것이 좋습니다만, 실전에서는 이와 같은 형태로 직무기술서를 작성하면 직무기술서가 너무 복잡해지고 반복적으로 나타나는 요소들이 너무 많아서 직무기술서가 지저분해지게 됩니다.

그래서 저도 한때는 더 좋은 직무기술서를 위해 이렇게 흐름들을 다 맞추는 방법으로 시도하려 했지만 결국 실패했습니다. 물론 이것을 엑셀로 관리한다고 하면 충분히 그렇게 할 수 있고 또 그렇게 하는 것이 좋습니다.

그런데 엑셀로 관리할 것이 아니라 그냥 문서로만 활용될 것이라면 그냥 위의 두번째 그림 정도로만 제작한 후 각 직무 담당자가 스스로 연결고리들을 찾아 나갈 수 있도록 유도하는 방법이 좋을 것입니다.

이 내용은 글로 이해하기는 참 힘들 것으로 생각되어 집니다. 만약 반복적으로 2~3회 정도 읽은 후 그래도 이해가 잘 가지 않을 경우에는 패스하시기 바랍니다. 이 부분은 아주 민감한 내용은 아니므로 참고로만 알아 두시면 되겠습니다.

이러한 구성으로 직무기술서를 제작하면 이것이 직무기술서의 최종안이 되는 것이냐 하면 그렇지 않습니다. 이것은 '초안'이구요, 이 직무기술서를 함께 제작한 SME분들과 이 직무기술서를 활용하여 해당 직무수행자들을 관리해야 할 중간관리자들에게 검토를 받아야 합니다.

(2) 직무기술서 작성, 검토 및 피드백 실시

지금까지 설명 드린 바와 같이 인터뷰의 방법이 되었든 워크샵의 방법이 되었든, 아니면 이를 혼합한 방법이 되었든, 우선 SME와 인사담당자가 함께 직무분석을 실시하여 각 직무의 성과영향요소들을 도출하고 이전 챕터에서 설명 드린 흐름의 구성으로 직무기술서의 초안을 작성합니다.

직무기술서 초안 작성 → SME 검토 및 피드백 → 직무기술서 수정안 작성 → 관리자 검토 및 피드백 → 직무기술서 최종안 작성

이 초안은 보통 인사담당자가 작성하죠. SME와 인터뷰, 워크샵 등을 실시한 후 이 과정에서 나온 정보들을 조합하여 적절한 표현과 문장으로 인사담당자가 초안을 제작합니다. 아무래도 직무기술서 양식의 각 항목(미션, 성과목표, CSF 등)의 개념에 대해 가장 잘 알고 있는 사람은 인사담당자이기 때문에 각 항목의 취지에 맞는 형식으로 그 내용들이 기록되려면 그 항목의 개념에 대해 잘 알고 있는 사람이 작성하는 것이 좋겠지요.

이렇게 인사담당자가 직무기술서를 그 항목의 취지에 맞게 적절한 '흐름'으로 잘 작성하여 직무기술서 초안을 작성하면 이를 일단 함께 직무분석의 과정을 진행한 SME에게 피드백을 받습니다. 물론 SME는 인터뷰와 워크샵 전 과정에 걸쳐서 인사담당자와 함께 해당 직무의 성과영향요소들을 도출하였지만 그럼에도 불구하고 마지막 순간에는 인사담당자가 혼자서 그 디테일한 표현같은 것들을 손보았기 때문에 이 표현들과 문장들이 본인(SME)이 이야기한 맥락과 일치하는지 SME가 검토하고 혹시 있을 수 있는 오류들을 체크합니다. 그렇게 SME의 검토과정을 거쳐서 피드백을 받으면 인사담당자는 그 피드백을 반영하여 직무기술서 초안을 수정하고 이 수정본을 해당 직무수행자들을 관리하는 관리자들에게도 검토를 요청합니다.

물론 해당 직무에 대해서는 SME가 관리자들보다 더 잘 알 수도 있지요. 하지만 그 직무를 관리하는 사람의 입장과 해당 직무를 수행하는 사람의 입장은 다를 수 있으므로 크로스체크를 하는 것이 좋습니다. 또한 해당 직무를 관리하는 관리자가 추후 '이거 아닌데 왜 이런 내용을 집어 넣은 거야?' 이렇게 나올 경우 모두가 골치 아파질 수 있기 때문에 실제 활용하기 전, 서명을 받고 이후에는 인사관리를 이 기준에 입각하여 하겠다고 천명하는 절차가 있는 것이 좋습니다.

예를 들어 SME와 관리자 모두 OK했는데, 그 기준에 맞춰서 해당 직무수행자를 선발해서 배치했더니 갑자기 그 관리자께서 '왜 이런 기준으로 사람을 뽑았어?!'라고 하면 인사담당자 입장에서는 참 황당할 수 밖에 없겠죠.

그래서 이러한 문제를 줄이기 위해 관리자의 서명을 받으면서 앞으로 이 기준으로 인사관리를 하겠다는 것을 공식화시키는 것이 좋습니다. 주의하실 점은 모든 직무에 대한 직무기술서를 모든 중간관리자에게 다 검토를 부탁하는 것이 아니라 해당 관리자에게 소속되어 있는 직무에 한하여 검토를 요청하는 것이라는 점을 기억하시기 바랍니다. 내가 관리하지도 않는 직무에 대해서 검토해 달라고 요청하면 검토자인 관리자 입장에서는 내가 잘 알지도 못하는 직무의 직무기술서에 대해 검토하는 것을 황당하게 생각할 수 있겠죠.

이렇게 해서 각 직무수행자들을 관리하는 중간관리자까지 피드백을 받으면 이를 반영하여 직무기술서의 최종안이 만들어지는 것입니다. 이 최종안에 대해서 관리자의 서명까지 받게 되면 이 직무기술서가 사내에 배포되어지고 이를 직원들이 어떻게 활용해야 하는 것인지 구체적 활용방법에 대해 개별 직원들과 관리자들에게 교육한 후 실제 활용이 되는 것이지요. 아마 처음에는 어떻게 활용해야 할 지 직원들이 익숙하지 않아서 어려워들 하실텐데 금방 적응이 됩니다.(그렇게 어렵지 않으니까요.) 다만 초기 단계에서는 인사부서가 지속적으로 안내하고 도움을 주는 과정이 일정기간 제공되어야 하겠지요.

문제는 이 직무기술서는 한 번 만들어서 끝나는 것이 아니라는 것이죠. 지속적으로 업그레이드/업데이트가 되어야 합니다. 직무분석 과정에서 SME로 선발된 사람의 어떤 부분 때문에 다른 사람들보다 더 좋은 성과를 낼 수 있었는지를 분석한 것이 이 직무기술서인데 만약 그 SME가 이전 직무분석 과정에서는 미처 생각치 못했던 정말 중요한 요소들이 추후 이 직무기술서를 '활용'하면서 떠오를 수도 있고, 그 SME보다 더 뛰어난 성과를 나타내는 직무수행자가 나타나서 그 사람이 가지고 있는 노하우를 추가로 분석할 필요도 있을 것이기 때문입니다. 때로는 업무 환경이 변화되어서 이전의 방법으로는 더 이상 일을 할 수 없는 경우들도 있을 수 있구요. (ex. 급여 담당자는 과거에 계산기를 사용해서 급여를 계산했지만 요즘은 엑셀을 사용함) 그렇기 때문에 1년에 한 번 정도는 업그레이드 및 업데이트 작업을 하시는 것이 좋은데 1년에 한 번 직무분석을 정기적으로 실시한다는 것이 정말 어려운 작업입니다. 아니, 거의 불가능한 작업이라고 보면 될 것 같습니다.

그렇다면 한 번 만든 직무기술서의 업그레이드 및 업데이트는 요원한 일이 되는 것일까요? 그렇지 않습니다. 이 업그레이드는 조직의 성과를 높이고 타 회사와 차별화되는 경쟁력을 갖게 되는 원천이기도 하거니와 그 이상의 의미를 갖고 있기 때문에 반드시 정기적으로 실시해야 합니다. 그렇다면 이렇게 힘든 업그레이드와 업데이트를 어떻게 비교적 손쉽게 실시할 수 있을까요? 그 방법에 대해 안내해드리도록 하겠습니다.

2

직무기술서의 업그레이드 & 업데이트

회사가 최초로 전 직무에 대한 직무분석을 실시하는 일은 꽤 오랜 시간이 소요되는 대대적인 과업입니다. 사람에 따라 두 번 다시는 하고 싶지 않은 그런 어마어마한 일로 여겨질 수도 있지요.

그런데 조금 전 말씀드린 것과 같이 직무기술서가 조직의 성과를 지속적으로 상승시켜줄 수 있는 파워풀한 성과관리 도구가 되기 위해서는 지속적으로 그리고 정기적으로 업그레이드시키고 업데이트가 되어 주어야만 합니다.

하지만 이 어마어마하고 힘든 과업을 어떻게 지속적으로, 정기적으로 실시할 수 있을까요?

이 업그레이드 및 업데이트 과업을 최초 직무분석과 마찬가지로 인사부서(인사담당자)가 직접 실시를 하게 되면 이후 업그레이드 및 업데이트 과업은 진행하기 힘듭니다. 너무 대대적인 과업이기 때문이죠. 그래서 최초 제작된 직무기술서의 업그레이드/업데이트 과업을 누가 실시하도록 유도해야 하느냐, 바로 각 직무수행자들을 관리하는 중간 관리자들에게 그 책임을 부여해야 합니다.

그렇다면 왜 갑자기 SME도 아니고 각 직무수행자들을 관리하는 관리자들에게 업그레이드와 업데이트의 책임을 부여하는 것일까요? 그 이유를 생각해보도록 하겠습니다.

가. 중간관리자들은 어차피 부하직원들의 업무를 잘 이해하기 위한 노력을 해야 함

각 직무수행자들을 관리하는 중간관리자들은 자신이 관리하고 있는 직무수행자들의 업무를 잘 이해하고 있어야하겠습니까? 아니면 부하직원들의 일을 몰라도 상관없겠습니까? 중간관리자는 부하직원들의 업무를, 그리고 나아가서 그 업무 상의 성과를 관리해야 하는 포지션이기 때문에 부하직원들의 업무를 잘 이해하고 있어야 그러한 관리활동을 잘 수행할 수가 있겠지요.

그런데 여러분들의 회사의 중간관리자분들이 자신이 관리하고 있는 부하직원들의 일을 잘 모르는 경우가 심심치 않게 있을 겁니다. 중간관리자는 그 부하직원들의 업무와 성과를 관리해야 하는 사람인데 부하직원의 업무를 거의 이해하지 못하고 있는 사람이 어떻게 그 업무와 성과를 관리할 수 있겠습니까? 그렇게 이해하고 있지 못하다 보니 진정한 중간관리자로서의 역할을 제대로 못하는 중간관리자들이 많을 수 밖에 없겠지요.

따라서 회사는 중간관리자들이 진정한 중간관리자로서의 업무를 잘 수행할 수 있도록 하기 위해서는 기본적으로 중간관리자들이 부하직원들의 업무를 잘 이해할 수 있도록 유도해야 합니다. 중간관리자들이 싫어하든 좋아하든 말이지요. 그래서 직무기술서의 업그레이드 및 업데이트를 위한 직무분석을 이 중관관리자들에게 의무로 부여하는 것입니다. 그렇게 되면 중간관리자는 정기적으로(최소 1년에 1회) 부하직원들의 직무를 분석하는 워크샵 및 인터뷰를 진행해야 할 것이고 그 과정을 통해 부하직원들의 업무를 더 잘 이해할 수 있게 되겠지요. 그래서 이러한 과정을 통해 중간관리자가 부하직원들의 업무를 더 잘 이해하게 되면 그 전보다 부하직원들을 더 잘 관리할 수 있게 될 것입니다. 그러니까 중간관리자로서의 역할을 더 잘 수행할 수 있게 될 것이라는 말입니다.

관리자는 어차피 부하직원들의 업무를 이해하기 위한 노력을 해야 하니까 그 방법 중 하나로 직무분석 그리고 직무기술서 업그레이드 및 업데이트의 의무를 부여하는 것이죠.

나. 남이 분석한 결과로 직원들을 관리하는 것 VS 자신이 분석한 결과로 직원들을 관리하는 것, 그 효과의 차이

그리고 이 직무기술서가 만들어지면 각 중간관리자들은 이 직무기술서를 가지고 부하직원들을 관리해야 합니다. 그런데 인사담당자가 만들어준 직무기술서 VS 자신이 직접 직무를 분석해서 만든 직무기술서, 어떤 직무기술서로 관리했을 때 중간관리자가 부하직원을 더 잘 관리할 수 있을까요? 당연히 남이 만들어준 것을 가지고 관리할 때보다 자신이 직접 만든 것을 가지고 관리할 때가 더 관리를 잘 할 수 있겠죠?

관리자가 직접 부하직원들과 인터뷰를 진행하면서 왜 이러한 CSF가 중요한 것인지, 왜 이러한 성과행동이 큰 의미를 갖는 것인지를 충분히 파악하고 전체적인 흐름을 충분히 이해할 수 있기 때문에 각 성과영향요소들이 갖는 확실한 '의미'를 알고 관리를 할 수 있게 됩니다. 그래서 직무기술서의 업그레이드 및 업데이트 과업을 실제 그 직무기술서를 가지고 부하직원들을 관리해야 하는 중간관리자에게 책임과 의무를 부여함으로써 제작된 직무기술서가 더 효과적으로 활용될 수 있는 것이죠.

다. 업그레이드 및 업데이트의 편의성과 부담 경감

회사의 인사부서가 직접 업그레이드 및 업데이트 작업을 한다고 할 경우 적게는 20여개, 많게는 100여개 이상의 직무를 분석해야 합니다. 따라서 시간과 에너지가 상당히 많이 소요될 것입니다.

그런데 중간관리자가 이를 실시할 경우 자신이 담당하고 있는 직무만 분석하면 되니 적게는 1개, 많아야 3~4개 정도의 직무에 대해서만 업그레이드 및 업데이트 책임이 주어지는 만큼 그 부담이 훨씬 줄어들게 됩니다. 그래서 부담도 크지 않고 이 과정을 통해 위와 같이 중간관리자로서의 업무도 더 잘 수행할 수 있는 역량도 향상이 되는 장점도 있으므로 중간관리자들에게 직무기술서 업그레이드 및 업데이트의 책임과 의무를 부여하는 것이죠.

실제 제가 많은 회사의 중간관리자들에게 부하직원들의 성과를 분석하는 방법(직무분석 방법이죠)에 대한 강의를 진행했을 때 관리자들의 관심은 매우 높았습니다. (자신이 앞으로 어떻게 부하직원들의 성과를 관리해야 하겠다는 방향을 찾은 느낌을 받으셨다는 피드백을 많이 받았죠.)

이렇게 중간관리자들에게 자신이 관리하는 부하직원들의 직무를 분석하고 이를 통해 도출된 각종 성과영향요소(성과를 높여주는 요소)를 관리하는 역량을 향상시켜주게 되면 더 좋은 직무기술서로 업그레이드가 이루어지면서 회사가 보유하는 직무기술서들의 퀄리티가 향상될 것입니다.

[그림60] 직무분석 역량강화를 통한 조직성과향상

그래서 회사의 직무기술서가 더욱 양질의 직무기술서로 발전하게 되면 조직의 관리는 더욱 효과적으로 이루어질 것이고 결국 조직의 성과가 향상되는데 큰 도움이 되겠지요. 이러한 직무기술서를 통해서 인사관리를 진행할 때 우리 인사/교육담당자도 조직의 성과를 견인하는 역할을 담당하는 인사/교육담당자로서의 역할을 수행할 수 있게 될 것입니다.

그렇다면 우리는 이 직무기술서를 체계적이고 효과적인 인사관리를 위해 어떻게 활용할 수 있을까요? 정말 엄청나게 많은 용도로 활용할 수 있지만 그 중 가장 대표적인 활용방법들을 지금부터 소개해드리도록 하겠습니다.

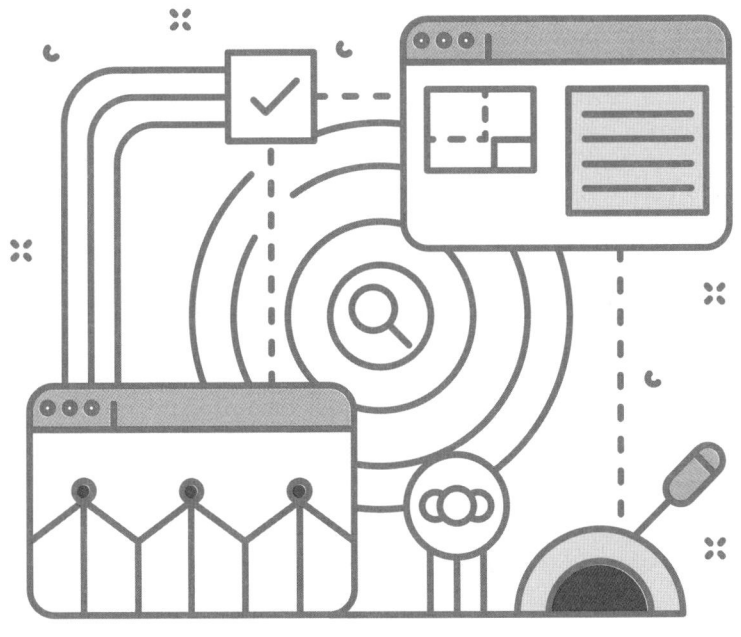

V

체계적 조직 성과관리를 위한 직무기술서의 활용방안

1 MBO 운영 및 직원 평가 기준으로의 활용
  (1) **업적평가 기준**
  (2) **역량평가 기준**

2 직원 채용, 배치 및 승진 기준으로의 활용
  (1) **채용공고문 작성에 활용**
  (2) **서류 및 면접전형 기준으로의 활용**

3 직원 교육운영 관리에의 활용
  (1) **교육담당자가 직무에 적합한 교육의 내용과 방법을 찾을 시 활용**
  (2) **학습목표 설정 및 교육평가 기준으로의 활용**
  (3) **현업 부서에서의 교육 요청에 대한 필터링**
  (4) **효과적 교육방법, 플립러닝 설계 및 기획**

4 관리자의 구체적 리더십 도구로의 활용

5 직무분석 결과(직무기술서)의 기타 활용방법
  (1) **조직 성과향상을 위한 TF 구성 시 적합인원 선정에의 활용**
  (2) **직무적합성 평가의 기준으로 활용**
  (3) **사업계획 수립의 Frame으로 활용**
  (4) **조직의 업무 구조조정에의 활용**

1

MBO 운영 및 직원 평가기준으로의 활용

(1) 업적평가 기준

직무분석을 통해 직무기술서가 제작되면 인사담당자는 이것을 체계적 인사관리를 위해 적극적으로 연구하고 활용해야 합니다. 그 활용분야 가운데 대표적인 분야가 바로 직무기술서에 기록된 내용들을 직원들의 '평가기준'으로 활용하는 것이죠.

일반적으로 직원들을 평가하는 기준은 크게 업적평가기준(업적평가지표)과 역량평가기준(역량평가지표)로 구분할 수 있습니다.

그러니까 조직 구성원들을 평가하는 평가시트를 보면, 예를 들어 1번부터 5번까지는 업적의 수준을 평가하는 업적평가지표 그리고 6번부터 10번까지는 해당 직무수행자의 역량수준을 측정하는 역량평가지표로 구성되어 있다는 것을 의미하죠. 따라서 개인을 평가할 때 업적도 평가해야 하겠지만 그 사람이 보유해야 하는 역량도 어느정도 보유하고 있는지를 평가하여 이 업적평가결과와 역량평가결과를 합산하여 최종 평가점수를 책정하는 것입니다.

업적평가지표란 특정 직원이 자신의 직무 상 만들어야 하는 성과를 어느정도 만들어 냈는가를 평가하는 지표 이구요(ex. 영업직무-매출액, 신규고객 모집 인원 등 / 생산관리 직무-불량률, 일일 생산량 등) 역량평가는 특정 직무수행자가 자신에게 주어진 역할을 잘 하기 위해서 그리고 자신의 직무 상 만들어야 하는 성과를 창출하기 위해 반드시 갖춰야 하는 역량을 어느정도 갖추고 있느냐를 평가하는 지표를 말합니다.

일반적으로 업적평가는 'MBO방식'으로 평가가 이루어집니다. MBO란 Management By Objective의 앞글자를 따와서 만든 용어로 보통 '목표에 의한 관리'라고 설명 되어지는 경영관리 기법이죠. 구체적 목표를 설정해서 그 목표를 어느정도 달성했느냐를 평가하는 방식이 바로 MBO가 되겠습니다. 우리나라에서는 MBO가 그 의미가 곡해되어서 사용되는 경우가 많기는 한데 원래는 이러한 의미에 업무 수행자 '자율'이라는 뜻까지 가미되어 스스로 목표를 세우고 스스로 목표 달성의 계획을 수립, 실행한 후 그 결과를 가지고 평가를 하는 방법을 말합니다. (Peter Drucker, The Practice Of Management, 1954) 이 MBO에 대해서만도 설명드릴 내용이 엄청나게 많지만 본 글은 MBO에 대한 글은 아니므로 업적평가를 일반적으로 MBO라는 방법으로 진행하는데 이 MBO의 핵심은 구체적 목표, 그러니까 KPI의 목표 수준을 어느정도 달성했는지로 평가를 한다는 정도 까지만 설명을 드리고 다른 구체적인 설명은 생략하도록 하겠습니다. 지금 기억하셔야 할 것은 업적평가

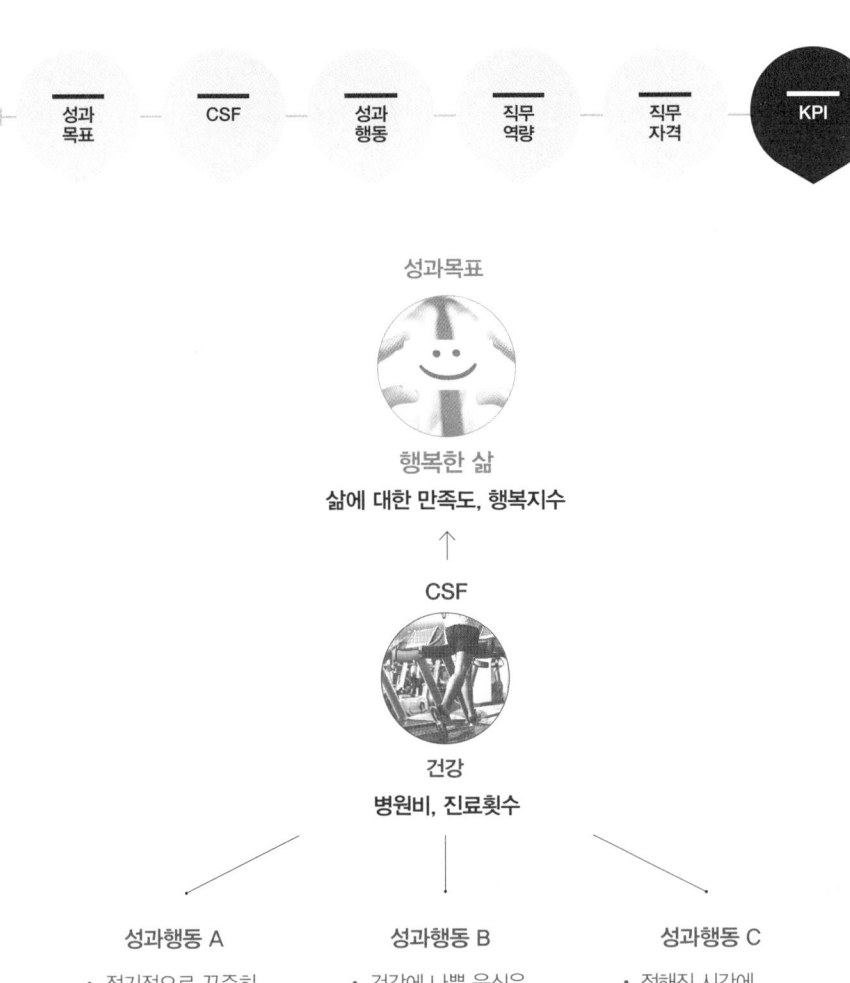

[그림12] KPI 사례

는 일반적으로 KPI를 가지고 평가를 실시한다는 것입니다.

그런데 우리가 직무분석을 실시하여 각 직무의 성과영향요소들을 도출한 후 직무기술서를 작성하면 직무기술서에 KPI의 후보군들인 Performance Indicator(PI)의 Pool이 기록이 되어 있을 것입니다. 해당 직무의 CSF 및 성과행동과 관련된 다양한 PI들을 도출하였고 그 다양한 PI들이 일단 직무기술서에 모두 기록이 되어 있으니 말입니다. (PI-앞 페이지 그림 12에서 운동횟수, 체중, 근육량, 체지방비율, 혈중 콜레스테롤 수치, 기상시간 및 출근시간 준수율)

가장 좋은 것은 직무기술서에 기록된 Performance Indicator들을 모두 종합하여 업적평가를 실시하는 것입니다. 물론 저 위의 그림처럼 샘플로 몇 개의 성과행동만 가지고도 저 만큼의(실제로는 저 이상의) PI가 도출되었으니 실제 직무분석을 실시하면 엄청나게 많은 PI들이 도출되겠죠. 그리고 그 엄청나게 많은 PI들을 모두 다 측정하는 일은 시스템이 잘 갖춰지지 않으면 불가능한 일이 될 것입니다. (예를 들어 고객만족도가 어떤 직무의 PI 중 하나인데 우리 회사는 아직 고객만족도를 측정하고 있지 않다면 이 고객만족도라는 Indicator를 측정하는 것은 현실적으로 불가능하겠죠.)

그래서 건강검진과 같이 수많은 PI들을 종합적으로 평가하여 나의 건강상태라는 성과를 측정하듯, 모든 PI들을 종합적으로 측정하여 평가하는 방법이 가장 좋은 방법이기는 하나 이것이 현실적 어려움에 봉착할 수 밖에 없기 때문에 이 수많은 PI 가운데 가장 Key가 되는 PI를 몇개 추려서 평가를 실시하기도 합니다. (정확히는 이것이 바로 KPI가 되는 것이죠. Key Performance Indicator) 그렇다면 과연 어떤 방법으로 수많은 PI가운데 Key Performance Indicator를 선정해야 할까요?

직무기술서 Template

1. 직무 개요(Identificationg)

| 직군명 | 관리직군 | 직무명 | 인사총무 |

2. 현재 직무 수행자

| 소속 | 경영관리팀 | 성명 | |

3. 직무 목적(Mission)

0000000000000000000000000000000000000000000000000000000000000000
00000000000000000000000000000

4. 직무 핵심 성과 및 주요 KPI

핵심성과목표	CSF		Performance Indicator	
우수인력 확보 및 육성 정확한 회사자산관리 00000000	우수인재 채용 정확한 데이터 000000	체계적 교육훈련 000000 000000	신입사원 채용 만족도 자산데이터 정확도 000000	교육훈련 참여율 000000 000000

1. 신입사원 채용 만족도
2. 교육훈련 참여율
3. 자산데이터 정확도

- Performance Indicator 중 해당 년도의 전략적 판단에 따라 가장 적합한 지표를 3~5개 가량 선별하여 KPI로 활용

ex) 해당 시점 핵심이슈가 글로벌 시장 진출을 위한 우수인재 확보일 때는 어떤 KPI로 해당 직무 수행자들을 평가하는 것이 좋을까?

[그림61] 직무기술서를 활용한 업적평가지표 선정

예를 들어 설명을 드리도록 하겠습니다. 어느 회사의 인사총무 직무의 직무기술서를 보겠습니다.(앞 페이지 그림 61)

실제의 직무기술서는 훨씬 내용이 많지만 이해를 쉽게 하도록 이 회사의 인사총무 직무의 PI Pool에 신입사원채용만족도, 교육훈련참여율, 자산데이터 정확도 3개만 직무기술서에 기록되어 있다고 가정하도록 하겠습니다.

만약 이 회사의 인사총무 직무 담당자들의 업적평가를 실시함에 있어서 이 3개의 PI들 가운데 단 하나의 KPI를 선정한다면 무엇을 선정하시겠습니까? 한가지 상황을 말씀드리자면 이 회사는 내년 드디어 해외 시장 진출을 앞두고 사장님께서 우수인재 확보의 중요성을 엄청 강조하셨고 이 회사에서 우수인재를 확보하는 '채용'업무를 바로 이 인사총무 직무가 담당하고 있습니다.

이렇게 회사의 핵심이슈 중 하나가 '우수인재 확보'일 경우 채용업무를 담당하는 인사총무 직무를 평가할 수 있는 3가지의 PI가운데 만약 하나의 KPI를 선정해야 한다면 저는 '신입사원 채용 만족도'를 가지고 인사총무 직무를 평가할 것입니다. 왜냐하면,

만약 채용 업무를 담당하고 있는 이 인사총무 직무 담당자들을 '신입사원 채용 만족도'라는 KPI를 가지고 평가를 실시하게 되면 이 인사총무 직무를 담당하고 있는 사람들은 본인이 좋은 평가를 받기 위해서는 우수한 신입사원들을 채용해서 '신입사원 채용 만족도'라는 KPI에서 높은 목표달성율을 기록하기 위해 노력할 것입니다. 회사를 위해서 노력하기도 하겠지만 우선은 이 KPI로 자신의 업적을 평가하고 그 평가 결과로 연봉까지 달라질 수 있으니 자신을 위한 노력이라 볼 수도 있겠지요.

이 인사총무 직무 담당자들은 자신의 높은 평가결과를 위해서 '신입사원 채용 만족도(KPI)'를 높이기 위해 노력했는데 그렇게 되면 그 노력이 '우수인재 확보'라는 회사의 핵심이슈와 연결이 될 것입니다. 인사총무 담당자가 신입사원 채용 만족도를 높이려고 더욱 우수한 신입사원을 선발하기 위해 노력하는 그 과정이 '우수인재 확보'라고 하는 내년도 회사의 핵심 이슈를 충족시키는데 기여를 함으로써 회사의 목표달성에 도움이 되는 것이죠.

이렇듯 다양한 Performance Indicator들 가운데 팀이나 회사의 이슈와 밀접한 관계가 있는 PI를 KPI로 선정하여 평가에 활용함으로써 각 직무수행자들의 좋은 평가를 받기 위한 노력이 회사의 성과를 높이는데 직접 영향을 미칠 수 있도록 하는 방법이 있습니다.

그리고 이 외에도 상관관계 분석을 통해 다양한 PI들 가운데 CSF와 가장 상관관계가 높거나 성과목표와 가장 상관관계가 높은 PI를 KPI로 선정하여 이를 통해 CSF를 어느정도 확보했는지 또는 성과목표를 어느정도 달성했는지를 대신 평가하는 방법을 취하기도 합니다. 예를 들어 건강과 상관관계가 가장 높은 PI가 '혈중 콜레스테롤 수치'라고 가정하면 (건강과 혈중콜레스테롤 수치가 상관관계가 가장 높다면) 이 혈중 콜레스테롤 수치라는 KPI를 가지고 사람의((건강상태를 평가하는 방법도 있습니다. (물론 다른 PI들을 종합적으로 평가하면 좋으나 그것이 현실적으로 불가능하니까 그 중 가장 대표적인 PI를 하나 선정하여 KPI로 삼는 것이죠.)

그렇다면 이번에는 이 직무기술서를 통해서 각 직무수행자들의 '역량 수준'을 평가하는 '역량평가'는 어떤 방법으로 실시할 수 있는지 살펴보겠습니다.

(2) 역량평가 기준

직원들을 평가하는 기준인 평가지표는 일반적으로 크게 업적평가지표와 역량평가지표로 구분되어 진다고 말씀드렸습니다.

지금부터는 직무기술서의 내용을 어떻게 직원들의 '역량평가지표'로 활용할 수 있는지에 대한 내용을 설명 드리도록 하겠습니다.

(직무)역량평가라고 하는 것은 직원이 자신이 담당하고 있는 직무에 해당하는 성과를 만들어 내기 위해 갖춰야 하는 역량을 어느정도 보유하고 있는지를 평가하는 것이며 따라서 '역량평가지표'라고 하는 것은 그 역량의 수준을 측정할 수 있는 기준을 말합니다.

이전에 직무역량을 학습하시던 부분에서 배우셨지만 다시 한 번 살펴보자면,

행복한 삶이라는 성과목표를 달성하기 위해서는 건강이라는 CSF를 반드시 확보해야 하는데, 건강이라는 CSF를 확보하기 위해서는 '건강에 나쁜 음식은 피하고 건강에 좋은 음식을 만들어 먹는다'와 같은 성과행동 상의 행동을 잘 해야 합니다. 그리고 이러한 행동을 잘 하기 위해서는 건강에 좋은 음식에는 어떤 음식들이 있는지, 건강에 나쁜 음식에는 어떤 음식들이 있는지, 건강에 좋은 음식을 만들어 먹기 위해 필요한 요리 레시피 등에 대한 지식이 없다면 그러한 성과행동 상의 행동을 잘 할 수가 없겠지요. 이 때 이러한 지식과 기술들을 우리는 직무역량이라고 부릅니다. (옆의 그림 8에서는 하나의 성과행동에 대한 직무역량들만 도출을 했을 뿐 각 성과행동마다 이러한 지식과 기술, 그러니까 직무역량을 도출할 수 있겠지요.)

직무역량 직무 수행자가 본인에게 부여된 성과행동의 행동을 잘하기 위해 갖춰야 하는 지식과 기술 및 성격특성

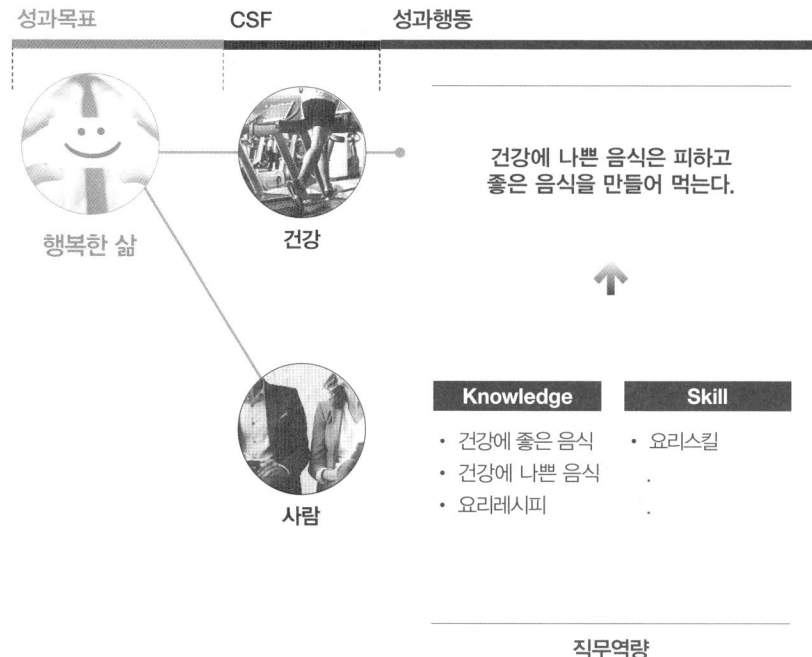

[그림8] 직무역량의 개념

그래서 직무역량의 수준을 평가하기 위해서는 저러한 지식과 기술을 어느 정도 보유하고 있는지를 측정해야 합니다. 보통 이 지식과 기술을 어느 정도 수준으로 보유하고 있는지를 측정하기 위해 시험(필기 시험, 실기시험)을 보는 방법으로 측정할 수가 있을 것입니다. 시험을 봐서 저런 지식과 기술을 많이 보유하고 있다고 측정이 되면 좋은 평가, 그렇지 않으면 나쁜 평가를 받는 방식이 되겠죠.

그런데 일반적인 회사에서 저런 지식과 기술의 보유 정도를 측정하기 위한 시험 문제를 출제하고 모든 직원들을 대상으로 시험을 보고 집계를 내고 하는 일들을 원활히 진행할 수 있을까요? 시험을 보고 집계를 내는 것은 가능하겠지만 저 많은 지식과 기술에 대해 시험문제를 출제하는 것은 어지간한 대기업이나 공무원 집단이 아니고 서야 쉽지 않을 것입니다. (대기업도 어려울 겁니다.) 그러면 과연 어떤 방법으로 저 역량의 수준을 측정하는 것이 현실 가능성이 높을 것인가?

바로 '성과행동'을 가지고 각 직무수행자들에게 필요한 직무역량의 수준을 우회적으로 측정할 수가 있습니다. 이전에 성과행동에 대해서 설명을 드리는 챕터에서 제가 성과행동을 통해 직원들의 직무역량평가의 기준으로 삼을 수 있다는 말씀을 드리면서 뒷부분에서 이에 대해 설명을 드리겠다고 말씀드린 것을 기억하실 수 있을 것입니다.

왜 이 성과행동을 가지고 직원들의 직무역량 수준을 '우회적'으로 평가할 수 있을까요? 설명을 잘 들어 주시기 바랍니다. (어려운 개념은 아닙니다만 집중해서 잘 봐주시지 않으면 이해가 잘 안되실 수도 있으니 반드시 집중해서 봐주시기 바랍니다.)

[그림48] 성과행동의 활용

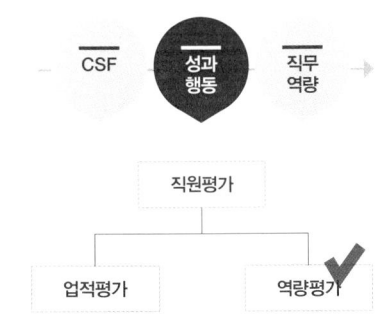

1. 직원 평가에 활용
- 성과행동은 직무역량의 수준을 가늠할 수 있는 역량평가지표로 활용할 수 있음

2. 부하직원 관리에 활용
- 부하직원이 업무 수행 중 어떤 행동을 잘 하도록 지도하고 관리해야 하는지 구체적으로 알 수 있음

ex. 회계팀장 직무의 성과행동
1. 효과적인 방법을 통하여 팀원들이 작성하는 전표에 오류가 발생하지 않도록 정확히 체크한다
2. 팀원들에게 정확한 업무처리의 기준을 제시하여 모든 팀원이 일관된 방식과 흐름으로 회계업무를 수행할 수 있도록 관리한다
3. 전체적인 회계업무처리가 더 빠르고 정확하게 이루어질 수 있도록 하는데 필요한 각종 개선 요구사항들을 회사에 전달하여 더욱 효율적인 전산시스템으로 Upgrade한다

*경영본부장은 부하직원인 회계팀장이 업무수행 중 위와 같은 행동을 잘 하도록 지도하고 관리해야 함.

직무역량이라는 것은 성과행동 상의 행동을 잘 할 수 있도록 만들어주는 지식과 기술을 의미합니다. 이젠 추가적인 설명을 드리지 않아도 이 점은 명확히 이해하실 수 있으리라 생각합니다. 그렇다면 이 직무역량을 더 많이 보유한 사람들은 성과행동 상의 행동을 더 잘 수행할 수 있겠죠? 그럼 이 성과행동 상의 행동을 잘 한다는 것은 그만큼 이 직무역량에 해당하는 지식과 기술을 많이 보유하고 있다는 뜻이 될 것입니다. 우리가 측정하고자 했던 것은 원래 각 직무수행자들이 직무역량을 어느정도 보유하고 있는지, 그러니까 필요한 지식과 기술을 어느정도 보유하고 있는 지였는데 이것을 측정하는 것이 용이치 않으니 이 성과행동 상의 행동을 얼마나 잘 하는지를 통해서 이 직무역량의 보유 수준을 우회적으로 측정하는 방법을 선택하는 것이죠.

그런데 많은 회사에서 직무역량의 수준을 이렇게 측정하는 경우들이 있습니다.

[그림63] 일반적 역량평가기준의 문제점

무엇이 문제일까요?

역량명	점수
의사소통	_____ 점
전문성	_____ 점
고객지향	_____ 점
공동체의식	_____ 점

'부하직원의 의사소통 역량을 10점 만점으로 평가하시오. 업무 전문성 역량을 10점 만점으로 평가하시오.'와 같은 형태로 말입니다. 이런 방법으로 직원의 역량평가를 실시할 경우 어떤 문제가 있을까요?

그렇죠. 평가를 함에 있어 기준이 모호하고 따라서 평가자의 주관성이 너무 강하게 개입됩니다. 부하직원이 퇴근 후에 팀장과 술을 잘 마셔주면 '소통이 잘된다'고 평가하고 아무리 소통을 잘 하더라도 주말에 등산을 같이 안 다니면 '애가 왜 이렇게 소통이 안돼?!'라고 평가해버릴 수도 있겠지요.

물론 '의사소통 역량을 10점 만점으로 평가하세요'와 같은 극단적인 방법은 아니고 나름 의사소통의 수준을 조금 더 구체적으로 점수화하기 위해 아래와 같은 기준을 설정하여 역량평가를 실시하는 경우도 있습니다.

'상사의 지시를 받아 지시 받은 대로 할 수 있는 수준-1점, 상사의 지시를 받은 후 지시받지 않은 영역까지 업무를 수행할 수 있는 수준-2점… (중략)… 누구의 지시도 받지 않고 새로운 것을 창조할 수 있는 수준-5점'

그런데 이러한 기준을 설정해 놓더라도 어느정도 수준이 누구의 지시도 받지 않고 새로운 것을 창조할 수 있는 수준인지, 과연 어느정도 수준이 지시를 받아서 지시 받은 대로 할 수 있는 수준인지 판단하는 것은 또 다시 주관적으로 판단할 수 밖에 없다는 문제가 있습니다.

그래서 어떻게 하면 이러한 역량평가의 주관성을 최소한으로 줄이고 '비교적' 객관적으로 평가할 수 있는지, 그 방법을 설명 드리도록 하겠습니다.(완벽히 객관적으로 평가할 수 있는 방법은 없습니다.) 재무관리역량이라는 역량을 비교적 객관적으로 평가할 수 있도록 한 사례를 토대로 설명을 드릴텐데요.

여러분은 여러분의 재무관리 역량이 10점 만점에 몇 점이라고 생각하십니까? 평가 기준이 아주 주관적이죠? 사람들마다 재무관리 역량이 있다, 없다를 판단하여 이를 점수화하는 기준들은 다 다릅니다. 그렇다면 이렇게 주관적일 수 밖에 없는 '재무관리역량'이라는 역량 수준을 어떻게 비교적 객관적으로 평가할 수 있도록 만들어줄 수 있을까요? 지금부터 여러분들도 그림 64의 체크리스트를 통해 직접 한 번 평가 해보시기 바랍니다.

해당되면 Yes, 해당되지 않으면 No 를 하시면 됩니다.

―평가해보세요(그림 64)―

그림 64에는 7개만 샘플로 나와있지만 만약 10개 문항이 있다고 가정하고, 만약 Yes가 10개면 재무관리역량 10점, 8개면 8점, 5개면 5점. 이렇게 재무관리역량의 수준을 측정한다면 그냥 재무관리역량을 10점 만점으로 평가하시오와 같이 평가자에게 평가를 요청할 때보다는 훨씬 더 객관적으로 재무관리역량의 수준을 측정할 수 있게 될 것입니다. 그리고 그림 64에 나와있는 각 문항이 바로 '성과행동'이죠. '행동'을 측정하는 것이기 때문에 행동을 하면 Yes, 행동을 안하면 No로 비교적 명확하게 평가를 할 수가 있는 것이죠.

여기서 한가지 유의하실 점이 있습니다.

특정 직무에 대해서 이러한 '성과행동'들을 도출한 후 이 성과행동들을 성과행동으로 해당 직무를 수행하는 모든 사람들을 '동일하게' 평가할 경우 발생될 수 있는 큰 문제가 하나 있습니다. 그것이 무엇일까요? 한 번 생각해 보시면 좋을 것 같습니다.

예를 들어 신입사원부터 경력 25년차 부장님에 이르기까지 총 30여명의 직원들이 '영업직무' 수행자로 일을 하고 있는데 이들을 동일한 성과행동으로 평가했을 때 어떤 문제가 발생될 수 있는지를 한 번 생각해 보시기 바랍니다.

생각해 보셨나요?

이렇게 되면 아마 경력이 많은 분들이 높은 평가를 다 쓸어 담을 것이고

재무관리 역량

	YES	NO
1. 통장은 몇 개로 나누어 관리하는가?	☐	☐
2. 각종 소모품을 정해진 기한 내에 교체하여 불필요한 고장을 예방하는가?	☐	☐
3. 매월 고정적으로 지출되는 재정규모를 파악하고 있는가?	☐	☐
4. 정기적으로 은행에 방문하여 재정상담 등 각종 정보를 파악하는가?	☐	☐
5. 공과금을 기한 내에 납입하여 과태료 지출을 최소화하는가?	☐	☐
6. 가족의 건강에 대한 관리를 꾸준히 하고 있는가?	☐	☐
7. 재테크에 관한 상담할 수 있는 사람을 가까이 두고 있는가?	☐	☐

역량의 수준을 훨씬 더 객관적으로 평가할 수 있도록 만들어줌

[그림64] 바람직한 역량평가 지표의 형태

경력이 낮은 분들은 모두 다 바닥을 깔 수 밖에 없겠죠. 성과행동에는 분명 누구나 약간의 노력만 하면 충분히 할 수 있는 종류의 성과행동도 있을 것이고(ex. 사람들의 의견을 취합하여 그 결과를 보고서로 작성, 상사에게 보고한다) 경험이 없는 사람은 도저히 할 수가 없는 그런 부류의 성과행동도 있을 것입니다. (ex. 시장의 니즈와 당사의 강점을 분석하여 고객들에게 어필할 수 있는 제품의 컨셉을 기획한다.)

그런데 사원부터 부장을 모두 똑같은 성과행동을 가지고 평가를 실시하게 되면 입사한지 얼마 되지 않은 사원급 직원들은 '경험이 없는 사람은 하기가 힘든 종류의 성과행동'을 평상시 수행할 수가 없겠죠. 업무의 기회도 주어지지 않을 것입니다. 그러니 이러한 직원들은 좋은 평가를 받을 수 없는 성과행동이 많을 수 밖에 없고 결국 평가에서 바닥을 깔아주겠죠.

그래서 이러한 문제들을 해소시키기 위해 각 성과행동마다 Level을 설정하여 경력에 맞는 Level의 성과행동으로 평가하는 방법을 권해드립니다.

―그림 65 참조―

그러니까 사원급의 경우는 Level이 낮은 4등급의 성과행동만을 가지고 역량평가를 실시하고, 대리급은 3등급과 4등급, 그리고 가장 경력이 많은 부장급 팀원의 경우는 1등급~4등급의 성과행동을 가지고 평가를 실시하면 경력이 낮은 사람들이 바닥을 깔아주는 불합리를 어느정도 해소할 수가 있을 것입니다. 여기서 부장급을 1~4등급의 성과행동 모두를 가지고 평가할 것이냐, 아니면 가장 높은 Level인 1등급 성과행동만을 가지고 평가할 것이냐는 회사의 선택에 달려있습니다. (1~4등급 모두를 가지고 평가하려면 너무 많다. 그냥 1등급 성과행동만을 가지고 평가하자. VS 부장들 중에 기본적인 것도 못하는 부장들이 있

4. 직무 핵심 성과 및 주요 KPI

핵심성과목표	CSF		주요 KPI List	
정확한 회계정보 제공 정확한 팀원 업무관리	정확한 데이터(품의) 효과적 업무분장	효율적 회계시스템 팀원간 팀웍 정확한 정보공유	각종 회계자료오류율 회계일정준수율 팀입금오류발생율 회계데이터오류건수	전표처리오류발생률 팀청구오류건수 손익예측정확도 팀원 교육참여율

5. 핵심과업별 Task Level

성과행동	Task Level
1. 효과적인 방법을 통하여 팀원들이 작성하는 전표에 오류가 발생하지 않도록 정확히 체크한다	4등급
2. 팀원들에게 정확한 업무처리의 기준을 제시하여 모든 팀원이 일관된 방식과 흐름으로 회계업무를 수행할 수 있도록 관리한다	2등급
3. 전체적인 회계업무처리가 더 빠르고 정확하게 이루어질 수 있도록 하는데 필요한 각종 개선 요구사항들을 회사에 전달하여 더욱 효율적인 전산시스템으로 Upgrade 한다	1등급
4. 팀원들이 정확한 세무, 회계적 지식을 가지고 업무를 수행할 수 있도록 필요한 교육들을 제공하여 팀원의 세무회계역량을 향상시킨다	3등급
5. 팀의 전체적인 업무 흐름과 팀원의 수행업무 및 역량수준을 수시로 체크하고 이를 고려하여 팀원들에게 적절한 업무를 부여, 필요한 권한을 위임하여 전체적인 팀 업무가 빠르고 정확하게 진행될 수 있도록 관리한다	3등급

.
.
.

Task Level을 통해 동일 직무라 하더라도 직급별 판단기준 차등화 할 수 있음

ex.
부장, 차장급: 1등급~4등급
과장급: 2~4등급
대리급: 3~4등급
사원급: 4등급

직무기술서를 제작한 첫해에는 충분한 성과행동이 도출되기는 어려움

[그림65] 성과행동 Level 설정

다. 등급이 낮은 성과행동도 평가해야 한다.)

　한가지 첨언을 드리자면, 지금까지 설명 드린 것은 '직무역량평가지표'에 대한 것이었습니다. 그런데 역량에는 직무역량 외에도 공통역량 그리고 리더십 역량이라고 하는 것이 있습니다. 따라서 역량평가 지표는 크게 직무역량 평가지표, 공통역량 평가지표 및 리더십역량 평가지표가 있지요. 그런데 지금 우리는 '직무분석'에 대해 공부하고 있는데 이 공통역량과 리더십역량의 경우는 일반적으로 직무분석을 통해 도출하지 않고 다른 방법으로 도출하기 때문에 직무분석을 공부하는 본 글에서는 별도로 설명 드리지 않음을 양해 바랍니다.

2

직원 채용, 배치 및 승진 기준으로의 활용

직무기술서에는 특정 직무에 적합한 인재를 채용하거나 그 직무에 가장 적합한 사람을 배치하고 그 위치에 가장 적합한 사람을 승진시키기 위한 기준이 담겨있습니다.

 (다음 페이지 그림 32의 성과영향요소들의 연결고리 그림을 보시면서 읽어 주시기 바랍니다.)

 먼저 사람을 채용하고 배치할 때 기왕이면 해당 직무의 '직무자격'과 유사한 조건을 가진 사람을 그 직무에 채용하고 배치하는 것이 좋겠지요. 그런 '직무자격'을 갖춘 사람이라면 그 자격을 갖추지 못한 사람보다 직무역량을 보유할 가능성이 높을 것이고 그러한 역량을 보유한 사람은 해당 직무의 성과행동 상 행동을 더 잘할 것이니 더 많은 CSF를 확보함으로써 더 많은 성과를 내고, 나아가서 이 직무의 역할(미션)을 잘 수행할 가능성이 높을 테니 말이지요.

미션

↑

성과
목표

CSF

성과
행동

직무
역량

직무
자격

KPI

[그림32]
성과영향요소 흐름 (미션 포함)

그리고 마찬가지 흐름으로 기왕이면 이 직무의 직무역량에 해당되는 역량을 보유한 사람을 채용하는 것이 나중에 더 많은 성과를 내고 자신의 역할을 잘 수행할 가능성이 높을 것입니다.

동일한 이유로 성과행동 상의 행동을 잘 수행하는 사람을 선발하는 것이 좋겠죠.

그래서 직원을 채용할 때 인사담당자는 채용하고자 하는 직무의 직무기술서에 기록되어 있는 내용들을 면밀히 Study하여 어떻게 해야 이 많은 지원자들 가운데서 해당 직무의 성과행동 상의 행동을 잘할 수 있고, 해당 직무의 직무역량을 다른 지원자들보다 더 많이 보유하고 있으며 직무자격요건에 가장 부합하는 사람을 선발할 수 있을지, 그 방법을 고민해야 합니다. 만약 지원자들을 대상으로 필기시험을 본다면 어떤 내용으로 시험을 보는 것이 이러한 것들을 검증하기 좋을 지, 실기시험을 본다면 어떤 주제로 그리고 어떤 방식으로 실기시험을 볼 것인지, 면접관 질문지를 구성한다면 어떤 내용으로 면접관 질문지를 구성해야 저 내용들을 잘 검증할 수 있을지 사전에 주도면밀하게 연구하여 정말 그 직무에 딱 맞는 사람을 선발할 수 있는 방법을 찾는 것이 인사담당자가 갖춰야 하는 전문성 중 하나이자 인사담당자의 중요한 역할이 될 것입니다. (인사담당자가 그러한 역할을 잘 하면 우리 회사에는 각 직무에 적합한 인재들로 가득 찰 것이고 회사의 성과는 더 좋아지겠죠.)

이러한 기준들이 직무기술서로 정리가 되어 있다면 인사담당자는 어떤 방법으로 이것들을 검증할 것인지를 연구하는데 집중할 수 있지만 이러한 기준들이 직무기술서로 정리되어 있지 않다면 사람을 채용할 때마다 분석을 실시해야 하는 큰 수고를 감내해야 하기 때문에 '안해버릴' 가능성이 높죠. (사실 그래서 지금도 대부분의 회사에서 인사담당자가 채용 업무를 진행할 때 이러한 고민을 못하고 있습니다.)

자, 그럼 이 채용, 배치 및 승진 절차를 진행하면서 인사담당자는 직무기술서를 어떤 방식으로 활용할 수 있을지 한 번 살펴보도록 하겠습니다.

(1) 채용공고문 작성에 활용

예를 들어 인사담당자가 경영관리본부에서 회계팀장 인력을 1명 채용해달라는 연락을 받았다고 가정해봅시다.

    경영관리본부장: "아, 김대리. 우리 본부에 회계팀장을 한 명 좀 채용해줘."
    김대리(인사담당자): "네, 본부장님. 즉시 채용 절차 진행하겠습니다."
    "자… 그럼 채용 공고문부터 작성해볼까?"

김대리는 'Job 대한민국' 사이트를 열고 채용 공고문을 작성하려 하는데 업무 내용이야 개인 업무분장표에 있는 내용을 그대로 적으면 된다지만 지원자격, 우대사항과 같은 내용은 도통 적을 수가 없는 겁니다. 김대리는 회계팀장 업무를 잘 모르니까요.

그래서 본부장님께 여쭤보려고 본부장님께 전화를 겁니다.

김대리: "안녕하세요. 박과장님. 저 인사팀 김대리인데요… 혹시 경영관리본부 장님 계십니까?"

박과장: "아. 김대리… 근데 지금 본부장님 지방 출장가셨는데… 세미나 때문에 전화도 못 받으실거야."

이렇게 되면 채용공고문을 올리는 그 간단한 업무가 딜레이 되어 버리는 것이죠. 바로 끝낼 수 있는 일인데도 홀딩이 되어 인사담당자의 머리를 복잡하게 만들어 버립니다.

그런데 직무기술서가 있으면 이렇게 하면 됩니다.

연구개발본부장: "아, 김대리. 우리 본부에 회계팀장을 한 명 좀 채용해줘."

김대리: "네. 본부장님. 즉시 채용 절차를 진행하겠습니다."

김대리는 회계팀장 직무의 직무기술서를 열어봅니다. 그리고 다음 페이지 그림 66과 같이 직무기술서의 내용을 복사해서 채용 공고문의 각 항목에 붙이면 채용 공고문 작성이 완료되겠죠.

직무를 분류할 때 작성한 주요업무내용을 채용공고문의 '업무내용'에 그대로 기록하고, 지원자격에는 직무자격의 내용을, 그리고 우대사항은 자격증 보유자 우대 등 해당사항을 복사하여 붙이면 간단히 채용 공고문 작성이 끝납니다. 그래서 가급적 이러한 조건들을 갖춘 사람들이 지원할 수 있도록 유도하는 것이 되겠죠.

6. 업무전문성 요인(Knowledge & Skill)

Knowledge

회계지식(원가회계,관리회계)　세무지식
현업업무이해　　　　　　　　전사 회계상황이해
팀원 업무이해(소요시간,수준)　OOO 사업 아이템 이해
경영계획　　　　　　　　　　엑셀함수
전산시스템　　　　　　　　　재무제표

Skill

데이터관리　　　　논리적사고
원인분석　　　　　메모
손익분석 및 예측　기획스킬
일정관리　　　　　코칭
대인관계

7. 주요업무내용 및 업무별 영어능력수준

주요 업무내용	영어능력
1. 전표확인	2
2. 팀 방향설정 및 운영	2
3. 손익분석보고	5
4. 부가가치세 신고	2
5. 회계/세무 검토	2
6. 결산서 작성(재무제표 작성)	2

8. 직무 요건(Job Requirement)

요구 학력	□ 고졸　□ 전문대졸　■ 대졸　□ 대학원졸이상	선호전공	회계/경영
요구 경력	□ 무　□ 1년이상　□ 3년이상　■ 5년이상　□ 10년이상		
핵심역량	상황판단, 변화관리, 업무수행, 계획수립, 전문성, 손익마인드	성격유형	ISFJ
추천 교육과정	IFRS 중급회계 법인세 조정 및 신고실무 부가가치세 교육	권장자격증	재경관리사 공인회계사 FRM

채용공고

1. 채용직무: 회계담당자

2. 업무내용

3. 지원자격

4. 우대사항

[그림66] 직무기술서를 활용한 채용공고문 제작

(2) 서류 및 면접전형 기준으로의 활용

인사담당자가 직무기술서를 활용하여 채용공고문을 제작, 공고를 내보내면 많은 사람들이 이력서와 자기소개서를 보내오겠죠. 그러면 먼저 인사담당자는 그 많은 이력서들 가운데 면접 대상자들을 추려내는 '서류전형'을 실시하게 될 것입니다.

  서류전형을 실시할 때의 기준은 무엇인가요? 이력이 얼마나 화려하고 자기소개서의 글을 얼마나 잘 썼는지를 가지고 서류전형의 기준을 삼습니까? 이력서와 자기소개서라고 하는 서류에 나와있는 내용을 통해서 우리가 알 수 있는 내용은 한계가 있습니다. 가령 인성이 좋을 것인지 또는 얼마나 영어로 대화를 잘 할 것인지 등을 서류전형을 통해서 검증하기는 힘들죠. 가끔 어떤 분들께서는 자기소개서에 나와있는 내용들을 보면서 '이 친구는 어려운 환경 속에서 살아왔으니 정신력이 강할 것 같애…'라며 주관적인 판단으로 면접 대상자들을 선발하는 경우를 보게 되는데 그것은 전적으로 자만입니다. (보통 윗분들께서 이러는 경우를 많이 보는데요.) 서류 전형을 통해서는 이 직무의 자격기준인 직무자격에 이 사람의 이력서와 자기소개서 내용이 얼마나 부합하는 지를 가지고 면접 대상자를 추려내는 것입니다.

  다음 페이지 그림 67의 직무기술서에서 직무자격요건과 부합하고 직무역량을 보유한 사람이 이 직무에 채용되면 그 사람은 이러한 요건에 부합되지 않는 사람들보다 더 좋은 성과를 만들어낼 가능성이 높으므로 가능하면 인사담당자는 저 직무기술서 상의 내용과 일치하는 사람을 선발하기 위해 노력해야 할 것입니다.

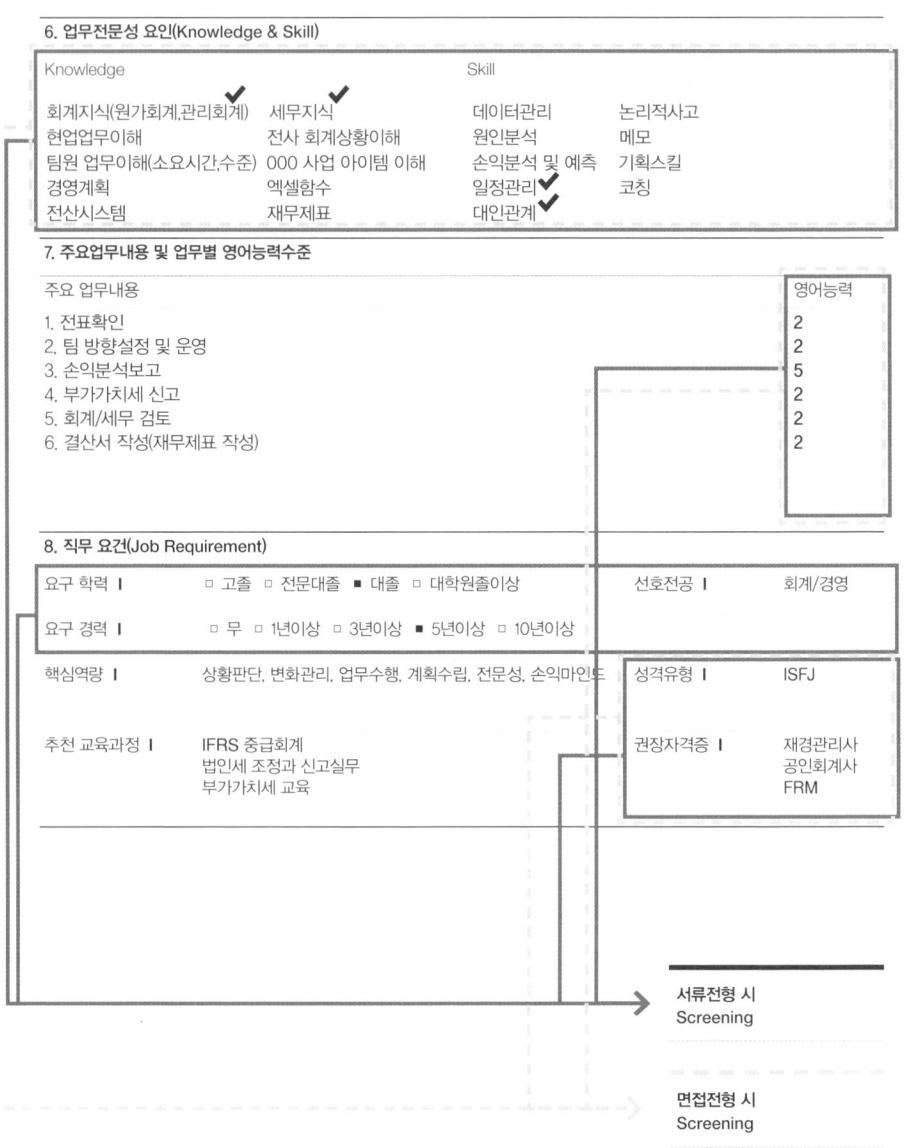

[그림67] 직무기술서를 활용한 채용전형 기획1

그런데 이 내용 가운데 학력, 요구경력, 전공, 자격증 그리고 과거 직장에서의 수행업무 등은 굳이 면접을 하지 않아도 서류전형만으로 판단이 충분히 가능합니다. 지원자가 거짓말을 하지 않는다면 말이죠. (졸업장, 경력증명서 등 구비서류들을 받음으로써 거짓 지원 가능성은 현격히 낮습니다.)

하지만 저러한 지식과 스킬을 얼마나 많이 보유하고 있는지, 그리고 주요 업무내용 3번째의 손익분석 보고가 가장 높은 수준인 Level 5 수준의 영어능력이 필요하다고 하니 손익분석 보고를 영어로 얼마나 잘 할 수 있을지 등은 서류만으로 판단하기는 어려울 것입니다. 물론 토익점수가 높으면 영어를 잘 할 가능성이 높겠지만 토익은 높은데 영어 말하기는 잘 못할 수도 있으니 그냥 무턱대고 서류 상 토익 점수만으로 손익분석 보고를 영어로 잘 할 수 있을지를 예단해버리면 나중에 곤란한 상황이 발생될 수도 있겠죠. (이 회사의 경우는 CEO가 외국인이었기 때문에 회계팀장이 매월 손익현황을 외국인 CEO에게 직접 보고해야 했습니다. 그런데 만약 이를 영어로 보고하는 일을 잘 못하는 사람이 이 포지션으로 채용되게 되면 채용된 사람도 곤혹스러울 것이고 CEO도 답답할 것이고, 개인과 회사 모두가 곤란한 상황이 발생될 수 있지 않겠습니까?) 그래서 이러한 것들은 면접 전형 때 반드시 검증을 해야 그러한 곤란한 상황을 예방할 수 있을 것입니다.

그러면 면접 전형을 실시하기 전, 인사담당자는 면접 대상자들 가운데 어떤 사람이 저러한 역량을 더 많이 보유하고 있을 지, 저러한 과업들을 실제 잘 수행할 수 있을 지를 판단할 수 있는 판단방법을 연구하여 면접 전형을 기획해야 합니다.

6. 업무전문성 요인(Knowledge & Skill)

Knowledge
- 회계지식(원가회계,관리회계) ✔
- 세무지식 ✔
- 현업업무이해
- 전사 회계상황이해
- 팀원 업무이해(소요시간,수준)
- OOO 사업 아이템 이해
- 경영계획
- 엑셀함수
- 전산시스템
- 재무제표 ✔

Skill
- 데이터관리
- 논리적사고
- 원인분석 ●
- 메모
- 손익분석 및 예측 ●
- 기획스킬 ●
- 일정관리
- 코칭
- 대인관계 ▲

7. 주요업무내용 및 업무별 영어능력수준

주요 업무내용	영어능력
1. 전표확인	2
2. 팀 방향설정 및 운영	2
3. 손익분석보고	5
4. 부가가치세 신고	2
5. 회계/세무 검토	2
6. 결산서 작성(재무제표 작성)	2

8. 직무 요건(Job Requirement)

요구 학력	□ 고졸 □ 전문대졸 ■ 대졸 □ 대학원졸이상	선호전공	회계/경영
요구 경력	□ 무 □ 1년이상 □ 3년이상 ■ 5년이상 □ 10년이상		
핵심역량	상황판단, 변화관리, 업무수행, 계획수립, 전문성, 손익마인드 ▲	성격유형	ISFJ
추천 교육과정	IFRS 중급회계 법인세 조정과 신고실무 부가가치세 교육	권장자격증	재경관리사 공인회계사 FRM

단순 인터뷰

필기 시험 기획 ✔

실기 시험 기획 ●

상황대처 Test

[그림68] 직무기술서를 활용한 채용전형 기획2

예를 들어 주요 업무내용의 업무를 해보았는지, 해봤다면 어느정도 해봤는지 등은 단순 인터뷰를 통해서 파악할 수 있겠죠.

그리고 회계나 세무에 대한 지식은 어느 정도 수준인지 파악하기 위해서 인사담당자는 회계 및 세무에 대한 시험 문제를 미리 출제하여 면접에 참석한 사람들을 대상으로 필기시험을 실시하는 면접 절차를 기획함으로써 누가 이러한 주제에 대해 더 많은 지식을 보유하고 있는지 측정할 수 있을 것입니다.

또한 이 포지션은 CEO에게 매월 영어로 본인이 직접 손익분석 보고를 해야 하기 때문에 실제 이 과업을 잘 할 수 있는 사람을 채용하지 않으면 매우 곤란한 상황이 발생됩니다. 따라서 채용 절차를 준비하는 인사담당자는 면접에 참석한 사람들 중 이 과업을 실제 잘 하는 사람들을 그리고 못하는 사람들을 반드시 골라내야 하는데 과연 어떤 방법을 통해서 이런 사람들을 골라낼 수 있는 지를 사전에 연구해서 좋은 방법을 찾아 면접 절차를 기획해야 합니다. 가령 간단한 재무제표를 면접 대상자들에게 배포하고 '이를 간단히 분석하여 영어로 발표하시오'와 같은 실기시험의 주제와 방법을 미리 기획하여 면접 전형의 한 절차로 포함시킬 수 있겠지요.

아직은 많은 기업에서 활용하지 않는 방법이지만, 역할극같은 절차를 준비해서 실전에서 이러한 상황이 발생되면 이 사람이 과연 어떤 식으로 대처할 것인지 상황대처 Test를 통해 예측 하기도 합니다. (일반적으로는 임원급 선발이나 간부급 역량평가의 방법으로 많이 실시하는 방법입니다.)

면접전형의 절차에서 이러한 것들을 효과적으로 검증하기 위해서는 인사담당자가 사전에 면접관들에게 질문해야 할 유형들을 작성하여 전달할 필

6. 업무전문성 요인(Knowledge & Skill)

Knowledge
- 회계지식(원가회계,관리회계)
- 현업업무이해
- 팀원 업무이해(소요시간,수준)
- 경영계획 ✓
- 전산시스템
- 세무지식
- 전사 회계상황이해
- 000 사업 아이템 이해
- 엑셀함수
- 재무제표

Skill
- 데이터관리
- 원인분석
- 손익분석 및 예측
- 일정관리
- 대인관계
- 논리적사고
- 메모
- 기획스킬
- 코칭

7. 주요업무내용 및 업무별 영어능력수준

주요 업무내용	영어능력
1. 전표확인	2
2. 팀 방향설정 및 운영	2
3. 손익분석보고	5 ✓
4. 부가가치세 신고	2
5. 회계/세무 검토	2
6. 결산서 작성(재무제표 작성)	2

8. 직무 요건(Job Requirement)

요구 학력	☐ 고졸 ☐ 전문대졸 ■ 대졸 ☐ 대학원졸이상	선호전공	회계/경영
요구 경력	☐ 무 ☐ 1년이상 ☐ 3년이상 ■ 5년이상 ☐ 10년이상		
핵심역량	상황판단, 변화관리, 업무수행, 계획수립, 전문성, 손익마인드	성격유형 ✓	ISFJ
추천 교육과정	IFRS 중급회계 법인세 조정과 신고실무 부가가치세 교육	권장자격증	재경관리사 공인회계사 FRM

면접관 질문지

1. 업무상 필요한 지식과 기술의 수준을 묻는 질문 ✓
   - 회사의 경영계획을 수립할 때 어떠한 절차를 밟아 진행하였습니까?

2. 각 업무의 상황을 주고 영어로 말하게끔 하는 질문 ✓
   - 다음 재무제표를 보고 재무 현황에 대해 외국인 CEO에게 영어로 보고해보세요.

3. 성격 유형을 파악하기 위한 질문 ✓
   - 또는 MBTI 및 DISC검사 질문지 참고

[그림69] 직무기술서를 활용한 면접관 질문지 제작

요도 있습니다. 면접관들은 보통 기업의 임원들이기 때문에 채용의 전문가는 아닐 뿐더러 사전에 해당 직무에 대한 스터디가 되어 있지 않아서 이러한 면접관 질문지를 제작해서 전달하지 않으면 맥락에 맞지 않는 질문을 할 가능성이 높습니다. (ex. 자네 술 좋아하나? 등산 좋아해? 등…)

그렇게 되면 면접 대상자들을 검증해야 하는 이 귀중한 시간을 낭비할 수도 있기 때문에 정말 검증의 절차로 잘 진행이 될 수 있도록 인사담당자가 꼼꼼하게 준비를 해야 합니다. 따라서 인사담당자는 채용하고자 하는 직무의 직무기술서를 사전에 면밀히 검토하여 어떤 내용을 묻는 면접관 질문지를 만들어야 할 것인지 미리 준비하여 면접관에게 제공하고 교육해야 할 것입니다.

―그림 69를 봐주세요―

이 포지션에서 일할 사람에게 가장 중요한 지식은 경영계획 수립절차에 대한 지식이라고 가정한다면 이 포지션으로 입사를 지원한 사람들 가운데 이 '경영계획 수립절차에 대한 제대로된 지식을 갖춘 사람을 선발하는 것이 향후 더 좋은 성과를 만들어내는데 큰 도움이 될 것입니다. 따라서 인사담당자는 면접관 질문지에 이러한 내용을 담아서 면접대상자들에게 질문을 할 수 있도록 유도함으로써 면접 대상자들의 경영계획 수립절차에 대한 지식 수준을 파악할 수 있겠죠.

1. 혹시 과거 직장에서 경영계획 수립 업무를 수행해본 적이 있는 분들은 손 들어 주시겠습니까?
2. 자, 그럼 손드신 분들께 질문을 좀 드리겠습니다. 이전에 어떤 방법으로 경

영계획을 수립하셨는지 그 절차를 설명해주시기 바랍니다.

    이러한 질문들을 사전에 준비하여 면접관들에게 제공함으로써 많은 면접 대상자들 가운데 이 직무에 가장 적합한 사람이 어떤 사람인지를 충실히 검증할 수 있는 면접전형이 될 수 있도록 준비하는 것이 인사담당자가 채용절차를 준비 & 진행하면서 해야 할 중요한 과업인 것이죠.

    (이것은 하나의 예를 든 것이고 이 질문 하나만 하지는 않겠죠. 직무기술서에 나와있는 중요한 요소들을 검증하기 위한 다양한 질문들을 만들어서 면접관 질문지에 담을 것입니다.)

    그리고 배치 및 승진에 있어서도 이와 동일하거나 유사한 방법을 통해 그 직무와 그 포지션에 적합한 자격요건을 갖춘 사람을 배치하고 승진시키기 위한 용도로 활용할 수 있습니다. 거의 동일한 방식으로 여러명의 후보자 가운데 가장 그 직무와 포지션에 가장 적합한 인원인지를 검증하여 최적의 사람을 배치하고 승진시키는 것이죠.

3

직원 교육운영 관리에의 활용

(1) 교육 담당자가 직무에 적합한 교육의 내용과 방법을 찾을 시 활용

체계적인 직무분석을 통해 만들어진 직무기술서는 교육담당자가 효과적인 교육의 내용을 직원들에게 효과적인 방법으로 제공함으로써 직원들의 업무 성과를 높일 수 있는 교육을 운영하는데 필요한 정보를 제공합니다. 많은 교육담당자들이 공통교육과 리더십 교육을 기획하고 운영하는 것은 비교적 쉽게 접근하는데 반해 직무교육의 경우는 접근하기 어려워하고 있지요. 교육담당자가 회사의 각 직무내용들을 정확히 파악하고 이해하기 어렵다 보니 각 직무수행자들에게 자신의 업무를 수행하는데 도움을 주기 위해 어떤 교육을 제공해야 할 것인지 그리고 그러한 교육을 어떤 방법으로 제공해야 하는지 등 직무교육체계에 대한 접근은 매우 어려워들 하시는 것이 사실입니다.

A 직무의 직무역량

Knowledge		Skill	
회계지식 (원가회계,관리회계)	각 부서별 전략	데이터관리	논리적사고
현업업무이해	전사 직무현황	원인분석	메모
근로기준법	타 회사 근무조건	손익분석 및 예측	기획스킬
경영계획	엑셀함수	일정관리	코칭
전산시스템	재무제표	대인관계	의사소통

B 직무의 직무역량

Knowledge		Skill	
회계지식 (원가회계,관리회계)	세법	문서작성스킬	논리적사고
현업업무이해	급여구성항목	원인분석	강의스킬
엑셀함수	교수법	손익분석 및 예측	기획스킬
경영계획	교육심리	일정관리	코칭
교육체계이해	재무제표	설득력	의사소통

강사초빙

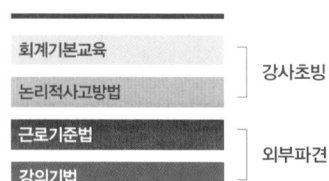

회계기본교육
논리적사고방법] 강사초빙
근로기준법
강의기법] 외부파견

[그림70] 직무기술서를 활용한 직군/직무별 교육체계 설계

먼저 직무기술서를 보면 옆의 그림 70과 같은 지식, 기술이 각 직무의 직무기술서에 기록이 되어 있을 것입니다.

일단 가장 보편적인 HRD 분야에서의 활용은 교육담당자가 각 직무의 직무기술서를 확인하여 그 직무의 성과창출에 필요한 지식과 기술을 제공해줄 수 있는 교육 내용이 무엇인지 파악하고 적절한 교육훈련을 제공하는데 활용이 되겠지요. 그러니까 그림 70을 보시면 A직무는 성과를 만들어 내기 위해 회계지식 및 근로기준법 등에 대한 지식이 있어야 함을 알 수 있습니다. 그러면 교육담당자는 이 A 직무가 더 좋은 성과를 낼 수 있도록 HRD 측면에서 지원해주기 위해 회계지식 그리고 근로기준법과 관련된 교육을 준비해서 A직무 수행자들이 교육을 받을 수 있도록 해야 하겠죠. 그래야 그 교육을 받고 A 직무를 수행하는 사람들은 교육받기 전보다 성과행동 상의 행동을 더 잘 수행함으로써… 더 많은 성과를 낼 수 있을 것입니다.

그리고 교육담당자가 모든 직무의 직무기술서를 종합적으로 검토하다 보면 이러한 경우가 있을 것입니다. 그림에서 보면 '회계지식'의 경우 A 직무 담당자들만 필요로 하는 것이 아니라 B직무 담당자들도 필요로 하는 교육의 주제입니다. A와 B 직무수행자들을 다 합쳐보니 50명 정도는 되는 것 같아요. 이럴 때는 이 50명의 직원들을 회계 교육을 시키기 위해 외부로 보내는 것 보다는 강사를 회사로 초빙해서 이 50명에 대해서 한번에 교육을 실시하는 것이 여러모로 효율 & 효과적이겠죠. 각각 외부로 나가서 교육을 받게 되면 각자 다른 교육을 받아서 업무 수행의 방식도 제각각이 될 것이고 그렇기 때문에 발생되는 혼란들도 있을텐데 이렇게 동일한 강사에게 동일한 내용으로 모든 직무수행자가 교육을 받게 되면 업무 수행 방식 등이 통일되고 일사불란하게 업무를 처리할 수 있는 장점이 있습니다. 또한 교육비도 절감할 수 있죠. 50명을 각각 외부교육으로 보내게 되면 50만원*50명=2500만원의 교육비가 지출되는데 반해, 강사를 초빙하면 시간당 40만원으로 계산했을 때 40만원*16시간=640만원이 교육비로 지출되기 때문에 훨씬 비용을 절감할 수 있습니다.

그런데 어떤 지식이나 기술의 경우에는 특정 직무에만 필요하고 대부분의 직무에는 필요 없는 경우가 있습니다. 근로기준법 같은 경우는 대체적으로 인사업무를 수행하는 사람에게만 필요하고 타 직무를 수행하는 사람들은 알아 두면야 좋지만 굳이 막대한 예산을 들여 교육을 시킬 것 까지는 없을 수도 있겠지요. (물론 근로자로서 모든 직원들이 상식적 차원에서 알아 두면 좋지만 지금은 '직무'에 대한 측면에서 논하는 것이니 이러한 관점에서의 설명은 배제하도록 하겠습니다.) 그러한 경우는 강사를 초빙하여 2~3명의 직무수행자들에게 교육을 시키는 것 보다는 외부에 나가서 교육을 받도록 하는 것이 훨씬 더 효율적일 것입니다.

그리고 이전에 직무역량에 대한 설명을 드리면서 말씀을 드렸지만 이 지식이란 녀석은 책이나 강사의 일방적 설명을 들으면서도 향상시킬 수 있습니다. 하지만 스킬이란 녀석은 절대 그렇지 않죠. 가급적 도제식 또는 코칭 방식으로 훈련을 받아야만 향상이 될 수 있는 것입니다. 따라서 이것이 지식이냐 또는 스킬이냐에 따라서 교육담당자는 효과적인 교육방법을 찾아 각 직무수행자를 훈련 시켜야 합니다.

[그림55] 지식/기술의 구분 기준

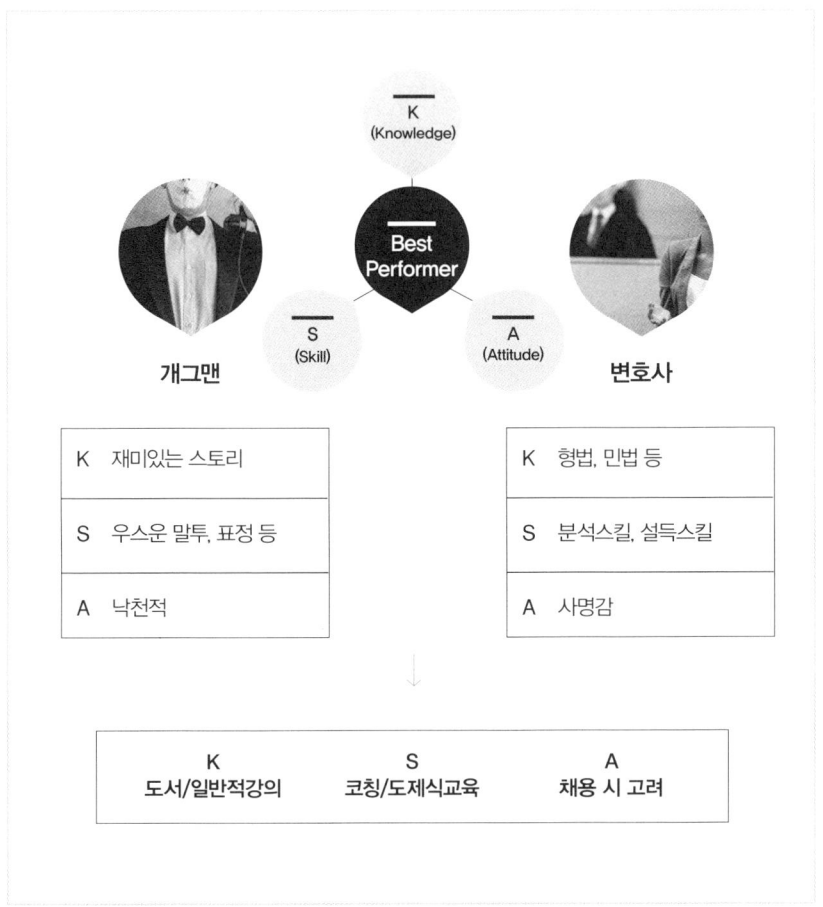

'근로기준법 같은 경우는 책으로 각자 공부를 해도 될테니 이것은 필요한 부서에 도서를 공급하는 형태로 지원을 해야겠구나. 각 부서별 전략의 경우에는 각 부서장들에게 강의를 요청해서 이 직무를 수행하는 사람들이 각 부서별 전략을 잘 이해하고 업무를 수행할 수 있도록 도움을 주어야겠구나.

그리고 우리 회사에서 문서작성 '스킬'은 OOO이 가장 뛰어나니 이 친구를 사내 코치로 임명해서 육성하고 이 친구를 통해서 도제식이나 코칭의 방법으로 직원들에게 문서를 작성하는 훈련을 좀 시켜야겠다.'와 같이 이것이 지식에 해당되는 것인지 아니면 스킬에 해당되는 것인지를 참고하여 가장 효과적으로 역량을 향상시킬 수 있는 교육의 방식을 구상할 수 있도록 하는데 이 직무기술서가 큰 도움이 되는 것입니다.

(2) 학습목표 설정 및 교육평가 기준으로의 활용

반복적으로 말씀드리지만, 특정 직무수행자가 자신에게 주어진 성과목표를 달성하기 위해서는 이 직무에 해당하는 직무역량을 보유해야만 이 성과목표를 달성할 수가 있습니다.

그래서 조금 전 챕터에서 말씀드린 것과 같이 교육담당자는 그 직무역량에 해당하는 지식과 기술을 교육내용으로 이 내용을 효과적으로 학습할 수 있는 적절한 교육방법을 찾아 해당 직무수행자들에게 교육훈련을 제공해야 하는 것이지요.

그런데 이 직무역량을 교육시키는 것은 무엇을 위해서 일까요? 이 직무역량에 해당하는 지식과 기술을 습득함으로써 성과행동 상의 행동을 잘 할 수 있도록 하기 위함입니다.

그러니까 옆의 그림에서 '건강에 좋은 음식, 건강에 나쁜 음식, 건강에 좋은 음식의 요리 레시피'에 대한 지식과 '요리스킬' 등의 기술에 대한 교육을

직무역량   직무 수행자가 본인에게 부여된 성과행동의 행동을 잘하기 위해 갖춰야 하는 지식과 기술 및 성격특성

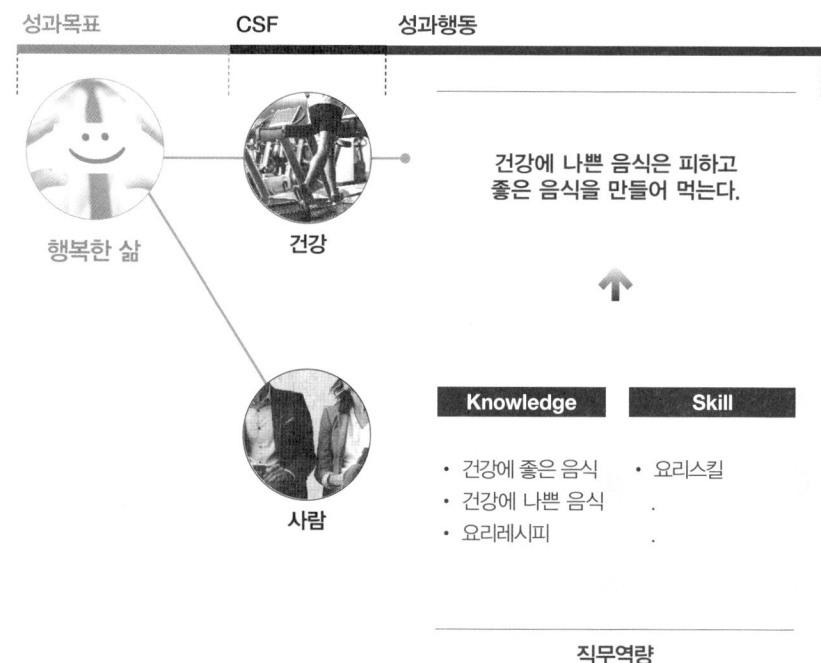

[그림8] 직무역량의 개념

시키는 이유는 이러한 지식과 기술을 습득하도록 하여 '건강에 나쁜 음식은 피하고 좋은 음식을 만들어 먹는다.'는 행동을 더 잘 할 수 있도록 하기 위함인 것이죠. 결국 이러한 직무역량을 교육시키는 이유는 바로 성과행동 상의 행동을 잘 할 수 있도록 하기 위함이고, 따라서 이 성과행동은 교육담당자에게는 '학습목표'로 활용될 수 있다는 것을 의미합니다.

회사의 모든 직무들에 대한 직무기술서를 보게 되면 각 직무의 성과행동이 기록되어 있을 것 입니다. 그리고 그 직무를 수행하는 사람들은 그 성과행동 상의 행동을 잘 수행해야만 자신의 직무가 만들어내야 하는 성과목표를 달성할 가능성이 높아지겠죠.

따라서 각 직무수행자들의 성과목표 달성 가능성을 높여주는 교육이 제공되려면 이 성과행동 상의 '행동'을 잘 할 수 있도록 도와주는 교육훈련이 제공되어야 할 것이며 따라서 성과행동이 바로 교육목표 또는 학습목표로 설정되어야 하는 것입니다.

그래서 교육담당자가 회사의 '직무교육체계'를 설계하고 각 직무에게 필요한 직무교육과정을 개발하기 위해서는 직무기술서의 성과행동을 종합적으로 분석하여 체계를 설계하고 교육과정을 개발해야만 각 직무수행자들이 더 좋은 성과를 내는데 도움이 되는 교육이 제공될 수 있는 것입니다.

그리고 교육팀이 제공하는 교육이 종료되면 이 교육이 얼마나 직무 수행에 도움이 되었는지를 측정하고 평가할 필요가 있습니다. 그래야만 회사 직원들의 업무수행에 도움이 되는 교육은 지속적으로 실시하고 도움이 되지 않는 교육은 폐지, 수정하거나 강사를 교체하는 등의 조치를 취할 수 있기 때문이죠. 이러한 목적으로 우리는 교육 종료 시 '교육평가'라는 것을 실시합니다.

하지만 대부분의 교육평가는 어떻게 실시되나요?

'본 교육의 강사는 열과 성을 다하였습니까?'

'본 교육은 귀하의 업무에 도움이 되셨습니까?'

'강의는 재미있고 유익하였습니까?'

정도의 질문으로 교육 평가지가 구성되어 있지 않나요?

물론 이정도의 질문으로 평가를 실시를 하는 것이 평가를 아예 안하는 것보다는 나을 수 있겠지만 이정도의 질문으로 실시된 교육을 평가하는 것은 많이 부족해 보입니다. 어떤 문제들이 있을 수 있는지 살펴보자면,

'본 교육의 강사는 열정적으로 강의에 임하였습니까?'

- 사실 '직무교육'의 경우에는 강사가 열정적으로 강의를 진행하는 것 보다 해당 직무에 맞도록 강의를 구성하는 것이 훨씬 중요합니다. 강의 스킬이 부족해도 큰 문제는 없지만 강사가 열정적으로 강의를 하더라도 해당 직무에 연관성이 떨어진다며 아무리 열정적으로 강의하더라도 크 도움이 되지 않습니다. 예를 들어서 이런 경우들이 참 많아요.

의사나 변호사들도 요즘은 CS가 정말 중요합니다. 그런데 그 분들의 CS는 인포메이션 데스크에서 고객들을 안내하는 업무 담당자의 CS, 환자들을 응대하는 간호사에게 필요한 CS와는 종류가 좀 달라요. 그 분들은 '전문적인 설명'을 잘 하는 CS의 형태가 중요합니다. 그런데 우리가 보통 생각하는 일반적인 CS 강사를 초빙해서 의사나 변호사들에게 CS 교육을 시키면 강한 거부반응이 나타납니다. 아무리 강사가 열정적으로 강의를 한다고 해도 수용이 되

지 않죠. 학습자들의 직무에 맞도록 강의 내용을 수정, 보완하는 것이 훨씬 중요합니다.

또 강사가 열정적으로 강의를 했기 때문에 좋은 평가를 주게 되면 만약 교육이 내가 수행하는 직무에 적합하지 않다고 하더라도 좋은 평가가 나오기 때문에 이후에 또 이 교육이 실시될 가능성이 높죠. 직무교육은 교양교육과는 다르게 각 직무 수행자들이 자신의 업무를 수행하는데, 나아가서 자신이 만들어내야 하는 성과목표를 달성하는데 도움이 되는 교육이어야 하는데 이런 유형의 질문이 교육평가 설문의 문항으로 들어가게 되면 그것을 잘 판단하기 힘들 수 있으므로 이런 유형만으로 평가하는 것은 문제가 있을 수 있습니다.

'본 교육은 귀하의 업무에 도움이 되셨습니까?'
- '뭐 교육이라는 것은 언젠가는 다 피가 되고 살이 되는 거니까…' 라며 비교적 후한 점수를 줄 수 있습니다. 사는데 도움은 되지만 내가 수행하고 있는 직무가 창출해야 하는 성과를 만들어내는데 도움이 되는지를 구체적으로 측정할 수 있는 문항이 더 좋습니다.

'강의는 재미있고 유익하였습니까?'
- 이런 종류의 교육평가 문항이 교육평가에서 큰 비중을 차지하게 되면서 발생된 문제로, 강사들이 무조건 재미만을 추구하게 되었습니다. 물론 내용도 유익하고, 교육도 내 직무에 딱 맞으면서 재미까지 있다면 Best이겠지만 내용과 직무에 적합한 교육 내용을 구성하는 것은 어려운 일이니 강사들이 좋은 평가를 받기 위해서 무조건 웃기고 재미있게만 진행하는데 Focus가 맞춰지는

것이죠. 그래서 수업을 들을 때는 재미있고 즐거웠지만 결국 수업 후 업무 수행에는 도움이 되지 않는 강의가 많아질 수 밖에 없습니다.

이러한 문제들을 피하기 위해 '직무교육'의 교육평가설문 문항들은 어떻게 구성하는 것이 좋을까요?

눈치가 빠른 분들은 벌써 눈치 채셨겠지만, 교육평가 설문 구성 전, 해당 직무교육의 대상이 되는 직무의 '직무기술서'를 열어 봅니다. 그리고 직무기술서의 성과행동을 보고, 이 성과행동의 내용을 직무교육이 끝난 후 실시할 교육평가설문의 설문문항으로 만드는 것입니다.

이 직무기술서의 성과행동에 나와있는 행동들은 이 직무를 수행하는 사람들이 좋은 성과를 만들어 내기 위해 잘 해야 하는 행동이죠. 그렇다면 이 직무를 수행하는 사람들에게 제공되는 '직무교육'은 이러한 성과행동 상의 행동을 잘 할 수 있도록 도와주는 교육이 실시되어야 할 것이고, 교육이 종료되면 직무수행자들이 제공받은 교육이 실제 이러한 성과행동 상의 행동을 잘 할 수 있도록 하는데 어느정도 도움이 되는 교육이었는가를 평가해야 합니다.

이렇게 구체적으로 평가가 되어야만 각 직무수행자들이 제공받은 교육이 그냥 두리뭉실하게 도움이 되었던 것인지, 아니면 구체적으로 이러한 종류의 과업을 수행하는데 도움을 주었던 교육인지를 구체적으로 평가할 수가 있겠죠.

직무수행자들에게 제공된 교육이 실제 성과를 만들어내는 성과행동 상의 행동을 잘 하는데 도움이 되는 교육이라고 평가결과가 집계될 경우 교육

4. 직무 핵심 성과 및 주요 KPI

핵심성과	CSF		주요 KPI List	
정확한 회계정보 제공	정확한 데이터(품의)	효율적 회계시스템	각종 회계자료오류율	전표처리오류발생률
정확한 팀원 업무관리	회계, 세무지식수준	팀원간 팀웍	회계일정준수율	팀청구오류건수
	효과적 업무분장	정확한 정보공유	팀입금오류발생율	손익예측정확도
			회계데이터오류건수	팀원 교육참여율

5. 핵심과업별 Task Level

성과행동	Task Level
1. 효과적인 방법을 통하여 팀원들이 작성하는 전표에 오류가 발생하지 않도록 정확히 체크한다	4등급
2. 팀원들에게 정확한 업무처리의 기준을 제시하여 모든 팀원이 일관된 방식과 흐름으로 회계업무를 수행할 수 있도록 관리한다	2등급
3. 전체적인 회계업무처리가 더 빠르고 정확하게 이루어질 수 있도록 하는데 필요한 각종 개선 요구사항들을 회사에 전달하여 더욱 효율적인 전산시스템으로 Upgrade 한다	1등급
4. 팀원들이 정확한 세무, 회계적 지식을 가지고 업무를 수행할 수 있도록 필요한 교육들을 제공하여 팀원의 세무회계역량을 향상시킨다	3등급
5. 팀의 전체적인 업무 흐름과 팀원의 수행업무 및 역량수준을 수시로 체크하고 이를 고려하여 팀원들에게 적절한 업무를 부여, 필요한 권한을 위임하여 전체적인 팀 업무가 빠르고 정확하게 진행될 수 있도록 관리한다	3등급
6. 주요 이해관계자에게 정확한 회계정보를 제공하는데 도움을 준다	3등급

·
·
·

성과행동을 통한 교육효과 검증

교육효과평가지

1. 본 교육은 귀하가 주요 이해관계자에게 정확한 회계정보를 제공하는데 도움을 주었습니까?

2. 본 교육을 통하여 귀하가 효과적인 방법을 통하여 팀원들이 작성하는 전표에 오류가 발생하지 않도록 정확히 체크할 수 있는 방법을 습득하였습니까?

[그림71] 직무기술서를 활용한 교육평가 설문지 구성

담당자는 앞으로도 지속적으로 해당 직무수행자들에게 제공될 수 있도록 할 것이고, 만약 성과행동 상의 행동을 잘 하는데 도움이 되지 않는 교육이라고 평가되었을 경우엔 앞으로 교육 내용에서 제외시키던가 아니면 강사를 교체하던가 하는 조치를 취할 수 있을 것입니다.

그래서 교육담당자는 각 직무수행자들의 '직무교육'을 준비하고 평가함에 있어 이 직무기술서 상의 성과행동을 '학습목표'로 하여 학습목표를 달성할 수 있는데 도움이 되는 교육을 기획하여 제공하고, 또 실시된 교육이 이 학습목표를 달성하는데 얼마나 도움이 되었는지를 평가하여 교육 운영에 반영하는 과정을 통해서 회사의 각 직무수행자들이 더 좋은 성과를 내는데 도움이 되는 교육훈련을 실시할 수가 있게 되는 것입니다.

(3) 현업부서에서의 교육요청에 대한 필터링

본 글을 읽으시는 분들 가운데에는 교육담당자의 역할을 수행하는 분들도 계실 것입니다. 교육담당자분들은 현업 부서에서 교육을 보내 달라는 신청서를 접수하여 이에 대한 승인 절차를 진행하고 지출 부서에 교육비 지출을 요청합니다. 그런데 현업부서에서 바로 비용지출 부서에 교육비 지출을 요청하면 되는데 왜 교육부서를 경유하는 걸까요?

아마 회사에서는 교육담당자가 현업의 교육 요청을 모니터링하여 해당 교육이 교육 요청자에게 도움이 되는 교육인지 아닌지, 더 좋은 교육은 없는지 등을 안내하고 모니터링하는 역할을 기대할 것입니다. 그런데 회사의 교육담당자가 이러한 역할을 하는 것이 쉬울까요? 어렵습니다. 왜 어려울까요?

교육담당자는 현업 담당자의 업무를 잘 모르기 때문이죠. 업무를 잘 모르기 때문에 요청한 교육이 해당 업무에 필요한 교육인지 아닌지 교육담당자는 판단할 수 없습니다. (물론 일부 아는 업무에 대해서는 판단할 수 있겠지만) 그럼 회사가 기대하는 교육담당자의 역할 (현업부서와 지출부서 사이에서 모니터링을 하는 역할)을 하기 위해서 교육담당자는 현업 부서의 업무에 대해서 일일이 스터디를 해야할까요?

물론 교육담당자가 효과적인 직무교육을 제공하기 위해서는 각 업무에 대해서 잘 이해하고 있으면 더 양질의 직무교육을 제공할 수 있겠지만 현실적으로 회사의 모든 업무에 대해서 상당한 수준으로 이해하는 것은 어렵습니다. (예를 들어 HRD 업무를 잘 수행하기 위해서 엔지니어링 부서에서 필요한 기계공학을 공부하기는 현실적으로 어렵겠죠.) 그렇다면 교육담당자가 어떻게 해야 중간에서 모니터 또는 필터링을 잘 하고 교육을 요청한 현업부서에게 더 좋은 교육에 대한 일종의 컨설팅을 할 수 있을까요?

교육담당자가 현업 부서에서 교육신청서를 접수 받습니다. 교육 신청서에는 교육명 뿐 아니라 해당 교육에 대한 프로파일도 함께 첨부가 되어 있을 것입니다. 교육 프로파일에는 학습목표, 교육 대상 그리고 교육의 내용 및 목차 등이 기록되어 있겠지요. 교육담당자는 교육신청서와 함께 해당 교육의 교육 프로파일을 접수한 후 해당 직무의 직무기술서를 펼쳐 봅니다.

직무기술서에는 뒤의 그림 72와 같이 성과행동과 직무역량에 해당하는 지식 및 기술이 기록되어 있겠지요. 그렇다면 교육담당자는 이 직무기술서에 기록된 이 내용과 접수 받은 신청 교육에 대한 교육 프로파일에 적혀 있는 내용들을 비교합니다. 직무기술서의 성과행동과 교육 프로파일 상의 학습목표가 얼마나 유사한지를 비교하고, 교육 내용이 직무기술서에 기록되어 있는 지식, 기술에 대한 내용을 다루고 있는지, 싱크로율은 얼마나 높은 지 등을 비교하게 되면 교육담당자는 대략적으로 해당 교육이 이 직무에게 필요한 교육인지 아닌지를 판단할 수 있을 것입니다.

비교 결과 요청이 들어온 교육과 직무기술서에 기록되어 있는 내용이 너무 차이가 난다고 판단이 되면 Reject을 시키거나 해당 교육을 요청한 직원에게 전화를 걸어서 자초지종을 파악할 필요가 있을 것이고 내용이 상당히 유사하면 이 교육은 이 직무를 수행하는 사람들에게 필요한 교육이라고 판단하여 Pass시킴으로써 교육요청서(교육신청서)가 교육담당자를 경유하는 그 이유를 어느정도 충실히 이행할 수 있을 것입니다.

(4) 효과적 교육방법, 플립러닝 설계 및 기획

최근 거꾸로 학습이라는 이름으로 플립러닝에 대한 관심이 매우 높아지고 있습니다. 플립(Flip)이란 '뒤집다'라는 뜻을 가지고 있는 단어인데요, 그렇다면 플립러닝이란 무엇을 뒤집는다는 말일까요? 간단하게 정리하면 플립러닝이란 '학습의 방법'을 뒤집는 교육을 의미합니다.

Bates & Galloway(2012)는 플립러닝을 이렇게 정의하고 있습니다.

'플립러닝이란 학생들을 교실에 모아 놓고 수업을 진행하기 전 책이나 동영상 등을 통해 미리 학습을 진행한 후 학생들이 교실에 모였을 때는 학생

4. 직무 핵심 성과 및 주요 KPI

핵심성과	CSF		주요 KPI List	
정확한 회계정보 제공	정확한 데이터(품의)	효율적 회계시스템	각종 회계자료오류율	전표처리오류발생률
정확한 팀원 업무관리	회계, 세무지식수준	팀원간 팀웍	회계일정준수율	팀청구오류건수
	효과적 업무분장	정확한 정보공유	팀입금오류발생율	손익예측정확도
			회계데이터오류건수	팀원 교육참여율

5. 핵심과업별 Task Level

성과행동	Task Level
1. 효과적인 방법을 통하여 팀원들이 작성하는 전표에 오류가 발생하지 않도록 정확히 체크한다	4등급
2. 팀원들에게 정확한 업무처리의 기준을 제시하여 모든 팀원이 일관된 방식과 흐름으로 회계업무를 수행할 수 있도록 관리한다	2등급
3. 전체적인 회계업무처리가 더 빠르고 정확하게 이루어질 수 있도록 하는데 필요한 각종 개선 요구사항들을 회사에 전달하여 더욱 효율적인 전산시스템으로 Upgrade 한다	1등급
4. 팀원들이 정확한 세무, 회계적 지식을 가지고 업무를 수행할 수 있도록 필요한 교육들을 제공하여 팀원의 세무회계역량을 향상시킨다	3등급
5. 팀의 전체적인 업무 흐름과 팀원의 수행업무 및 역량수준을 수시로 체크하고 이를 고려하여 팀원들에게 적절한 업무를 부여, 필요한 권한을 위임하여 전체적인 팀 업무가 빠르고 정확하게 진행될 수 있도록 관리한다	3등급
6. 주요 이해관계자에게 정확한 회계정보를 제공하는데 도움을 준다	3등급

A 직무의 직무역량

교육훈련 요청 검토

Knowledge		Skill	
회계지식 (원가회계, 관리회계)	각 부서별 전략	데이터관리	논리적사고
현업업무이해	전사 직무현황	원인분석	메모
근로기준법	타 회사 근무조건	손익분석 및 예측	기획스킬
경영계획	엑셀함수	일정관리	코칭
전산시스템	재무제표	대인관계	의사소통

[그림72] 직무기술서를 활용한 현업부서 교육요청 필터링

들이 해결하지 못한 문제를 다루거나 미리 공부한 내용들보다 더 심화된 내용을 동료학습자와 교수자 등의 도움을 받아 다루는 학습방법을 말한다'

그러니까 혼자 공부할 수 있는 것들은 혼자 공부하고 다 함께 모였을 때는 혼자 할 수 없는 것들을 공부한다는 것으로 볼 수 있겠지요.

기존의 학습은 일단은 다 함께 모여서 학습을 진행합니다. 그리고 교실학습이 끝나면 돌아가서 각자 심화된 내용을 공부했죠. 그런데 이러한 기존 학습방법의 맹점이 있습니다.

일단 먼저 모든 학습자들이 함께 모여서 배웁니다. 그런데 똑같은 내용을 가르쳐도 잘 이해하는 사람이 있고 잘 이해하지 못하는 사람도 있습니다. 그리고 빨리 이해하는 사람도 있고 늦게 이해하는 사람도 있습니다. 그래서 수업이 진행되면 진행될 수록 점점 도태되는 사람들이 발생합니다. 수업 시작 10초 만에 한 명이 나가 떨어지고 1분만에 또 한 명이 5분이 지나면서 또 누군가가 나가 떨어지면서… 이들은 나머지 수업시간을 제대로 이해하지 못하고 멍하니 있어야 하는 문제가 있습니다. (앞부분을 이해하지 못하면 뒷부분이 이해되기 힘들죠.)

다 같이 모여서 학습하는 것이 아니라 개별적으로 학습을 하게 되면 내가 모르는 부분이 있을 때 진도를 잠시 멈추고 그 부분을 추가적으로 책을 보거나 설명을 들음으로써 몰랐던 부분에 대해 이해를 할 수 있게 되면 다음 단계로 넘어갈 수 있습니다. 하지만 다 함께 모여서 공부를 할 때는 사람들마다 걸려 넘어지는 지점들이 천차만별이므로 이렇게 진행할 수가 없습니다. 예정대로 설명을 앞부분부터 쭈욱 진행해야 하는데 그 가운데 이해를

* 참고문헌: 방진하, 이지현(2014), 플립드러닝의 교육적 의미와 수업 설계에의 시사점 탐색

못하는 사람이 발생되면 당연히 뒷 부분도 이해하기 힘들어 지기 때문에 끝까지 살아남는 사람들만을 위한 수업이 되는 것이죠.

그나마 이론을 중심으로 배우는 학교 교육에서는 좀 낫습니다. (잘 이해하지 못했던 이론은 집에 가서 따로 공부할 수 있으니까) 하지만 기업교육에서는 이 문제가 교육효과에 매우 심각한 영향을 미칩니다. 기업교육은 이론만으로는 업무에 적용하기 힘듭니다. 기본적으로 이론적인 부분들을 알고 난 후 그 이론을 실전에 적용시키는 것이 기업 교육에 있어서 핵심이라고 할 수 있죠. 그런데 실전에 적용시키는 부분은 집에 가서 따로 공부하기가 힘들기 때문에 다 같이 모여 있을 때 제대로 학습이 이루어지지 않는다면 집에 가서 따로 공부할 수 있는 길이 막힙니다. 그래서 이러한 기존의 학습방법의 문제가 학교교육보다 기업 교육에 있어 훨씬 더 심각한 문제가 되는 것이지요.

예를 들어 '직무분석 강의'라고 하는 일을 잘 하기 위해서는 기본적으로 직무분석에 대한 '이론적 내용'들을 알고 있어야 하겠죠. 직무분석에 대한 이론적 내용만 잘 알고 있으면 직무분석 강의를 잘 할 수 있을까요? 그렇지 않겠죠? 기본적으로 직무분석에 대한 이론적 지식을 갖추고 자기가 알고 있는 직무분석에 대한 이론적 내용들을 학습자들이 이해하기 쉽게 교안도 구성하고 설명도 할 수 있는 능력이 있어야만 '직무분석 강의'라고 하는 일을 잘 할 수 있을 것입니다.

만약 이 '직무분석 강의'를 하는 사람들(직무분석 강사)을 대상으로 교육을 실시한다고 생각해봅시다. 그럼 우선 이들에게 직무분석과 관련된 다양한 이론 '지식'들을 교육시켜야 하겠죠. 그리고 나서 이 이론들에 대한 학습이 끝나면 이 이론들을 다른 사람들이 이해하기 쉽게 설명하는 교안을 만드는 방법을 익히는 실습도 진행하고, 각자 만든 교안을 가지고 다른 사람들에게 설명하는 방법이나 질문에 대해 응대하는 스킬 등의 실습도 진행하는 교육이 되어야 좋은 수업이 될 수 있을 것입니다.

그런데 먼저 앞부분에서 진행되는 직무분석에 대한 이론을 학습하는 과정에서 어떤 사람들은 잘 이해를 했고 어떤 사람들은 잘 이해하지 못한 사람들도 있겠죠. 그렇게 되면 뒷 부분에서 직무분석 이론에 대해서 사람들에게 설명하는 실습을 진행할 때, 그 이론들에 대해서 잘 이해한 사람들은 그 이론을 '설명'하는 '실습'을 진행할 수 있는 반면 그 이론들에 대해서 잘 이해하지 못한 사람들은 그 이론을 '설명'하는 '실습'을 진행할 수가 없습니다. 잘 이해한 사람들만을 위한 수업으로 진행할 수 밖에 없겠죠.

보험 영업사원들을 대상으로 하는 세일즈 커뮤니케이션 수업의 경우도 마찬가지죠. 세일즈 커뮤니케이션을 잘 하려면 기본적으로 보험 상품과 보험에 대한 지식이 있어야 세일즈 커뮤니케이션을 잘 할 수 있겠죠. 상품에 대한 지식 없이 말만 잘한다고 보험상품을 많이 판매할 수 있는 것은 아니니까 말입니다. 그래서 세일즈 커뮤니케이션 수업에서는 기본적으로 보험상품과 보험 자체에 대한 지식을 배워야 합니다. 그리고 나서 그 보험에 대한 지식을 효과적으로 포장해서 사람들에게 효과적으로 전달하는 커뮤니케이션 방법을 학습해야 하겠죠. 그런데 보험상품과 보험 자체의 지식에 대한 수업을 진행할 때 이를 잘 이해한 사람도 있고 잘 이해하지 못한 사람도 있을 것입니다. 그렇게 되면 이후 그 지식을 효과적으로 포장해서 사람들에게 전달하는 방법에 대한 실습을 진행할 때, 보험상품에 대해서 잘 이해하지 못한 사람들은 효과적인 실습을 진행할 수가 없게 되는 것이죠. 그래서 어쩔 수 없이 많은 교육에서 취하는 방법이 보험 상품에 대한 교육 따로, 일반적인 화법 교육 따로, 이렇게 교육을 진행해서 보험상품을 매력적으로 포장해서 사람들에게 설명하는 방법은 학습자들 각자가 배운 것들을 토대로 스스로 고민해서 접목시키는 수 밖에는 없습니다.(일반적으로 이렇게 수업을 진행하죠.)

그런데 그런 방식으로 수업을 진행하게 되면 개인적으로 열심히 접목하는 사람들은 그것을 접목해서 보험상품을 소개하는 업무를 수행하면서 활용하겠지만 그렇지 않은 사람들은 대부분 배운 건 배운 대로 따로, 업무는 업무 대로 따로… 이렇게 되는 경우가 많을 것입니다. 그 직무를 수행하는 사람들에게 '딱 맞는' 교육이 진행되기가 어렵게 되는 것이죠.

그런데 플립러닝으로 직무교육을 진행하게 되면 이러한 문제들이 상당부분 해소될 수 있습니다.

그러니까 학습자들은 보험상품과 보험 자체에 대한 이론적 내용의 경우는 각자 동영상이나 책자를 통해서 미리 학습을 진행합니다. 이 부분은 동영상이나 책을 통해서 충분히 혼자서 학습을 진행할 수가 있으니 잘 이해가 안되는 사람들은 동영상을 잠시 멈춤 해 놓고 잘 아는 사람에게 전화해서 물어본다거나 책을 찾아가면서 몰랐던 부분을 충분히 이해한 후 동영상 플레이를 다시 재개함으로써 다음 학습의 단계로 원활하게 넘어갈 수 있습니다. 어떤 사람은 1시간만에 이해를 하고 어떤 사람은 3시간 동안 이해를 하기 위한 시간을 투입할 수도 있겠죠. 하지만 함께 모여서 진행하는 수업이 아니니 그 내용들을 이해하는데 각자에게 필요한 시간만큼 투입해서 학습을 진행하면 됩니다.

이렇게 학습자들이 사전에 보험상품과 보험에 대한 이론적인 내용들을 충분히 학습한 후 교육장으로 모입니다. 그렇게 되면 교실에 모여 있는 학습자들의 보험상품과 보험 자체에 대한 지식 수준은 어느정도 평준화가 되어 있는 상태일 것이고 서로서로에게 상품을 말로 소개하는 실습을 진행하면서 설명하는 사람이 혹시 내용을 잘 이해하지 못하고 있거나 하는 부분들은 짚어서 서로 서로 설명을 해주고, 설명을 잘하는 사람들은 어떤 특성이 있는지, 부족한 부분을 개선하기 위해서는 어떻게 하는 것이 좋은 지 서로 토론해가며 '실전'에 대한 학습을 진행할 수 있는 것이지요.

그래서 이 '실전'이라고 하는 것이 학습의 전제가 되는 '기업교육'에서는 기존의 학습방법보다 플립러닝의 방법이 훨씬 파워풀함을 넘어서 필수적이라고 생각되어지는 것입니다.

따라서 이 플립러닝의 방법으로 교육을 진행하고자 하는 교육담당자 또는 교육기획자(교육회사의 경우)는 이 플립러닝으로 교육을 실시하고자 하는 교육과정을 설계함에 있어서 무엇을 '사전학습' 주제로 설정하고 무엇을 교실에서 '다 함께 모여 진행하는 학습 주제'로 설정할 것인지를 잘 구분하여 학습자들에게 제시하는 것이 '매우매우' 중요한 것이지요. 사전학습 주제를 엉뚱한 것으로 제시하게 되면 학습자들은 엉뚱한 내용들을 미리 학습해올 것이고, 그 내용들이 교실에 모여 진행하는 실습 등에 전혀 도움이 되지 않는 그런 내용들이라면 교실학습시간을 완전 망쳐버리게 될 지도 모릅니다.

그래서 교육담당자(교육기획자)는 사전학습과 교실학습의 내용들이 서로 잘 연결될 수 있도록 전체적인 플립러닝 커리큘럼 구성을 치밀하게 준비해야 하는데요, 이 과정을 진행할 때 바로 이 직무기술서가 큰 역할을 하게 되는 것입니다.

직무기술서를 보면 지식과 기술이라는 직무역량 항목이 있지요. 그런데 직무역량을 설명하는 챕터에서 소개해드린 대로 이 지식이라는 놈은 혼자 책으로 공부할 수도 있고 강사의 설명을 들으면서도 그 수준이 향상될 수 있다고 설명을 드렸습니다.

그런데 이 기술이란 녀석은 그렇지 않다고 말씀드렸죠. 가창력과 같은 기술(스킬)은 책보고 강사한테 설명을 들으면 가창력이 향상되느냐, 그렇지 않고 반드시 도제식이나 코칭과 같은 방법으로 접근했을 때 향상될 수 있다고 말씀을 드렸던 것이 기억나실 것입니다. 이 기술의 경우는 혼자 책으로 학습하면서 수준을 향상시키는 것이 쉽지 않습니다. (혹시 기억이 안 나시면 이전 챕터로 돌아가서서 직무역량에 대한 내용을 설명한 챕터를 다시 읽어주세요.)

따라서 플립러닝 형태로 교육을 진행하려고 하는 교육담당자는 이 직무기술서에 기록되어 있는 '지식'에 해당되는 것들은 '사전 학습의 주제'로 학습자들이 동영상이나 책을 통해서 각자 공부하도록 유도하고 안내하고, 기술(스킬)에 해당되는 것들은 교수자가 있는 상태에서 다 함께 모여 진행하는 교실학습의 주제로 설정할 수 있는 것이죠.

직무수행자가 일을 잘 한다는 것은 그 일을 하는데 필요한 지식을 스킬에 잘 태워서(탑승시켜서) 업무를 수행한다는 것을 의미합니다.

그러니까 직무분석 강사가 '직무분석에 대한 이론적인 내용들을 학습자들이 이해하기 쉽도록 잘 설명한다'라는 성과행동에 해당하는 과업을 잘 수행한다는 것은 강사가 알고 있는 직무분석에 대한 이론적인 '지식'을 강의 스킬이라는 '기술'에 효과적으로 잘 태워서 사람들에게 전달하는 것이라는 뜻이죠. 직무분석에 대한 구체적인 '지식'들을 강의'스킬'에 잘 태워서 전달하면 수강생들이 그 내용들을 잘 이해하는 성과를 만들어낼 수 있는 것입니다.

따라서 교실학습을 진행할 때는 책이나 동영상을 통한 '사전학습'에서 배운 내용들을 어떻게 스킬에 효과적으로 태울 수 있느냐'에 대한 학습을 진행해야 합니다. 그리고 학습자들이 나름대로 사전학습을 통해 이해한 지식들을 필요한 스킬에 태워보는 실습을 진행하고 지식에 해당하는 각 내용들을 각 스킬에 더 잘 태우기 위해서는 어떻게 하면 좋을 지 등을 교수자(퍼실리테이터) 및 동료 학습자들로부터 피드백을 받고 수업이 끝난 후 현업으로 돌아가서 실제 적용함으로써 현업에 실제 적용할 수 있는 교육으로 만들어 나갈 수 있는 것이죠.

(물론 학습자들이 사전학습을 안하고 오면 방법은 없습니다. 안하는 사람을 하도록 만드는 것은 다른 영역에서 고민을 해야할 사안이겠죠.)

그렇기 때문에 플립러닝을 진행하고자 하는 교육담당자와 교육회사에서 근무하는 교육기획자들은 직무를 분석하는 직무분석 역량이 꼭 필요합니다. 직무분석을 잘 할 수록 더욱 효과적인 플립러닝 교육과정을 설계할 수 있는 것이죠.

요즘 플립러닝이 대세라 그냥 온라인 동영상 강의 수백수천개만 올려놓고 플립러닝이라고 하는 사업자들도 엄청 많은데, 핵심은 그냥 온라인 교육을 많이 확보하는 것이 아니라 무엇을 동영상으로, 무엇을 교실 학습의 주제로 설정하느냐, 그리고 교실학습을 어떤 방식으로 진행해서 어떤 일(성과행동)을 잘 할 수 있도록 도움을 주느냐를 효과적으로 설계하는 것이 핵심이 될 것입니다. 동영상 교육만 많다고 플립러닝이 잘 진행되는 것이 아니라 교육담당자/교육기획자의 역할 그리고 교수자의 퍼실리테이터 역할이 교육효과에 엄청나게 중요해지는 것이지요.

4

관리자의 구체적 리더십 도구로의 활용

직무기술서에는 그림 32와 같은 성과영향요소들이 기록되어 있습니다.

각 직무수행자들은 이와 같은 성과영향요소들을 잘 확보해야만 더 높은 성과를 만들 수 있습니다. 그리고 각 직무수행자들을 관리하는 '관리자'들은 자신이 담당하고 있는 부하직원이 이러한 성과영향요소들을 잘 확보할 수 있도록 평상시 효과적으로 관리를 해주어야 부하직원이 더 높은 성과를 만듦으로써 팀의 성과가 올라가는 것이죠. 이렇게 부하직원의 성과영향요소들을 효과적으로 관리하는 것이 리더인 관리자에게 가장 중요한 역할일 것입니다. 따라서 이러한 성과과영향요소들이 기록되어 있는 직무기술서를 관리자들이 잘 활용할 수록 부하직원과 팀의 성과는 더 높아지고 리더로서의 역할도 잘 수행할 수 있는 것이지요. 그렇다면 관리자들은 이 직무기술서를 어떻게 활용해야 할까요?

미션

성과
목표

CSF

성과
행동

직무
역량

직무
자격

KPI

[그림32]
성과영향요소 흐름 (미션 포함)

먼저 부하직원들과 팀의 KPI를 수시로 모니터링하면서 현재의 상태는 어떠한가? 무엇이 부족해서 KPI에 변동이 생기는 것인가 등을 파악하고 분석하며 대책을 수립해야 합니다.

다음 페이지 그림 12를 예로 들어 설명을 드리자면, 어떤 직무를 수행하는 팀원의 체지방비율이 급격히 상승되었다고 가정합시다. 그렇다면 팀장은 이 팀원이 수행하고 있는 직무의 직무기술서를 살펴보아야 하겠죠. 직무기술서를 통해서 이 팀원은 무엇을 잘 못하고 있길래 체지방비율이라는 KPI가 악화되었다고 판단할 수 있을까요? 일단 팀장은 '건강에 나쁜 음식은 피하고 좋은 음식을 만들어 먹는다'라는 행동을 예전보다 잘 못하고 있다고 추측할 수가 있을 것입니다. 그리고 그 추측이 맞는지 혹시 다른 이유는 없을지 확인을 해야할 필요가 있겠지요. 해당 팀원을 부릅니다. 그리고 이 직무기술서를 토대로 면담을 진행하죠.

면담을 할 때도 이러한 직무기술서가 없다면 "김대리, 요즘 일을 어떻게 하길래 체지방비율이 이렇게 악화되는 거야?"라는 식으로 감정을 건드릴 수 있는 피드백이 진행될 수 있지만 이러한 직무기술서가 있으면 "김대리, 요즘 체지방 비율이 이렇게 악화되고 있는데, 네 직무기술서를 보니 체지방 비율은 건강에 나쁜 음식은 피하고 좋은 음식을 만들어 먹는다'라는 성과행동과 밀접한 상관이 있는데 요즘 이 행동이 좀 어떤 것 같애?" 라는 식으로 감정을 배제하고 피드백을 실시할 수 있습니다.

면담결과 실제 '건강에 나쁜 음식은 피하고 좋은 음식을 만들어 먹는다'는 행동을 잘 못하고 있다는 것이 확인 되었습니다. 그럼 이 직원을 관리하는 '관리자'로서 Next Step을 고민해야 하겠죠. '내가 뭘 어떻게 해줘야 저 친

성과목표

행복한 삶
삶에 대한 만족도, 행복지수

↑

CSF

건강
병원비, 진료횟수

성과행동 A	성과행동 B	성과행동 C
• 정기적으로 꾸준히 운동을 실시한다	• 건강에 나쁜 음식은 피하고 좋은 음식을 만들어 먹는다	• 정해진 시간에 취침과 기상을 한다
• 운동횟수, 체중, 근육량	• 체지방비율, 콜레스테롤수치	• 기상시간, 출근시간 준수율

Performance Indicator

[그림12] KPI 사례

구가 저 행동을 지금보다 더 잘 할 수 있도록 해줄 수 있을까?' 구내식당에서 맨날 몸에 안좋은 음식이 나오기 때문에 요즘 저 행동을 잘 못하는 것이라면 구내식당을 관리하는 팀에 협조를 요청할 수도 있을 것이고, 이 팀원이 일이 바빠서 맨날 라면만 먹는 것이라면 당분간 업무량을 좀 조절해줄 수도 있겠죠. 아무튼 KPI의 수치들을 모니터링하고 이 KPI가 어떤 성과행동들과 연결이 되는 KPI인지를 면밀히 분석하여 더 좋은 방향으로 부하직원들을 관리하는데 이 직무기술서가 활용될 수 있습니다.

또한 평상 시 팀원들이 일하는 모습들을 살펴보니 다른 일들을 잘 하는 것 같은데 특정한 일은 잘 못하는 것 같다는 생각이 들면 이 직무기술서를 통해서 그 팀원에게 필요한 교육의 주제를 찾을 수도 있습니다.

예를 들어 팀장으로서 팀원들의 지적에서 이들을 관찰하다 보니 어떤 직원이 평상시에 다른 일들은 다 웬만큼하는 것 같은데 맨날 몸에 안좋은 것만 먹는 것 같다는 생각이 들었습니다. 그러니까 다른 성과행동 상의 행동은 다 잘 하고 있는 것 같은데 '건강에 나쁜 음식은 피하고 좋은 음식을 만들어 먹는다'는 것은 잘 못하고 있는 것 같다는 것이죠. 그래서 면담을 실시했습니다.

"김대리, 요즘 일들을 참 잘하고 있는 것 같아서 고마워. 그런데 내가 옆에서 살펴보니까 김대리는 몸에 안좋은 음식들을 너무 많이 먹고 있는 것 같은데 알고 있나?"

면담결과 김대리는 본인이 몸에 안좋은 음식을 먹고 있다는 것 자체를 모르고 있습니다. 라면이나 햄버거를 많이 먹으면 건강이 나빠질 수 있다는 것을 모르고 있는 것 같았습니다. 그렇다면 팀장은 다음과 같은 생각을 할 수

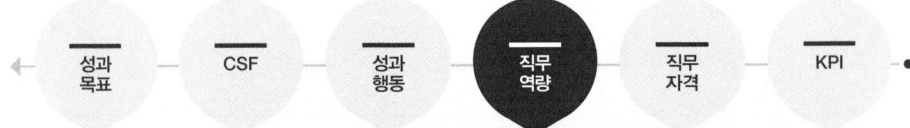

직무역량   직무 수행자가 본인에게 부여된 성과행동의 행동을 잘하기 위해 갖춰야 하는 지식과 기술 및 성격특성

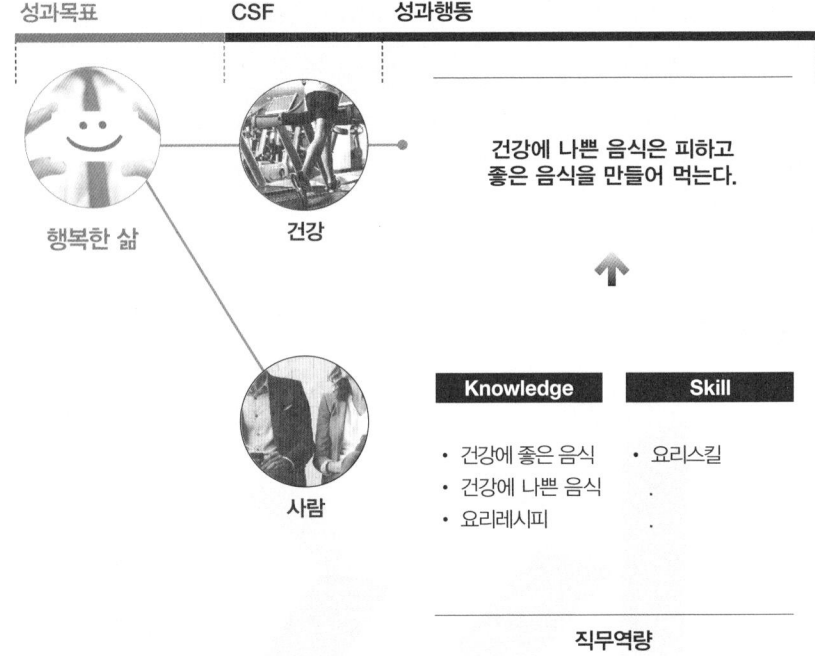

[그림8] 직무역량의 개념

가 있겠죠.

'아, 이 친구를 건강에 나쁜 음식에는 어떤 것들이 있고, 좋은 음식에는 어떻게 있는지 그리고 몸에 좋은 음식을 만들어 먹는 방법을 알려주는 교육을 좀 보내야겠구나'

그래서 김대리가 이런 교육들을 받고 오면 라면과 햄버거를 자주 먹는게 비만과 콜레스테롤을 높여서 건강에 좋지 않다는 것을 이해함으로써 그 이후 '건강에 나쁜 음식은 피하고 좋은 음식을 만들어 먹는다'는 행동을 이전보다 더 잘 할 수 있게 되겠죠. 팀장이 이렇게 관리를 해줌으로써 이 직원은 건강이라는 CSF를 예전보다 더 많이 확보하여 행복이라는 성과목표를 달성할 가능성이 높아집니다. 직무기술서가 팀장이 한 팀의 리더로서의 역할을 체계적으로 수행할 수 있도록 도와주는 참고서와 같은 역할을 하는 것이죠.

동일한 직무를 수행하는 A라는 팀원과 B라는 팀원이 있습니다. 따라서 이 둘은 동일한 직무기술서의 적용을 받죠. 팀장은 이 둘을 팀 내에서 지속적으로 마주합니다. 누가 어떤 행동을 잘 하고 누가 어떤 행동을 잘 못하는지, 장단점들을 지근거리에서 살펴볼 수 있죠.

A와 B는 동일한 직무를 수행하고 있으므로 둘 다 다음 페이지 그림 7과 같은 성과행동 상의 행동을 잘 해야 합니다. 그런데 A는 정기적으로 꾸준히 운동을 실시하는 행동을 참 잘 하는데 B는 운동을 거의 안하는 것 같은 모습을 자꾸 목격합니다. 그럼 팀장은 어떻게 하든지 B가 이 성과행동 상의 행동을 지금보다 잘 할 수 있도록 도와줘야 하겠지요. 그런데 다행히 팀 내에 그 성과행동 상의 행동을 참 잘하는 직원 A가 있습니다. 팀장은 이 둘을

성과행동   성과에 결정적 영향을 미치는 CSF를 확보할 수 있도록 만들어주는 행동상의 특성

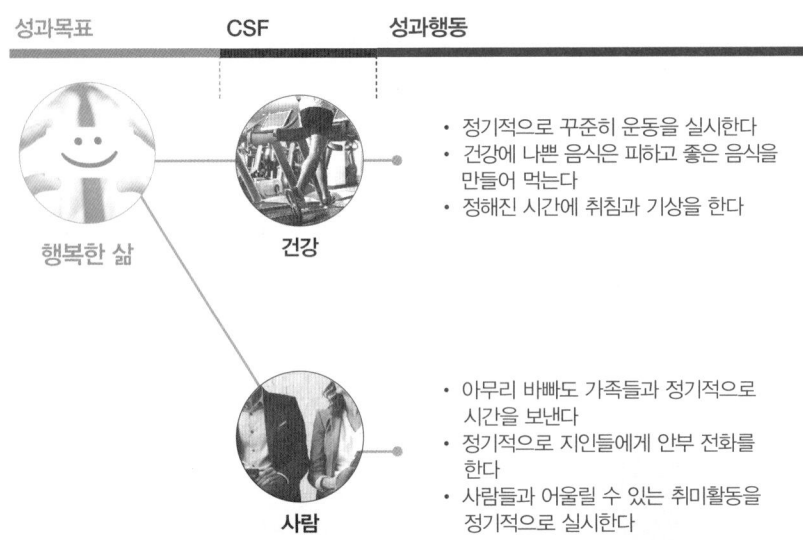

[그림7] 성과행동의 개념

부릅니다.

"내가 부른 이유는 다른 게 아니라, 직무기술서를 보니 너희들은 위와 같은 성과행동 상의 행동을 잘 해야 한다고 나와 있는데, 우리 B는 다른 일들은 참 잘 하는 것 같은데 '정기적으로 꾸준하게 운동을 실시한다'는 행동은 좀 취약한 것 같아서 말이지. A같은 경우는 이걸 좀 잘 하고 있는 것 같으니 앞으로 당분간은 A가 좀 수고스럽겠지만 B에게 어떻게 운동을 해야 하는지 알려주고 꾸준하게 운동할 수 있도록 같이 운동을 좀 해주면 좋겠어."

이렇게 팀원간 서로의 강점을 주고 받음으로써 시너지를 창출할 수 있는 환경을 마련해주는 것도 팀장의 중요한 역할 중 하나이죠. 직무기술서를 활용함으로써 팀장이 이러한 일들을 구체적으로 진행하는데에도 직무기술서는 큰 도움을 줍니다.

이 외에도 관리자들이 부하직원들을 체계적으로 관리하는 리더십 도구로써 직무기술서를 활용하는 수만가지의 활용처들이 있습니다. 평상시 관리자들이 '부하직원들의 직무기술서에 나와있는 성과영향요소들을 어떻게 하면 더 잘 관리해줄 수 있을까'를 면밀히 스터디하고 연구함으로써 더욱 효과적인 관리방법들이 만들어지고 이를 통해 팀원들과 팀의 성과를 향상시킬 수 있는 것입니다.

5

직무분석 결과(직무기술서)의 기타 활용방법

(1) 조직 성과향상을 위한 TF 구성 시 적합인원 선정에의 활용

회사가 추구하는 성과는 어느 한 사람, 혹은 어느 한 직무, 아니면 어느 한 팀만 잘 하면 만들어질 수 있을까요? 예를 들어 고객만족이라는 성과를 더 높이고 싶은데 고객상담사 한 명만 잘 하면, 혹은 고객상담팀만 잘 하면 고객만족이라는 성과가 만들어질 수 있겠냐는 질문입니다. 과연 그럴 수 있을까요?

고객만족팀 내의 고객상담사들이 아무리 고객들을 잘 만족시켜도, 고객상담사 뿐 아니라 고객만족팀에 속해 있는 AS기사 등 모든 구성원들이 다 고객을 잘 응대한다고 해도… 생산팀에서 불량한 제품들을 대거 생산해내거나 고객의 접점에 있는 영업팀 구성원들이 문제를 일으킨다거나 홍보팀이 역할을 잘 못해서 우리 회사나 제품에 대한 이미지가 안좋아진다거나 하면 (특히 명품 브랜드) 고객만족도는 낮아질 수 밖에 없습니다.

이처럼 회사가 추구하는 특정한 성과는 어느 직무 하나만 잘한다고 창출되는 것이 아니라 관련된 업무를 수행하는 사람들이 종합적으로 자신의 업무를 잘 처리했을 때 만들어질 수 있는 것이지요.

따라서 회사가 어떤 특정 성과를 더욱 높이기 위해서는 그러한 성과를 높일 수 있는 대책을 수립할 때 누구 하나에게 대책 수립을 지시한다고 해서 될 수 있는 문제가 아니라 해당 성과와 관련된 직무수행자 또는 팀들이 종합적으로 대책을 수립할 수 있도록 TF를 구성하여 대책을 수립하는 것이 더 큰 효과를 거둘 수 있고 또 더 실효성 있는 대책을 수립할 수 있는 것입니다. (고객 만족도를 높이기 위해 고객상담원이 어떻게 업무를 개선할 지에 대한 계획을 수립하라고 지시하는 것 보다 고객상담원, 생산담당자, 영업담당자 그리고 홍보담당자를 맴버로 하는 고객만족 TF를 구성하여 이들이 종합적으로 서로 논의하여 대책을 수립하는 것이 훨씬 더 큰 효과를 거둘 수 있고 또 더 실효성 있는 대책을 수립할 수 있다는 것이죠.) 그래서 실제로 많은 회사가 이렇게 큰 성과에 대한 개선을 위해서는 TF를 구성하여 프로젝트를 진행하는 방법을 취하고 있습니다.

이 때 관건이 되는 것 중 하나가 바로 누구를 TF 구성원으로 선정할 것이냐인데요…

보통은 TF구성을 지시하는 사람이 본인의 직관과 판단으로 TF구성원들을 지정하는 경우가 대부분인데, 그렇게 TF 구성원들을 임명할 경우 여러가지 문제들이 나타날 수 있습니다.

먼저 서로 안하려고 하죠. "내가 꼭 여기 들어가야 해? 우리팀 말고 옆팀이 더 적합하지 않아?"하면서 강하게 거부합니다. 그러니 TF가 착수되고 나서도 강하게 의지를 가지고 TF활동을 하기 보다는 소극적이고 부정적인 자세로 TF업무를 추진하게 되면 당연히 TF의 효과도 떨어질 수 밖에 없구요.

그리고 실제 이 사람의 업무와는 별 연관성이 없는 데도 불구하고 TF의 구성원으로 선정되는 경우들도 있습니다. TF구성 지시자가 각 업무들의 특성을 정확히 모르다 보니 잘 못 판단하기 때문인 경우도 많구요 또 어떤 경우는 이 TF의 주제와 더 밀접한 관련이 있는 직무가 있음에도 불구하고 특정한 사람을 '신뢰'하기 때문에 TF 구성원으로 넣어버리는 경우들도 꽤 있습니다. '네가 좀 들어가줬으면 좋겠어… '

그런데 그런 사람은 아무리 일을 잘한다고 해도 해당 주제와의 연관성이 떨어지면 겉돌 수 밖에 없구요, TF 구성원 중 누구 하나라도 겉돌게 되면 TF에서 추진하는 일이 탄력을 받기가 쉽지 않죠. 그래서 그 TF가 추구하는 성과와 밀접한 연관이 있는 사람들로 TF 구성원들을 선정하는 것이 상당히 중요합니다.

그렇다면 과연 어떻게 해당 TF의 구성원으로 적합한 사람들을 파악할 수 있을까요?

이 TF를 구성하고자 하는 사람은 TF 맴버를 구성하기 전 먼저 회사의 모든 직무기술서를 검토합니다. 그리고 그 직무기술서에 기록된 항목들 가운데 '핵심성과목표' 또는 'CSF'를 살펴보면 TF가 추진하고자 하는 성과와 동일한 혹은 유사한 '성과목표'와 'CSF'가 기록되어 있는 직무들이 있을 겁니다. 그러면 이 직무들을 수행하는 사람들로 해당 TF의 맴버들을 구성하면 됩니다.

예를 들어 '고객만족도 증대'를 위한 대책을 수립하는 TF를 구성하려고 할 때 회사의 모든 직무기술서들을 살펴보니 이 '고객만족'과 관련된 성과목표 또는 CSF가 직무기술서에 기록된 직무는 '고객상담' 직무, '영업' 직무, '생산' 직무 그리고 '홍보' 직무가 있었다고 가정하겠습니다. 그러면 고객상담, 영업, 생산 그리고 홍보 직무수행자들 가운데 1명씩을 선발하여 '고객만족도 증대' 대책수립 TF를 구성하는 것입니다. 이들은 서로 유기적으로 고객만족이라는 가치에 영향을 끼치고 누구 하나만 잘한다고 고객을 만족시키는 것은 아니죠. 제품의 강한 특장점이 있는데 홍보 쪽에서 이를 잘 알지 못해서 고객들에게 제대로 어필을 못해준다고 하면 이 TF에서 논의하여 제대로 어필할 수 있는 방법을 찾아야 할 것이고, 생산 쪽에서 납기를 제대로 못 맞춰서 영업에 있는 사람들이 고객들과 대면하면서 곤혹스러운 경우가 많은 경우에는 이의 원인은 무엇인지, 어쩔 수 없는 상황이라면 영업에서는 고객들에게 어떻게 대응해야 문제를 최소화 시킬 수 있을 지, 생산 쪽에서는 어떤 협조를 해주어야 할 지 등을 함께 논의하여 고객만족과 관련한 '종합적인 대책'을 수립할 수 있는 것입니다. 따라서 각 담당자가 자신의 입장에서만 대책을 수립할 때보다 훨씬 더 실효성있고 훨씬 더 효과적인 대책이 마련될 수 있는 것이지요. 이 직무기술서의 내용들을 시스템이나 엑셀로 관리하는 경우에는 '고객만족' 또는 '고객', '만족'과 같은 키워드로 검색하면 관련 직무들을 즉시 파악할 수 있을 것입니다.

(2) 직무적합성 평가의 기준으로 활용

사실 인사부서가 해야하는 중요한 일 중 하나가 직무 적합성을 맞추는 일입니다. 하지만 이것을 접근하는 것이 너무 어려운 일이라는 인식이 있어 그냥 손 놓고 있는 경우가 많은데 현재 그 직무를 수행하고 있는 직무수행자들이 해당 직무에 적합한 사람들인지 아닌지를 파악하여 해당 직무에 가장 적합한 사람을 배치하고, 적합하지 않다고 판단되는 사람들은 적합한 직무를 찾아주는 것은 인사담당자가 해야할 중요한 업무임에 틀림이 없는 것 같습니다.

보통 이것을 '직무적합성' 평가라고 하는데 이 직무적합성 평가의 관건은 어떤 것들을 '기준'으로 적합성을 평가할 것이냐 입니다. 인사담당자는 회사의 각 직무에 대해 세세한 내용들을 알지 못하기 때문에 이 적합성을 판단할 수 있는 기준들 또한 알 수 없어서 이 과업에 쉽게 접근하고 있지 못합니다. 하지만 체계적인 직무분석을 통한 직무기술서가 제작되면 정기적으로 이 과업을 진행하는데 큰 도움이 됩니다.

먼저 직무기술서 상의 각종 내용들을 면밀히 살펴보면서 기록되어 있는 다양한 성과영향요소들 가운데 이 직무를 수행함에 있어서 가장 중요한 항목들을 정리합니다. 다음 페이지 그림 73에서는 이 직무를 수행하면서 제일 중요한 요소들이 '회계지식', '기획스킬', '선호전공' 및 '요구경력' 등으로 판단하였네요. 이것을 판단하는 데는 SME의 힘이 필요하겠죠.

그래서 제일 중요하다고 판단되는 요소들을 직무적합성 평가표의 한 축에 기록을 하고 또 한 축에는 해당 직무를 수행하는 사람들을 기록합니다. 그리고 현재 해당 직무를 수행하는 사람들이 이 요소들에 얼마나 부합하는지를 점수화하여 평가하는데 그림 73의 경우는 제일 높은 점수를 받은 사람이 56점, 제일 낮은 점수를 받은 사람이 44점으로 직무 적합성에 심각한

6. 업무전문성 요인(Knowledge & Skill)

Knowledge

회계지식(원가회계,관리회계)	세무지식
현업업무이해	전사 회계상황이해
팀원 업무이해(소요시간,수준)	OOO 사업 아이템 이해
경영계획	엑셀함수
전산시스템	재무제표

Skill

데이터관리	논리적사고
원인분석	메모
손익분석 및 예측	기획스킬
일정관리	코칭
대인관계	

7. 주요업무내용 및 업무별 영어능력수준

주요 업무내용	영어능력
1. 전표확인	2
2. 팀 방향설정 및 운영	2
3. 손익분석보고	5
4. 부가가치세 신고	2
5. 회계/세무 검토	2
6. 결산서 작성(재무제표 작성)	2

8. 직무 요건(Job Requirement)

요구 학력	☐ 고졸 ☐ 전문대졸 ■ 대졸 ☐ 대학원졸이상	선호전공	회계/경영
요구 경력	☐ 무 ☐ 1년이상 ☐ 3년이상 ■ 5년이상 ☐ 10년이상		
핵심역량	상황판단, 변화관리, 업무수행, 계획수립, 전문성, 손익마인드	성격유형	ISFJ
추천 교육과정	IFRS 중급회계 법인세 조정과 신고실무 부가가치세 교육	권장자격증	재경관리사 공인회계사 FRM

이름	회계지식	기획스킬	선호전공	요구경력	성격유형	자격증	총점
A	10	8	10	10	-	-	56
B	8	10	10	10	-	-	47
C	5	7	10	7	-	-	44
D	9	7	7	7	-	-	48
E	6	8	7	8	-	-	51

- 총7명의 후보자들 중 A가 전체적으로 해당 직무에 가장 적합한 인원으로 선정되었음을 비교적 객관적으로 판단

- 직무기술서를 제작하면 이러한 방식으로 전 직원에 대해 업무 적합성을 평가할 수 있음 (인사발령 기준으로도 활용)

[그림73] 직무기술서를 활용한 직무적합성 평가

문제는 보이지 않네요. 하지만 어떤 경우에는 13~14점 정도로 매우 낮은 평가결과가 나오는 경우가 있습니다. 이 때는 일단 인사담당자는 '뭔가 문제가 있을 수도 있겠구나' 생각하고 해당 팀장에게 문의를 합니다.

"저희가 정기적으로 직무적합성 평가를 실시하는데요… 이 결과가 항상 무조건 맞는 것은 아닙니다. 하지만 '문제가 있을 수 있겠다' 판단이 되면 실제 문제가 있는지, 문제가 있다면 왜 그런 문제가 발생한 것인지를 파악해서 인사팀에서 필요한 지원을 해드리고자 이 직무 적합성 평가를 실시하는데요, 팀장님네 팀의 경우 C대리가 점수가 유독 낮게 나왔는데 무슨 문제라도 있나요?"

이렇게 해당 팀장에게 질문을 하면 해당 팀장은 "안 그래도 그것 때문에 곤란하던 상황이었습니다. 이걸 회사에 이야기를 할 수도 없고 그렇다고 꾹꾹 참고 가자니 팀에 손실이 상당히 크고… C대리가 업무에 적응을 못하는 것 같아요. C대리의 지난번 팀장한테 물어보니 이정도는 아니었던 것 같은데…" 라는 식으로 이야기를 할 수도 있고,

"아니요. 별 문제 없는데요? 일 잘하고 있습니다." 이럴 수도 있겠죠.

후자의 경우라면 다행인 것이죠. 인사팀에서도 별 조치를 취하지 않아도 되니까요. 그런데 전자의 경우라면 직무교체가 필요한 수준인지를 찾아서 C대리에게 적합한 직무를 찾아주고 그 자리에 적합한 사람을 새로 인사발령 낼 필요가 있을 것 입니다.

직무적합성 평가의 중요한 목적은 적합하지 않은 사람들에게 패널티를 주자는 측면이 아닙니다. 적합하지 않은 사람이 특정 직무를 수행하고 있다면, 그 직무를 수행하고 있는 사람도 죽을 맛이고 그 직무를 관리하고 있는

팀이나 회사도 곤란한 상황이죠. 그렇게 모두가 곤란한 상황을 회사가 방치하지 않고 적극적으로 개선해보자는 차원입니다. (성과가 안나는 것에 대한 패널티는 성과평가에서 이미 하고 있으니 직무적합성 평가에서 또 다시 중복적으로 패널티를 주는 것은 맞지 않을 것 같습니다.)

따라서 이 직무적합성 평가의 결과가 '얼마나 정확하냐'가 중요한 것이 아니라 인사부서에서 이 직무적합성 평가 결과를 'Management'와 '모니터링'의 도구로 활용하여 문제가 있을 수 있음을 인지하도록 만들어주는 것이 중요한 것입니다. 이러한 모니터링 도구가 없으면, 그리고 이러한 직무적합성 평가를 하지 않으면 인사팀은 그러한 문제가 있음을 인지하기 힘들기 때문에 직무부적합으로 발생되는 문제들에 대해 적극적으로 대응하기도 어렵겠죠. 하지만 이 직무적합성 평가의 결과로 문제가 '있을 수 있음'을 인지하고 선제적으로 대응할 수 있는 계기가 만들어질 수 있습니다.

(3) 사업계획 수립의 Frame으로 활용

직무분석을 통해 도출한 각 직무들의 성과영향요소(미션-핵심성과목표-CSF-성과행동-직무역량-직무자격-KPI)는 이처럼 조직관리, 성과관리의 다양한 분야에 활용될 수 있습니다. 가장 보편적으로 활용되는 분야에 대해서만 소개해드렸지만 이 외에도 엄청나게 많은 활용처가 있지요. 인사담당자와 조직의 (중간)관리자가 조금만 더 고민해보면 지금까지 설명 드린 분야 이외에도 수많은 활용방법을 찾으실 수 있을 것입니다. (ex. 매뉴얼 작업의 기초자료

로 활용 등)

이번에 소개해드릴 내용은 엄밀히 말씀드리자면 직무의 성과영향요소를 정리한 직무기술서를 활용하여 조직과 성과를 관리하는 차원은 아닙니다. 지금껏 여러분들이 학습하신 성과영향요소의 흐름(미션-핵심성과목표-CSF-성과행동-직무역량-직무자격-KPI)을 응용하는 방법이라고 말씀드릴 수 있겠는데요. 이 흐름을 조직의 사업계획을 수립하는데 응용하실 수 있다는 것입니다.

여러분들의 회사에 사업계획을 수립하는(전사 사업계획, 팀 사업계획 그리고 개인 사업계획 등) 디테일한 절차들이 있을 경우에는 그 방법을 그대로 사용하시면 되는데, 그러한 구체적인 방법론이 정해져있지 않다면 미션부터 KPI까지의 이 흐름을 사업계획을 수립할 때 그대로 적용하시면 된다는 말씀입니다.

팀 사업계획을 중심으로 설명을 드려보자면,(다음 페이지의 그림 32를 보시면서)

사업계획 수립의 시작은 먼저 팀의 미션을 검토해보고 이를 명확히 설정(이미 팀 미션이 있는 경우에는 내외부 상황을 고려하여 '조정')하는 일입니다. 우리 팀이 우리 회사에 꼭 존재해야 하는 이유를 검토해서 우리 팀의 역할 범위를 설정하는 것이죠. (CEO 및 경영진이 생각하는 미션과 같은지 꼭 점검해 보시기 바랍니다.)

그리고 그 역할범위(미션) 내에서 우리 팀이 내년에 집중적으로 창출해야 하는 핵심성과가 무엇인지를 설정하고, 설정한 핵심성과목표를 달성하는데 결정적 영향을 미치는 CSF를 도출합니다. (이 CSF가 핵심전략에 해당할 것이구요)

그렇다면 우리 팀이 더 많은 성과를 내기 위해서는 앞으로 1년간 이 CSF

[그림32]
성과영향요소 흐름 (미션 포함)

를 더 많이 확보하기 위해 노력해야 할 것이고, 이 CSF를 더 많이 확보하기 위해 구체적으로 어떤 성과행동 상의 행동들을 그 해에 꾸준히 실행해야 할 것인지를 도출해야 하겠지요. 그런데 아시다시피 이 성과행동 상의 행동을 잘 하려면 반드시 '직무역량'을 보유하여야만 하니, 팀의 성과행동 상 행동을 우리 팀원들이 더 잘 할 수 있도록 하는데 필요한 '직무역량'이 무엇인지 도출하여 팀의 '직무역량' 향상계획도 수립하여야 합니다. (또는 직무역량을 도출하여 회사의 교육팀에 제출, 우리 팀에 이런 교육들을 제공해 달라고 요청해야 합니다.) 그리고 이러한 계획(성과행동 상의 행동)들을 얼마나 잘 수행하고 있는지를 구체적 수치로 모니터링할 수 있는 KPI를 설정하여 이를 꾸준히 관리함으로써 팀이 성과로 잘 가고 있는지를 파악하고 뭔가 부족한 KPI가 발견되거든 이를 정상으로 돌려놓을 수 있는 조치들을 마련함으로써 더 좋은 성과를 만들어 나갈 수가 있는 것이지요. (이전에 설명드렸던 '혈중 콜레스테롤 수치'라는 KPI가 급증하면 '건강에 나쁜 음식은 피하고 좋은 음식을 만들어 먹는다'는 성과행동 상의 행동을 더 신경 써서 관리함으로써 건강이라는 CSF를 놓치지 않도록 관리하듯 말이죠. 다음 페이지의 그림 12 참고)

이러한 원리를 응용해서 팀의 업무 내용을 정리하고 조정하는데 활용할 수도 있는데요, 저는 이것을 팀 업무 구조조정이라고 부릅니다. 다음은 이 직무분석의 흐름을 활용해서 팀에서 수행하고 있는 업무들을 전반적으로 조정하는, 업무 구조조정 방법에 대해 설명 드리겠습니다.

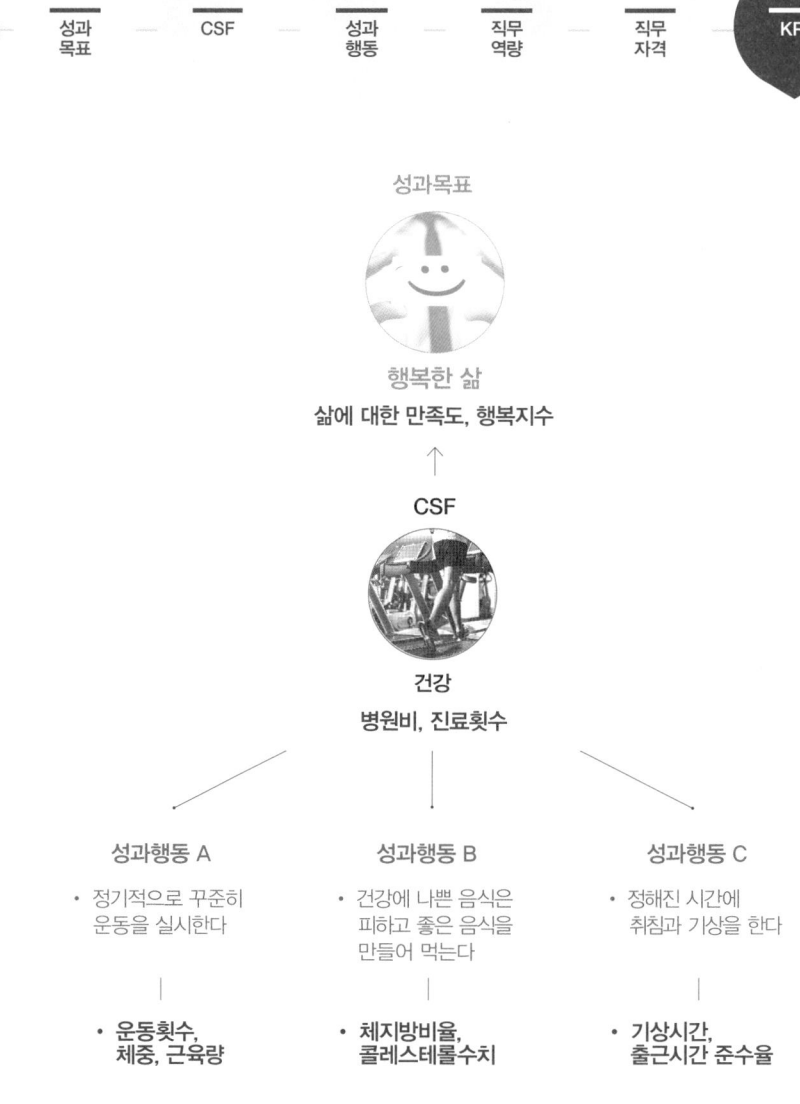

[그림12] KPI 사례

(4) 조직의 업무 구조조정에의 활용

자, 이렇듯 직무분석의 원리를 응용하여 조직의 사업계획을 수립하는 방법으로 활용할 수도 있는데요, 이렇게 팀이 더 많은 성과목표를 달성하기 위해 필요한 활동들(성과행동에 해당)을 정리하다 보면, 분명히 현재는 안하고 있는 일들이 도출될 수 있습니다. 그러니까 성과를 위해서 반드시 해야 하는 일임에도 불구하고 현재 놓치고 있는 일이라고 할 수 있습니다. 따라서 더 좋은 성과를 위해서는 이런 일들을 새로운 활동계획으로 추가해서 꾸준히 실행해야 더 좋은 성과를 낼 수 있을 것입니다.

여러분들에게 익숙한 그림을 통해 설명을 드리자면,(다음 페이지의 그림7)

우리가 성과목표(행복한 삶)를 설정하고 이 성과목표를 성공적으로 달성하는데 결정적인 영향을 미치는 요인(건강, 사람)을 도출한 후 이 요인들을 확보하기 위한 활동들(성과행동에 해당)을 도출하게 되면 이 성과행동 들 가운데에는 현재 내가 하고 있는 일도 있고 현재는 안하고 있는 일도 도출될 수 있다는 말씀입니다. (여러분들도 그림 7의 행동들을 모두 다 하지는 않을 것입니다. 하고 있는 것도 있고 지금 안하고 있는 일들도 있죠.)

예를 들어, 정기적으로 꾸준히 운동도 하고 건강에 나쁜 음식은 피하고 좋은 음식도 만들어 먹으며 가족들과 정기적으로 시간을 보내는 일들은 지금 현재도 내가 하고 있는 일인데, 정해진 시간에 취침과 기상을 하거나 사람들과 어울릴 수 있는 취미활동을 정기적으로 실시하는 것과 같은 일은 현재 놓치고 있을 수도 있죠. 하지만 내가 행복한 삶이 라는 목표를 달성하기 위해서는 저 성과행동으로 도출된 행위들은 다른 어떤 행위들 보다도 열심

성과행동

성과에 결정적 영향을 미치는 CSF를 확보할 수 있도록 만들어주는 행동상의 특성

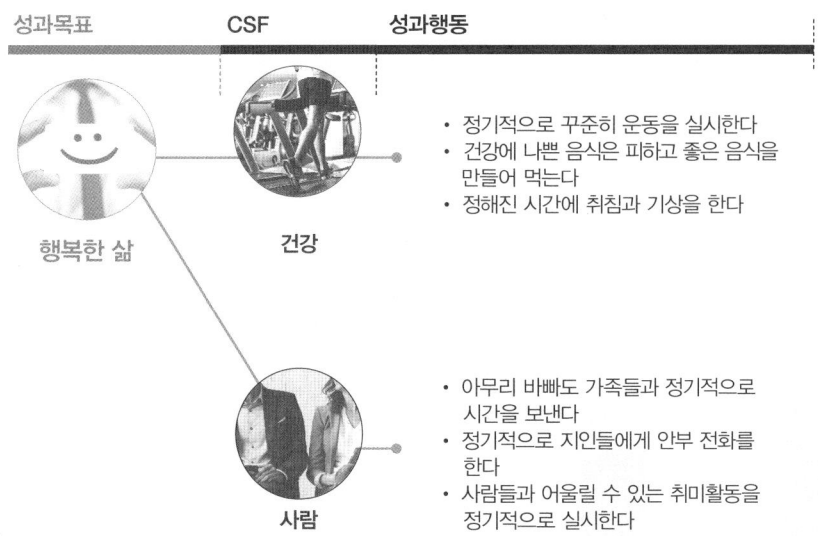

[그림7] 성과행동의 개념

을 가지고 꾸준히 수행해야 할 것입니다. (CSF를 확보하려면 꼭 해야 하는 활동이니까)

그런데 현재도 내가 행복한 삶이란 목표를 달성하기 위해 하고 있는 일들이 많은데 저 성과행동들 가운데 안하고 있는 일들까지 더 추가하면 해야 하는 일이 많아져서 너무 버거울 수 있죠. 그래서 지금 하고 있는 일들 가운데 별로 효과가 없는 일들은 해야하는 일, 그러니까 수행업무에서 제외하고 저 성과행동들 가운데 현재 안하고 있는 일들을 추가해야만 너무 버겁지 않게 일을 할 수 있을 것입니다.

이렇게 목표달성을 위해서 우리가 하고있는 일들 가운데 목표달성에 미치는 영향력이 미미한 일들은 제거하고 목표달성에 미치는 영향력이 큰 일들을 추가하는 것을 '업무의 구조조정'이라고 표현하는 것이죠. (보통 이야기하는 인력감축의 구조조정을 말씀드리는 것이 절대 아님을 유의하시기 바랍니다.)

이러한 업무의 구조조정을 위해서는 다음과 같은 절차를 밟아 나가면 됩니다.

가. 먼저 행복이라는 목표를 달성하기 위해 결정적 영향을 미치는 CSF를 반드시 확보할 수 있도록 도와주는 '성과행동'들을 도출합니다. (그림 74에서 '성과행동으로 도출된 과업'에 해당)

나. 이후 내가 현재 행복을 위해 하고 있는 일들을 먼저 쭉 나열해 놓습니다. (그림에서 '현재 하고 있는 과업'에 해당)

다. 이어 가.에서 도출된 성과행동과 나.의 현재 수행과업을 비교하여 현재 수행하고 있는 일들 가운데 효과가 미미한 일들을 제거하고 성과행동 중 안하고 있는 일들로 대체합니다.

라. 제거한 일들을 제외하고 현재 수행하지 않고 있는 성과행동을 추가하여 수정된 목표달성 과업을 정리합니다. (그림에서 '향후 수정 목표달성 과업'에 해당)

성과행동으로 도출된 과업	현재 하고있는 과업	효과 정도	비고
• 정기적으로 꾸준히 운동을 실시한다	• 정기적으로 꾸준히 운동을 실시한다	10	
• 건강에 나쁜 음식은 피하고 좋은 음식을 만들어 먹는다	• 건강에 나쁜 음식은 피하고 좋은 음식을 만들어 먹는다	10	
• 정해진 시간에 취침과 기상을 한다	• 건강 관련 잡지를 꾸준히 구독한다	2	잡지 구독 제거하고 정해진 취침과 기상을 한다로 대체
• 아무리 바빠도 가족들과 정기적으로 시간을 보낸다	• 아무리 바빠도 가족들과 정기적으로 시간을 보낸다	8	
• 정기적으로 부모님께 안부 전화를 한다	• 인맥형성모임에 꾸준히 참석한다	8	
• 사람들과 어울릴 수 있는 취미활동을 정기적으로 실시한다	• 퇴근 후 술 모임에 적극적으로 참여한다	2	술 모임 제거하고 취미활동으로 대체

향후 수정 목표달성 과업

- 정기적으로 꾸준히 운동을 실시한다
- 건강에 나쁜 음식은 피하고 좋은 음식을 만들어 먹는다
- 정해진 시간에 취침과 기상을 한다
- 아무리 바빠도 가족들과 정기적으로 여행을 떠난다
- 정기적으로 부모님께 안부 전화를 한다
- 사람들과 어울릴 수 있는 취미활동을 정기적으로 실시한다
- 인맥형성 모임에 꾸준히 참석한다

[그림74] 직무분석의 원리를 활용한 업무 구조조정 방법

이러한 흐름을 거쳐 도출된 향후 수정 목표달성 과업으로 목표달성 활동을 조정하고 꾸준히 그 과업들을 실행해 나가면 되는 것이죠.

팀의 업무구조조정도 마찬가지 과정을 거치면 되겠습니다.

팀의 미션으로부터 성과목표-CSF-성과행동을 도출하여 위의 '가' 단계처럼 정리하고,

이후 현재 우리 팀이 수행하고 있는 과업들을 '나'와 같이 정리한 후

성과행동으로 도출된 과업과 현재 수행하고 있는 과업을 서로 비교하면서 성과에 덜 중요한 일들은 향후 팀의 과업에서 제외시키고, 하지 않고 있는 성과행동 상의 과업을 추가하는 방법을 통해 팀의 업무를 더욱 효과적인 과업들로 조정할 수가 있는 것입니다.

이러한 활동들을 통해 각 팀들의 업무가 더 효율적으로 수행될 수 있도록 유도할 수 있으니 업무 효율성이 화두인 회사에서는 이러한 방법을 참고하여 추진하시기 바랍니다.

마치며, 직무분석 시 유의사항 및 학습성찰노트 작성

지금까지 꽤 많은 지면에 걸쳐서 직무분석에 대한 개념과 전체적인 흐름 그리고 직무분석을 통해 도출해야 하는 결과물 도출 방법과 그것을 조직의 관리에 어떻게 활용해야 하는지에 대해 알아보았습니다.

직무분석이란 지금까지의 많은 오해와는 달리 직무를 수행하는 사람들의 세세한 과업들을 분석한다기 보다는 그 직무 수행자들이 자신의 역할(미션)을 더욱 잘 수행하기 위한 역할분석의 개념이 강하다고 볼 수 있습니다. (미션-성과목표-CSF-성과행동-직무역량-직무자격-KPI, 궁극적으로 미션 상의 역할을 잘 수행하기 위한 분석이지요.) 직무분석은 사람을 기계와 같은 존재로 인식함을 기반으로 한다는 오해가 있는데 과거의 직무분석은 그랬을 지 모르겠습니다만 제가 말씀드린 직무분석은 사람의 경험 또는 사람의 학습능력을 바탕으로 자신의 직무에 대한 바람직한 역할(미션)을 설정해 놓고 이 역할을 잘 수행하도록 유도하는데 필요한 성과영향요소들을 분석하는 것입니다. (이러한 직무분석의 철학을 더 극대화하기 위해서 중간에 성과목표를 제외한 채 미션에서 바로 CSF를 도출하기도 합니다. 미션 상의 역할을 잘 수행하는데 결정적인 영향을 미치는 CSF)

하지만 직무분석에 대한 여러가지 오해들이 있습니다. 대표적인 오해가 바로 '직무분석=정원산정'이란 오해지요. 정원산정(적정인원 산정)을 통해서 필요한 인원수를 정확히 계산하여 나머지는 구조조정을 하기 위해 직무분석을 실시한다는 오해가 많습니다. 하지만 필요한 인원수를 정확히 계산하는 방법은 존재하지도 않을 뿐더러 그것은 '개인'의 업무량을 분석하는 것이지 '직무'를 분석하는 것도 아닙니다. 따라서 정원산정은 엄밀히 말하면 직무분석이 아니지요.

하지만 많은 분들이 '직무분석은 구조조정의 전단계다'라고 오해 하시는데 다시 말씀드리지만 직무분석은 직원들이 더 좋은 성과를 낼 수 있도록 도와주는 도구로 사용되어야 합니다. ('직원들이 더 좋은 성과를 낼 수 있도록 도와주려면 회사가 어떤 요소들을 체계적으로 관리해 주어야할까?'의 관점) 그런데 많은 경우 직무분석을 추진할 때 거기에 '과업량' 또는 '소요시간'을 포함하여 정원산정과 동시에 진행하려는 니즈가 많죠. 그렇게 되면 직원들의 오해의 소지는 많아지겠죠. 오해의 소지가 많아지면 SME가 솔직한 의견을 제시하기 어렵습니다. 솔직한 의견이 반영되지 않은 직무분석의 결과는 효과가 떨어질 수 밖에 없겠죠? 따라서 정원산정과 동시에 진행되는 직무분석을 통해 만들어진 직무기술서는 아무래도 그 품질에 문제가 생길 가능성이 많습니다. 그렇기 때문에 이렇게 직무분석과 정원산정을 동시에 진행하는 것은 품질 리스크가 발생될 가능성이 높으므로 가급적 지양하시기를 권합니다.

직무분석에는 분명 지금까지 여러분들이 읽어 오신 것 보다도 더 많은 이야기들이 있지만 일단 설명 드린 내용이 직무분석에 있어 가장 핵심이 되는 '뼈대개념'이라고 볼 수 있으니 이 뼈대개념을 탄탄하게 습득하시고 이 뼈대에 살을 붙이는 공부들을 추가로 하시면 더 뛰어난 직무분석을 실시하실 수 있으리라 생각합니다.

그리고 만일 SME분들 또는 직원분들이 자신의 직무를 스스로 분석할 수 있도록 안내하려면 SME(또는 인사담당자가 아닌 타 업무 담당자)를 위한 '직무분석 매뉴얼'인 퍼포먼스(2019, 플랜비디자인)를 활용하시기 바랍니다. 훨씬 쉽고 구체적으로 직무분석을 진행할 수 있도록 매뉴얼 형태로 제작되어 한단계 한단계 구체적인 안내에 따라 직무분석을 진행하고 직무기술서를 제작할 수 있습니다.

학교교육의 경우는 학습한 내용을 머리속에만 잘 저장해 두어도 학습효과가 있다고 말할 수 있습니다. 그런데 기업교육의 경우는 그렇지 않죠. 학습한 내용을 학습자가 머리속에만 갖고 있다면 학습효과가 전혀 없다고도 볼 수 있습니다. 왜 그럴까요? 기업교육의 관점에서는 학습자가 학습한 내용을 머리속에만 가지고 있고 실제 업무에 적용하지 않으면 비용을 투자해서 교육을 제공한 의미가 없다고 볼 수도 있으니까요. 학습자가 학습한 내용을 자신의 업무 현장에서 적용할 때 그 교육의 효과가 있다고 판단할 수 있습니다. 학습한 내용을 업무 현장에 적용하는 것, 이것을 우리는 교육훈련 '전이'라고 하지요. 기업 교육에서는 이 교육훈련 전이가 매우 중요합니다. (매우 중요한 정도를 넘어서서 전부가 되어야 한다고 생각합니다.)

지금까지 여러분들이 꽤 많은 시간을 할애해서 이 직무분석에 대해 학습하셨으니 그 결과가 반드시 여러분들의 업무 현장에 적용되기를 바랍니다. 그러한 교육의 전이를 촉진하는 차원에서 여러분들께 간단한 과제를 드리도록 하겠습니다.

    가. 다음의 표에 먼저 여러분들이 이 책을 통해 가장 크게 깨달으신 점, 또는 가장 깊게 와 닿으신 내용을 기록해주세요.

    나. 이어서 깨달으신 내용을 바탕으로 이것을 업무 현장에 어떻게 적용할 것인지, 여러분들의 회사에서 어떤 일들을 추진할 것인지를 기록해주세요.

이 곳에 작성하신 내용은 여러분들 자신과 여러분들 회사의 발전을 위해서 꼭 한 번 추진해 보시기 바랍니다. 추진하시다 보면 어려운 점이나 궁금하신 점들이 있을 거에요. 그 때 궁금하신 내용들을 제게 문의해주시면 여건이 허락되는 한 최대한 성실히 답변 드리도록 하겠습니다. (hope1996@empal.com/최영훈)

아무쪼록 이 책을 통해서 오랜 시간동안 학습하신 내용들이 여러분들의 머릿속에만 잘 저장되는 것이 아니라 여러분들의 회사의 성과를 향상시키는 데 잘 적용이 되어서 여러분들이 몸담고 계신 회사에서 '성과관리자'로서 인정을 받으실 수 있게 되기를 바랍니다. 많은 조직에서 인사담당자는 마치 행정처리를 하는 사람으로 인식이 되는 경우들을 자주 목격/경험하는데 그것이 아니라 조직의 성과를 좌지우지하는 '성과관리자'로서의 인사담당자 역할을 수행하심으로써 더 의미 있는 인사관리, 더 인정받고 재미있는 인사관리 업무를 수행하실 수 있게 되기를 진심으로 기원합니다.

깨달은 점

향후 추진계획

체계적
직무분석
방법론

1쇄 인쇄	2017년 07월 21일
1쇄 발행	2017년 07월 27일
7쇄 발행	2025년 03월 07일
지은이	최영훈
펴낸이	최익성
편 집	최익성
펴낸곳	플랜비디자인
출판등록	제2016-000001호
주 소	경기도 화성시 동탄첨단산업1로 27 동탄IX타워
전 화	031-8050-0508
팩 스	02-2179-8994
이메일	planbdesigncompany@gmail.com
ISBN	979-11-959531-2-7 13320

* 이 책은 저작권법에 따라 보호받는 저작물이므로 무단 전제와 무단 복제를 금지하며, 이 책의 내용을 전부 또는 일부를 이용하려면 반드시 저작권자와 도서출판 플랜비디자인의 서면 동의를 받아야 합니다.
* 잘못된 책은 바꿔 드립니다.
* 책값은 뒤표지에 있습니다.

이 도서의 국립중앙도서관 출판예정도서목록(CIP)은 서지정보유통지원시스템 홈페이지(http://seoji.nl.go.kr)와 국가자료공동목록시스템(http://www.nl.go.kr/kolisnet)에서 이용하실 수 있습니다.(CIP제어번호: CIP2017016191)